Jahrbuch für Handlungs- und Entscheidungstheorie

Folge 1/2001

Jahrbuch für Handlungs- und Entscheidungstheorie

Jahrbuch für Handlungs- und Entscheidungstheorie

Folge 1/2001

Herausgegeben von
Ulrich Druwe
Volker Kunz
Thomas Plümper

Leske + Budrich, Opladen 2001

Gedruckt auf säurefreiem und alterungsbeständigem Papier.

Die Deutsche Bibliothek – CIP-Einheitsaufnahme
Ein Titeldatensatz für diese Publikation ist bei Der Deutschen Bibliothek erhältlich

ISBN 3-8100-2878-9

© 2001 Leske + Budrich, Opladen

Druck: Druck Partner Rübelmann, Hemsbach
Printed in Germany

Inhalt

Editorial

Die Verwendung von Handlungs- und Entscheidungstheorien in den Sozialwissenschaften gründet sich auf die Idee der Mikrofundierung, d.h. hand-
lungs- und entscheidungstheoretischer „Tiefenerklärungen" makrostrukturel-
ler Phänomene. Der Bezug auf die Ebene individuellen Handelns soll das
Verständnis für politische und soziale Prozesse schärfen und Erklärungen
möglich machen. Handlungs- und Entscheidungstheorien gelten daher als er-
folgversprechende Ansätze nicht nur zur Erklärung sozialen Handelns, sondern auch zur Ausdifferenzierung politischer und sozialer Institutionen. Das
Jahrbuch für Handlungs- und Entscheidungstheorie versteht sich als Plattform
zur Förderung der Diskussion über die Möglichkeiten handlungs- und entscheidungstheoretischer Anwendungen und ihrer formalen Grundlagen in den
Sozialwissenschaften. Es veröffentlicht Originalbeiträge und Berichte über
einschlägige Forschungsprojekte und schließt mit diesem Programm an die
zahlreichen Arbeiten des seit 1993 bestehenden Arbeitskreises für Handlungs-
und Entscheidungstheorie der Deutschen Vereinigung für Politikwissenschaft
an.

Das Jahrbuch für Handlungs- und Entscheidungstheorie kann und soll
keine Alternative für die etablierten deutschsprachigen Fachorgane darstellen.
Es soll eine Möglichkeit bieten, in einer interdisziplinären und internationalen
Orientierung empirische, analytische und normative Fragestellungen im Bereich der Handlungs- und Entscheidungstheorie zu diskutieren. Um dieses
Ziel zu erreichen, hat die Redaktion ein Begutachtungssystem eingeführt. Jeder eingereichte Beitrag wurde in dieser Folge von mindestens zwei, häufig
von drei anonym gebliebenen, fachlich qualifizierten Sozialwissenschaftlern
begutachtet. Die Ablehnungsquote der eingereichten Beiträge betrug rund
vierzig Prozent. Die Qualität der verbliebenen Arbeiten wurde in der Regel
durch die Hinweise und Kommentare der Gutachter deutlich verbessert. Die
Redaktion und die Autoren danken den Gutachtern für ihren sehr engagierten
Einsatz herzlich. Um ihre Anonymität zu gewährleisten, sehen wir in dieser
Ausgabe von einem Abdruck der Namen der Gutachter ab. Jenniver Asmus-
sen, Torsten Lauer und Carina Oesterling haben bei der technischen Fertig-
stellung des Bandes sehr geholfen. Auch ihnen möchten wir an dieser Stelle
herzlich danken.

Um das Jahrbuch für Handlungs- und Entscheidungstheorie in dieser Form weiterführen und etablieren zu können, benötigt die Redaktion entsprechende deutsch- oder englischsprachige Manuskripte. Diese können jederzeit an einen der Herausgeber geschickt werden (mit Diskette oder per E-Mail). Der Umfang eines Manuskripts soll 75.000 Zeichen nicht überschreiten. Weitere Hinweise zur Gestaltung der Manuskripte sowie die Adressen der Herausgeber und Autoren finden sich am Ende dieses Bandes. Wir würden uns freuen, wenn das Angebot eines Jahrbuches für Handlungs- und Entscheidungstheorie Zuspruch findet.

Konstanz und Mainz, Mai 2001

Thomas Plümper, Volker Kunz und Ulrich Druwe

Warum denken normale Leute, sie seien politisch einflußreich?
Die Erklärung einer kognitiven Illusion

Karl-Dieter Opp[1]

Zusammenfassung

Viele empirische Untersuchungen zeigen, daß der wahrgenommene persönliche Einfluß, durch politisches Handeln die Situation ändern zu können, eine wichtige Determinante politischen Engagements ist. Weiter zeigen Untersuchungen, daß der persönliche politische Einfluß überschätzt wird. In diesem Aufsatz wird dieser Befund zunächst durch neue Daten belegt. Sodann wird eine Theorie entwickelt, die die Überschätzung des persönlichen Einflusses erklärt. Ausgangspunkt ist die generelle Annahme, daß Personen solche kognitiven Überzeugungen erwerben und beibehalten, die für sie den höchsten Nutzen und die geringsten Kosten haben. Da die Wahrnehmung persönlichen Einflusses eine kognitive Überzeugung ist, stellt sich die Frage, welche Nutzen und Kosten für eine Überschätzung des wahrgenommenen Einflusses von Bedeutung sind. Es wird von drei Präferenzen ausgegangen: Individuen möchten (1) wahre kognitive Überzeugungen haben, (2) kognitive Konsistenz zwischen Überzeugungen erreichen und (3) starke positive Kontrollüberzeugungen haben. Werden diese Ziele nicht erreicht, ist die Situation kognitiv inkonsistent, d.h. kostspielig. Die gleichzeitige Erreichung dieser Ziele wird

1   Ich möchte Steven E. Finkel (University of Virginia, Charlottesville) sehr herzlich für wertvolle Hinweise danken. Mein Dank gilt weiter der Deutschen Forschungsgemeinschaft, die die erwähnte Panelstudie über Proteste in Leipzig, und der Volkswagenstiftung, die die repräsentative Panelstudie in Westdeutschland und Frankfurt-Bockenheim gefördert hat.

dadurch eingeschränkt, daß das Sammeln von Informationen kostspielig ist und daß damit Unsicherheit über die Wahrheit von Überzeugungen besteht. Da der tatsächliche persönliche Einfluß schwer zu ermitteln ist, ist es wahrscheinlich, daß bei Inkonsistenz zwischen den genannten Zielen die Wahrnehmung des persönlichen Einflusses verändert wird. Da „Einfluß" eine Kontrollüberzeugung darstellt, ist eine Überschätzung grundsätzlich intrinsisch belohnend.

Schließlich werden Voraussagen dieser Theorie durch eine Umfrage - ein faktorielles Survey - überprüft. Es werden 51 Befragten Situationsbeschreibungen vorgegeben, in denen in verschiedenem Ausmaße Inkonsistenz zwischen Einfluß und anderen Überzeugungen vorliegt. Die Befunde bestätigen die Theorie.

1. Einleitung

Die Theorie kollektiven Handelns behauptet, daß der Beitrag eines normalen Mitglieds einer großen Gruppe zur Herstellung eines Kollektivgutes[2] keinen oder nur einen extrem geringen Einfluß hat. Deshalb ist bei einer großen Gruppe die Unzufriedenheit mit einem Kollektivgut (d.h. die Präferenz für ein Kollektivgut) kein Anreiz, um einen Beitrag zu dessen Herstellung zu leisten. Aus dieser, vor allem von Mancur Olson (1965) formulierten zentralen Hypothese folgt z.B., daß für das Auftreten von Massenprotesten wie etwa in der DDR im Jahre 1989 die politische oder wirtschaftliche Unzufriedenheit keine Rolle gespielt hat. Der Grund ist, daß der einzelne Bürger durch seine Proteste keinen Einfluß auf die Verminderung der Unzufriedenheit hatte. Darüber hinaus entstanden bei der Teilnahme hohe Kosten durch zu erwartende staatliche Repressionen. Wenn trotzdem die Mitglieder einer großen Gruppe einen Beitrag zur Herstellung eines Kollektivgutes leisten, dann sind sog. selektive Anreize von Bedeutung. Damit sind Nutzen oder Kosten gemeint, die nur dann auftreten, wenn ein Beitrag zur Herstellung des Kollektivgutes geleistet oder auch nicht geleistet wird. So wird man nach Olson Gewerkschaftsmitglied, d.h. man zahlt einen Monatsbeitrag für die Mitgliedschaft, weil man hierdurch z.B. kostenlose Rechtsberatung erhält. Diese wird für wertvoller als der Monatsbeitrag gehalten. Rechtsberatung ist ein „selektiver" Anreiz, weil man sie - im Gegensatz zu einem Kollektivgut - nur erhält, wenn man gezahlt hat. Man wird nicht Gewerkschaftsmitglied wegen der Kollektivgüter, die die Gewerkschaft herstellt, wie z.B. ein hohes Lohnniveau. Der Grund ist, wie

---

2   Darunter versteht man ein Gut (also alles, was Nutzen stiftet), das, wenn es einmal hergestellt ist, allen Mitgliedern einer Gruppe zur Verfügung steht, und zwar selbst denen, die an der Herstellung des Gutes nicht beteiligt waren. Eine saubere Umwelt oder die Rechtsordnung sind Beispiele für Kollektivgüter.

gesagt, daß das einzelne Mitglied keinen Einfluß auf die Herstellung des Kollektivgutes hat.

Bei diesen theoretischen Überlegungen werden zwei stillschweigende Annahmen getroffen. (1) Erstens wird davon ausgegangen, daß die kognitiven Überzeugungen der Individuen und nicht die Realität für ihr Handeln von Bedeutung sind. Dies wird zwar nicht explizit gesagt, aber Vertreter der Theorie kollektiven Handelns werden sicher nicht davon ausgehen, daß bestimmte reale Sachverhalte individuelles Handeln beeinflussen, wenn diese Sachverhalte nicht wahrgenommen werden. (2) Die zweite Annahme, die im Mittelpunkt dieses Aufsatzes steht, lautet, daß der tatsächliche Einfluß von Individuen zutreffend wahrgenommen wird. Dies folgt aus der obigen Behauptung, daß in großen Gruppen Personen nur einen extrem geringen Einfluß *haben*. Wenn kognitive Überzeugungen für die Ausführung von Verhalten von Bedeutung sind, wie Annahme 1 behauptet, und wenn angenommen wird, daß in großen Gruppen Individuen einen geringen Einfluß haben, dann lautet die stillschweigende Annahme, daß der tatsächliche Einfluß auch korrekt wahrgenommen wird.

Während die erste Annahme plausibel ist und auch weitgehend akzeptiert wird, ist die zweite Annahme problematisch. Im folgenden wird zunächst gezeigt, daß diese Annahme durch die empirische Forschung widerlegt wurde: der *wahrgenommene* Einfluß der Individuen in einer großen Gruppe kann keineswegs vernachlässigt werden bzw. ist keineswegs nahe null, und er zeigt eine erhebliche Variation zwischen Individuen. Sodann wird gefragt, *warum* Individuen ihren Einfluß falsch wahrnehmen. Wir schlagen also eine Erklärung einer kognitiven Illusion vor. Diese Erklärung basiert auf der Theorie rationalen Handelns und auf einer Reihe sozialpsychologischer Hypothesen, die, wie wir zeigen werden, mit der Theorie rationalen Handelns vereinbar sind. Damit versuchen wir, einer häufig vorgebrachten Kritik dieser Theorie zu begegnen, die einen Mangel darin sieht, daß u.a. die kognitiven Überzeugungen von Individuen mit der Theorie nicht erklärt werden können.

Wir werden schließlich über die Ergebnisse einer empirischen Untersuchung berichten, mit der einige Voraussagen, die aus unseren theoretischen Überlegungen folgen, überprüft werden. Es wird sich dabei zeigen, daß diese Voraussagen gut bestätigt werden. Schließlich werden wir einige Vorschläge für die weitere Forschung machen.

2. Wie schätzen normale Leute ihren politischen Einfluß ein?

Um zu ermitteln, ob der tatsächliche und wahrgenommene politische Einfluß sich unterscheiden, müssen beide Arten des Einflusses gemessen werden. Es gibt jedoch bisher keine Vorschläge, wie man herausfinden kann, in welchem Ausmaß Individuen unter welchen Bedingungen die Herstellung eines Kollektivgutes faktisch beeinflussen können. Wenn der tatsächliche Einfluß von Individuen in der Literatur diskutiert wird, dann werden relativ einfache Annahmen getroffen. Riker und Ordeshook (1973: 63) behaupten z.b., der tatsächliche individuelle Einfluß bei einer politischen Wahl sei „one divided by the number of voters". Kann diese Überlegung auch auf andere Arten politischer Partizipation, z.b. auf eine Protestdemonstration, angewendet werden? Im Gegensatz zu einer Wahl hat ein Protest nicht immer ein klares Ergebnis wie z.b. die Stimmenmehrheit für eine Partei. Aber nehmen wir einmal an, die Protestierer erreichen ihr gemeinsames Ziel wie z.b. die Verhinderung des Baus einer Straße durch ein Wohnviertel. D.h. die Wahrscheinlichkeit der Erreichung des gemeinsamen Ziels aufgrund der Proteste war 1. Der Einfluß eines einzelnen Individuums wäre in diesem Falle 1 dividiert durch die Anzahl der Teilnehmer. Dies trifft aber nur für solche Teilnehmer zu, die nur zur Demonstration gegangen und dort geblieben sind. Wie einflußreich sind aber Teilnehmer, die z.B. vor der Demonstration andere Bürger davon überzeugten, an der Demonstration teilzunehmen? So könnte Person P vor der Demonstration mit 1000 Teilnehmern Flugblätter verteilt haben, die den Effekt hatten, daß zusätzlich 100 Personen teilnahmen. Ist der Einfluß von P 101/1000? Es könnte eingewendet werden, daß nun 1100 Personen teilnehmen. Ist der Einfluß von P 1/1100 oder 101/1100?

Angenommen, die Wahrscheinlichkeit des gemeinsamen Protesterfolges ist geringer als 1. Das Engagement von P könnte dann die Erfolgswahrscheinlichkeit der gesamten Demonstration erhöht haben. Dies müßte auch bei der Berechnung von P's persönlichen Einfluß berücksichtigt werden. Aber wie? P könnte weiter das Verhalten der anderen Teilnehmer *während* der Demonstration beeinflussen, und dieses Verhalten könnte weiter die Erfolgschancen des gemeinsamen Protests erhöhen. Wie kann dies in dem Maß für P's persönlichem Einfluß berücksichtigt werden?

Eine weitere Schwierigkeit bei der Messung des tatsächlichen persönlichen Einflusses entsteht, wenn die Teilnehmer mehrere Ziele gleichzeitig erreichen wollen. Wie soll ein Maß für den tatsächlichen Einfluß der einzelnen Teilnehmer konstruiert werden, wenn jedes dieser Ziele in unterschiedlichem Maße erreicht wird?

Wir haben bisher angenommen, daß kein Problem darin besteht, den Erfolg kollektiven Handelns zu messen. Aber auch hier bestehen Probleme. Angenommen, nach einer gewissen Zeit seien bestimmte Forderungen von Demonstranten erfüllt worden. Dies braucht jedoch keineswegs eine Wirkung der Demonstration zu sein. Weiter könnten Proteste erst nach langer Zeit erfolgreich sein, ohne daß die Demonstranten dies bemerken.

Diese Überlegungen zeigen, daß die Probleme einer genauen Messung des tatsächlichen persönlichen Einflusses enorm sind. Wenn dies so ist, dann fragt es sich, wie man einen möglichen Unterschied zwischen tatsächlichem und wahrgenommenem Einfluß überhaupt ermitteln kann. Umfragen erlauben uns nur, den wahrgenommenen Einfluß zu messen. Wenn wir aber davon ausgehen, daß wir zumindest eine grobe Vorstellung davon haben, wie groß der tatsächliche Einfluß ist, dann können wir aus Umfragen Hinweise über die *Diskrepanz* des tatsächlichen und wahrgenommenen Einflusses erhalten und auch darüber, in welche Richtung die Diskrepanz geht, d.h. ob der tatsächliche Einfluß eher über- oder unterschätzt wird.

Um die Diskrepanz zwischen dem tatsächlichen und wahrgenommenen Einfluß zu ermitteln, wollen wir zwei Paneluntersuchungen heranziehen. Eine Panelstudie wurde in Westdeutschland, und zwar 1987 und 1989, durchgeführt. Insgesamt 622 Personen wurden in der ersten (1987) und zweiten Welle (1989) befragt. Diese Gesamtstichprobe besteht aus einer repräsentativen nationalen Stichprobe (N=377) und einer repräsentativen Stichprobe von Frankfurt-Bockenheim (N=245). In diesem Stadtbezirk wohnen relativ viele Personen, die der alternativen Szene angehören und somit relativ häufig an Protesten teilnehmen. Da Proteste ein relativ seltenes Ereignis sind, wollten wir sicherstellen, daß in unserer Studie hinreichend Personen enthalten sind, die sich politisch engagieren. Wir haben beide Stichproben für die folgenden Analysen gepoolt.[3] Bei der zweiten Panelstudie handelt es sich um eine Untersuchung, die in Leipzig durchgeführt wurde.[4] Auch hier wurden die Stichproben gepoolt, so daß der Datensatz insgesamt aus 438 Personen besteht.[5] In beiden Umfragen sind die Befragten meist normale Bürger. Unsere Interviewfragen beziehen sich auf den wahrgenommenen Einfluß in einer großen Gruppe. Wenn der tatsächliche Einfluß richtig wahrgenommen wird, erwarten wir, daß die überwiegende Mehrheit der Befragten angibt, relativ einflußlos zu sein. Der tatsächliche Einfluß eines normalen Bürgers, die Politik einer Bundes- oder auch Landesregierung im Rahmen von Protesten beeinflussen zu können, ist faktisch nahe null. Wenn sich die Bürger dagegen als relativ einflußreich wahrnehmen, liegt eine Fehlwahrnehmung, in diesem Falle eine Überschätzung des tatsächlichen Einflusses, vor.

Die beiden folgenden Tabellen 1A und 1B, die sich auf die westdeutschen Daten beziehen, zeigen zunächst, wie die Befragten ihren allgemeinen Einfluß (Tabelle 1A) und ihren Einfluß bei Ausführung bestimmter Protesthandlungen (Tabelle 1B) einschätzen. Wenn die Befragten ihren tatsächlichen Einfluß korrekt wahrnehmen, dann ist folgendes zu erwarten. In Tabelle 1A bei der

---

3   Zur ersten Welle dieser Studie vgl. Finkel, Muller und Opp 1989; zu der Panelstudie vgl. Finkel und Muller 1998.

4   Es handelt sich hier um eine Paneluntersuchung mit vier Wellen. Diese wurden 1990, 1993, 1996 und 1998 in Leipzig erhoben. Dabei beziehen sich die Daten von 1990 auf die Situation in der DDR im Jahre 1989. Einzelheiten zur ersten Welle finden sich in Opp, Voß und Gern 1993. Zur ersten und zweiten Welle vgl. Opp 1997, 1998. Zu den Wellen 2 und 3 vgl. Opp 2000.

5   Dabei handelt es sich um zwei getrennte repräsentative Stichproben von Leipzig (N=323 und N=81) und um eine Stichprobe, die aus Personen besteht, die nach eigenen Angaben der Opposition in der DDR nahestanden.

13

ersten Interviewfrage müßten die Befragten die beiden Kategorien auf der rechten Seite ankreuzen. Dann würden sie der Behauptung zustimmen, daß sie keinen Einfluß haben. Im Jahre 1987 stimmten jedoch nur 19,2% und 16,6%, also insgesamt 35,8% zu; 1989 waren es insgesamt nur 30,2%. Dies ist eine deutliche Überschätzung des tatsächlichen Einflusses. Bei der zweiten Interviewfrage von Tabelle 1A wird der Einfluß korrekt eingeschätzt, wenn die beiden linken Kategorien angekreuzt werden. Dies geschah jedoch nur bei insgesamt 35,6% (15,7%+19,9%) im Jahre 1987 und insgesamt 33,5% (14%+19,5%) im Jahre 1989. Diese Überschätzung zeigen auch die Mittelwerte in der letzten Spalte, die beide relativ nahe am Median der Skala liegen, der 3 beträgt.

Auch Tabelle 1B zeigt eine Überschätzung des Einflusses. Würden die Befragten ihren Einfluß richtig einschätzen, müßten sie die beiden linken Kategorien ankreuzen. Die Prozentsätze in den entsprechenden Feldern sowie die Mittelwerte zeigen deutlich, daß der Einfluß überschätzt wird.

Tabelle 1A: Westdeutschland, 1987 und 1989: Allgemeiner wahrgenommener Einfluß

Allge-meiner Einfluß	Lehne voll ab			Stimme voll zu	Ge-samt (%, N)	Mit-tel-wert
Interviewfrage: Es ist sinnlos, sich in der Politik zu engagieren, da ich sowieso keinen Einfluß hätte.						
1987	26,3 %	19,5 %	18,4 %	19,2 %	16,6 %	100 (620)	2,80
1989	22,5 %	25,2 %	22,0 %	17,0 %	13,2 %	100 (622)	2,73
Interviewfrage: Wenn ich mich mehr in der Politik engagieren würde, dann hätte ich auch mehr Einfluß darauf, was passiert.						
1987	15,7 %	19,9 %	23,5 %	24,1 %	16,8 %	100 (618)	3,06
1989	14,0 %	19,5 %	29,0 %	24,8 %	12,7 %	100 (621)	3,03

Anmerkung: Der Wertebereich der Antwortkategorien reicht von 1 bis 5.

Tabelle 2 zeigt die Daten für Ostdeutschland. Die Befragten wurden gebeten anzugeben, wie wahrscheinlich sie die Situation in den neuen Bundesländern gegenwärtig durch die Teilnahme an drei Arten von Protesten ändern könnten. Wenn wahrgenommener und tatsächlicher Einfluß gleich sind, müßten alle Befragten die Kategorien „sehr unwahrscheinlich" oder „unwahrscheinlich" ankreuzen. Diese Voraussage trifft jedoch nicht zu. So geben 34,7% und 3,7% der Befragten, also 38,4%, im Jahre 1993 an, daß ihre Teilnahme an

14

Unterschriftensammlungen „wahrscheinlich" oder „sehr wahrscheinlich" die Situation in den neuen Bundesländern ändern könnte. Die entsprechende Zahl für dieselbe Handlung im Jahre 1996 beträgt 51,7% (42,3%+9,4%). Für die anderen Handlungen sind die Zahlen ähnlich. Diese Befunde zeigen deutlich eine beträchtliche Überschätzung des tatsächlichen Einflusses. Dies wird auch durch die Zahlen für den durchschnittlichen Einfluß - siehe die letzte Spalte von Tabelle 2 - bestätigt: er variiert zwischen 2,19 und 2,60 (mit einem möglichen Wertebereich von 1 bis 4).

Tabelle 1B: Westdeutschland, 1987 und 1989: Wahrgenommener Einfluß durch zwei politische Handlungen

Spezi-fischer Einfluß	Kein Einfluß			Großer Einfluß	Gesamt (%, N)	Mittel-wert
Interviewfrage: Hier ist eine Liste von politischen Handlungen. Bitte sagen Sie mir, wie sehr Sie persönlich die Politik beeinflussen könnten, wenn Sie jede dieser Handlungen ausführten. Wieviel Einfluß könnten Sie persönlich haben, wenn Sie						
Unterschriften sammeln						
1987	18,0 %	24,8 %	32,4 %	19,8 %	5,0 %	100 (622)	2,69
1989	13,5 %	26,4 %	40,4 %	16,6 %	3,1 %	100 (621)	2,69
bei einer Bürgerinitiative mitarbeiten						
1987	12,1 %	19,6 %	32,9 %	28,3 %	7,1 %	100 (621)	2,99
1989	9,3 %	16,9 %	36,2 %	31,2 %	6,3 %	100 (621)	3,08

Anmerkung: Der Wertebereich der Antwortkategorien reicht von 1 bis 5.

Zusammenfassend zeigt sich also, daß sowohl die Daten von West- als auch von Ostdeutschland eine Diskrepanz des tatsächlichen und des wahrgenommenen Einflusses zeigen und daß der wahrgenommene Einfluß über- und nicht unterschätzt wird.

Diese Daten stimmen mit einer Vielzahl anderer Befunde überein. Besonders eindrucksvoll sind Ergebnisse der Allgemeinen Bevölkerungsumfrage in den Sozialwissenschaften (ALLBUS) aus dem Jahre 1998.[6] Sowohl in West- als auch in Ostdeutschland wurden insgesamt 3234 Personen befragt. Einige Fragen bezogen sich auf den wahrgenommenen Einfluß durch bestimmte Handlungen. Tabelle 3 zeigt die Interviewfrage und die Randvertei-

---

6   Diese repräsentative Umfrage wird jedes zweite Jahr in West- und Ostdeutschland durch geführt. Vgl. zu Einzelheiten www.gesis.org/zuma.

lung für zwei ausgewählte Handlungen. Wenn der tatsächliche Einfluß zutreffend eingeschätzt würde, dann müßten die überwiegend meisten Befragten die ersten beiden oder höchstens die ersten drei Kategorien ankreuzen. Diese drei Kategorien wurden jedoch bei der Wahlbeteiligung nur von insgesamt 19,9% und bei der Unterschriftensammlung von insgesamt 37,8% der Befragten genannt. Die letzten drei Kategorien 5 bis 7 dagegen nannten 64,4% (Wahlbeteiligung) und 41% (Unterschriftensammlung). Diese Befragten glauben also, daß sie persönlich durch die genannten Handlungen einen starken Einfluß auf die Politik nehmen könnten. Dies ist ohne Zweifel eine relativ starke Überschätzung des persönlichen politischen Einflusses.

Tabelle 2: Ostdeutschland, 1993 und 1996: Wahrgenommener Einfluß durch drei politische Handlungen

Interview-fragen	Sehr un-wahrschein-lich	Unwahr-scheinlich	Wahr-scheinlich	Sehr wahr-scheinlich	Gesamt (%, N)	Mit-telwert
Interviewfrage: Wie schätzen Sie gegenwärtig Ihre *persönlichen Möglichkeiten* ein, die politische oder wirtschaftliche Situation in den neuen Bundesländern ändern zu können, und zwar unabhängig davon, ob Sie selbst diese Möglichkeiten genutzt haben oder nicht? Ich könnte gegenwärtig etwas ändern durch						
Sammeln von Unterschriften oder Eintragen in eine Unterschriftenliste						
1993	23,3 %	38,4 %	34,7 %	3,7 %	100 (438)	2,19
1996	14,2 %	34,1 %	42,3 %	9,4 %	100 (437)	2,44
Organisation von oder Teilnahme an Demonstrationen						
1993	13,0 %	27,2 %	46,6 %	13,2 %	100 (438)	2,60
1996	11,4 %	35,5 %	47,6 %	5,5 %	100 (437)	2,47
Mitarbeit in einer oder Gründung einer Bürgerinitiative						
1993	13,3 %	27,0 %	51,3 %	8,5 %	100 (437)	2,55
1996	13,3 %	38,4 %	42,1 %	6,2 %	100 (437)	2,41

Anmerkung: Der Wertebereich der Antwortkategorien reicht von 1 bis 4.

Tabelle 3: Wahrgenommener Einfluß durch die Teilnahme an politischen Wahlen und an Unterschriftensammlungen. Daten der Allgemeinen Bevölkerungsumfrage in den Sozialwissenschaften (Allbus) 1998 (N=3234)

Interviewfrage: Kommen wir noch einmal zu den unterschiedlichen politischen Aktivitäten. Bitte sagen Sie mir, in welchem Maße Sie persönlich auf die Politik Einfluß nehmen könnten, wenn Sie die Handlungen, die auf diesen Karten beschrieben sind, ausführen würden.

Antwortkategorien	Einflußnahme durch	
	Wahlbeteiligung	Unterschriftensammlung
1 (überhaupt nicht)	5,7%	16,7%
2	5,7%	8,9%
3	8,5%	12,2%
4	16,0%	21,4%
5	18,8%	19,4%
6	19,0%	13,7%
7 (sehr stark)	26,3%	7,9%
Summe Prozent N	100% N=3206	100% N=3191
Mittelwerte	5,0	3,9

Auch andere Studien zeigen, daß der wahrgenommene Einfluß überschätzt wird. Dies gilt auch dann, wenn die Messungen des wahrgenommenen Einflusses unterschiedlich sind, wie auch die voraufgegangenen Daten zeigen.[7]

---

7 Wir beziehen uns auf Untersuchungen, in denen sich „Einfluß" auf die *Ergebnisse* politischen Handelns bezieht, d.h. auf das Ausmaß, in dem die Partizipation einer Person zur Herstellung eines Kollektivgutes beiträgt. Dieser Begriff des Einflusses unterscheidet sich von dem von Bandura verwendeten Begriff. Dieser bezeichnet mit „efficacy" oder „self-efficacy" kognitive Überzeugungen „about whether one can produce certain actions" (1997, S. 20). So bedeutet „self efficacy" u.a., daß jemand glaubt, schwimmen zu können oder eine mathematische Gleichung lösen zu können. In bezug auf Protest heißt „efficacy" die Fähigkeit, Protesthandlungen auszuführen oder Proteste zu organisieren. In der Terminologie von Bandura bezieht sich unser Begriff des Einflusses auf den „locus of control" (Bandura 1997, S. 20). Bandura's Abbildung 1.3 (1997, S. 22) stellt diese Unterschiede sehr deutlich dar. Trotz der verschiedenen Bedeutungen von „Einfluß" ist anzunehmen, daß eine Reihe der Hypothesen, die Bandura über die Ursachen und Wirkungen von „efficacy" formuliert, auch für „Einfluß" in unserem Sinne gelten.

Eine klassische Studie von Campbell, Gurin und Miller (1954) über Wahlen zeigt bereits, daß allgemeiner politischer Einfluß von so vielen Befragten als „hoch" betrachtet wird, daß dies nur als eine Überschätzung des tatsächlichen Einflusses angesehen werden kann (vgl. z.B. Tabelle A.2 auf S. 191). Daten, die 1985 in Deutschland, Großbritannien, den Vereinigten Staaten von Amerika und Italien durch das ISSP (International Social Science Project) erhoben wurden, sind ein weiteres eindrucksvolles Beispiel für die Größe und Varianz des wahrgenommenen Einflusses in verschiedenen Ländern. Krebs und Schmidt (1993) stellen u.a. die Häufigkeitsverteilung des folgenden Indikators dar: „The average citizen has considerable influence in politics." Der Prozentsatz der Befragten, die dieser Behauptung zustimmten, waren 19,5% (Deutschland), 15,9% (Großbritannien), 30,1% (USA), und 19.6% (Italien). Diese Antworten und Antworten auf ähnliche Behauptungen im Interview sind sicherlich keine Widerspiegelung der Realität, sondern zeigen eine deutliche Überschätzung des individuellen wahrgenommenen Einflusses.

Es könnte behauptet werden, daß die Fehlwahrnehmung nur in Situationen auftritt, in denen es schwierig oder sogar unmöglich ist, den faktischen Einfluß einzuschätzen. Wenn dies richtig ist, dann ist zu erwarten, daß in Experimenten, in denen der faktische Einfluß unzweideutig ermittelt werden kann, die Versuchspersonen keine Fehler machen. In einem seiner Experimente fand Kerr (1989, siehe auch 1996), daß eine Zunahme der Gruppengröße zu einer Abnahme des wahrgenommenen Einflusses führte. In diesem Experiment wurde der tatsächliche Einfluß also korrekt wahrgenommen. In einem anderen Experiment manipulierte Kerr die Gruppengröße und u.a. die Wahrscheinlichkeit, daß andere kooperierten. Diese Manipulationen führten zu experimentellen Situationen, in denen die Gruppengröße variierte aber der tatsächliche Einfluß faktisch gleich blieb. Trotzdem wurde die Wirkung der Gruppengröße auf den wahrgenommenen Einfluß „übergeneralisiert": obwohl der tatsächliche Einfluß in Gruppen unterschiedlicher Größe gleich war, war der wahrgenommene Einfluß größer in großen als in kleinen Gruppen. D.h. es gibt auch eine Fehlwahrnehmung des tatsächlichen Einflusses, wenn es relativ leicht ist, diesen richtig einzuschätzen.

3. Eine „Rational Choice" Theorie der Entstehung und Beibehaltung kognitiver Überzeugungen

Die grundlegende Annahme der folgenden Überlegungen ist, daß Personen nicht nur „rational" sind, wenn sie *handeln*, sondern auch dann, wenn sie *kognitive Überzeugungen* bilden oder beibehalten. Dies bedeutet, daß kognitive Überzeugungen erworben oder beibehalten werden, wenn die Nutzen relativ groß und die Kosten relativ gering sind. Wir wenden also die „Rational

Choice" Theorie an zur Erklärung der Entstehung und Beibehaltung kognitiver Überzeugungen. Dabei werden wir in einem ersten Schritt einige Hypothesen über Präferenzen einführen, die für die Bildung oder Beibehaltung von kognitiven Überzeugungen von Bedeutung sind. Ein zweiter Bestandteil der Theorie, die im folgenden entwickelt wird, sind Restriktionen, die die Realisierung der Präferenzen erleichtern oder erschweren. Drittens gibt die Theorie Handlungen an, die Individuen ausführen, um kognitive Überzeugungen zu bilden, d.h. um Informationen über die Realität zu erhalten. Abbildung 1 faßt die Theorie zusammen.

Abbildung 1: Eine „Rational Choice" Theorie der Entstehung und Beibehaltung kognitiver Überzeugungen

Grundannahme: Individuen erwerben und behalten solche Überzeugungen bei, die für sie den höchsten Nutzen und die geringsten Kosten haben.

Individuen möchten

(1) Wahre kognitive Überzeugungen haben,
(2) Kognitive Konsistenz zwischen Überzeugungen erreichen,
(3) Starke positive Kontrollüberzeugungen haben.

Beschränkung zur Erreichung der Ziele: Zugang zur Realität
(= Kosten zur Erzielung von Information)

Kosten des Zugangs ⟶ Unsicherheit über die Wahrheit von Überzeugungen
⟶ geringe Wahrscheinlichkeit der gleichzeitigen Erreichung der Ziele

Voraussage: Wenn Kontrollüberzeugungen (= wahrgenommener Einfluß) unsicher sind, ist es besonders wahrscheinlich, dass Konsistenz durch eine Verstärkung dieser Überzeugungen hergestellt wird.
Grund: positive Kontrollüberzeugungen sind intrinsisch belohnend.

Handlung bzw. Anwendung einer kognitiven Heuristik

(d.h. Ausführung von Handlungen zur Maximierung von Nutzen unter gegebenen Handlungsbeschränkungen)

19

Die Basishypothese

Die Idee, daß sich kognitive Überzeugungen in „rationaler" Weise bilden, wird in den verschiedenen sozialwissenschaftlichen Disziplinen weitgehend akzeptiert. So behaupten Ökonomen, daß kognitive Überzeugungen eine gewisse Zeit falsch sein können, daß sie sich aber langfristig der Realität angleichen. Der Grund ist, daß es relativ hohe Kosten verursacht, wenn man über eine lange Zeit falsche Überzeugungen hat. Ein Beispiel mag dies illustrieren. Angenommen, Kriminelle unterschätzen die Bestrafungswahrscheinlichkeit und dies führt zu relativ häufigen kriminellen Handlungen. Die Unterschätzung führt zu unerwarteten Bestrafungen. Die falsche Überzeugung ist also kostspielig, weil sie zu Handlungen führt, die relativ hohe Kosten für das Individuum verursachen. Es besteht deshalb ein Anreiz, die falschen Überzeugungen über die bestehende Bestrafungswahrscheinlichkeit zu korrigieren. Neuere Versuche, lerntheoretische Hypothesen von Bayes in der Soziologie anzuwenden, gehen ebenfalls von der Annahme aus, daß kognitive Überzeugungen auf „rationale" Weise gebildet werden (siehe z.b. Breen 1999). In einem klassischen Aufsatz drückt der Sozialpsychologe Leon Festinger dieselbe Idee aus, wenn er schreibt: „the holding of incorrect opinions and/or inaccurate appraisals of one's abilities can be punishing or even fatal in many situations" (Festinger 1954: 117). Die grundlegende Hypothese, von der hier ausgegangen wird, lautet entsprechend: *Individuen erwerben und behalten solche kognitiven Überzeugungen bei, die für sie den höchsten Nutzen und die geringsten Kosten haben.*

Diese Hypothese schließt nicht aus, wie das vorangegangene Beispiel zeigt, daß es eine Diskrepanz zwischen korrekten und falschen Überzeugungen gibt. Es mag sogar mit hohem Nutzen verbunden zu sein, falsche Überzeugungen zu erwerben, wie im nächsten Abschnitt im einzelnen gezeigt wird. Wenn man z.B. die objektiv falsche kognitive Überzeugung erwirbt und beibehält, daß der Ehepartner oder die Ehepartnerin treu ist, so könnte dies zur Stabilität der Ehe beitragen. Eine Person, die die Wahrscheinlichkeit der Bestrafung überschätzt, mag diese Überzeugung beibehalten, da sie die Person davon abhält, sich in krimineller Weise zu betätigen; dadurch besteht kein Anreiz, die falsche Überzeugung zu ändern. In diesen Beispielen weiß eine Person nicht, daß sie falsche Überzeugungen hat, und diese falschen Überzeugungen verursachen keine Kosten, sondern sind eher nützlich.

Wie können wir die genannte Grundannahme anwenden, um zu erklären, warum Personen ihren persönlichen politischen Einfluß überschätzen? Ein erster Schritt besteht darin zu fragen, welche Präferenzen zu einer Fehlwahrnehmung des politischen Einflusses führen könnten.

Die Kenntnis der Wahrheit

Angenommen, eine Person vermutet, daß eine ihrer Überzeugungen falsch ist. Dies habe aber keine negativen Konsequenzen (wie z.B. negative Sanktionen durch die soziale Umwelt). Würde es der Person etwas ausmachen zu wissen, daß sie eine falsche Überzeugung hat? Angenommen, jemand erzählt der Person, daß eine neue Brücke in einem kleinen Ort in Süd-Afrika gebaut worden ist. Die Person glaube dies. Die Person wird zwar vermutlich keinerlei Mühe bzw. Kosten aufwenden, um zu prüfen, ob diese Überzeugung zutrifft. Aber wenn ihr jemand ein neues Foto des Ortes zeigt und wenn darauf keine Brücke zu sehen ist, wird die Person ihre Überzeugung, daß in dem Ort eine Brücke existiert, ändern. Es würde kostspielig sein, wenn neue Photos zeigen, daß keine Brücke existiert, wenn man aber trotzdem glaubt, daß eine Brücke existiert. Mit anderen Worten: *Es ist intrinsisch kostspielig, kognitive Überzeugungen zu erwerben oder beizubehalten, von denen man glaubt, daß sie falsch sind.* Diese Hypothese ist vereinbar mit Festingers Annahme, daß es ein Bedürfnis („drive") gibt „to determine whether or not one's opinions were 'correct'" (Festinger 1954: 118). D.h. sogar wenn eine kognitive Überzeugung keine externen positiven oder negativen Konsequenzen hat, ist es der Person keineswegs gleichgültig, ob diese Überzeugung richtig oder falsch ist.

Warum ist das so? In einer Situation, in der eine Person eine kognitive Überzeugung hat (wie „Objekt a hat Eigenschaft P") und in der die Person erkennt, daß es Hinweise gegen die Richtigkeit dieser Überzeugung gibt (z.B. „es existiert ein glaubwürdiger Zeitungsbericht, nach dem Objekt a nicht die Eigenschaft P hat"), besteht eine Diskrepanz oder *kognitive Inkonsistenz* (oder, gleichbedeutend, kognitive Dissonanz) zwischen zwei Überzeugungen. Die eine ist eine *Realitätsüberzeugung* („a hat Eigenschaft P"), die andere ist eine *Realitätswahrnehmung* („es existieren glaubwürdige Hinweise, daß ..."). Solche Inkonsistenzen sind psychisch unangenehm oder, in der Terminologie der Theorie rationalen Handelns, kostspielig.[8] Personen möchten also die Wahrheit wissen, weil es psychische Spannungen hervorrufen würde, wenn sie glauben, daß ihre kognitiven Überzeugungen falsch sind.

Die Konsistenz kognitiver Überzeugungen

Es gibt nicht nur Inkonsistenzen zwischen Realitätsüberzeugungen und Realitätswahrnehmungen, sondern auch Inkonsistenzen zwischen anderen Überzeugungen. Angenommen, eine Person P hat viel Zeit investiert, um eine Demonstration gegen eine Regierungsentscheidung zu organisieren. Die Re-

---

8 Zu einer Analyse der Vereinbarkeit der Theorie der kognitiven Dissonanz (siehe insbesondere Festinger 1957) und der Theorie rationalen Handelns siehe Akerlof 1982, Gilad 1987, Montgomery 1994.

gierung hat jedoch auf die Demonstration nicht reagiert, und P betrachtet die Demonstration als einen Mißerfolg. Diese Situation verursacht kognitive Dissonanz bei P und ist entsprechend kostspielig: wenn man kostspielige Handlungen ausgeführt hat, um ein Ziel zu erreichen, wenn diese Handlungen jedoch nicht zum Erfolg führten, dann ist dies mit psychischen Spannungen verbunden. Die Inkonsistenz besteht hier nicht zwischen Realitätswahrnehmungen und -überzeugungen. Das vorangegangene Beispiel bezieht sich auf andere kognitive Überzeugungen: Ausführung einer Handlung zur Erreichung eines Ziels einerseits und Mißerfolg der Handlung andererseits. Diese Art der kognitiven Inkonsistenz ist, wie später gezeigt wird, für die Bildung von Überzeugungen über politischen Einfluß von Bedeutung. Darüber hinaus gibt es weitere Arten inkonsistenter Überzeugungen, die für die Bildung des wahrgenommenen Einflusses von Bedeutung sind, wie wir später sehen werden. Hier wollen wir jedoch zunächst die generelle Hypothese einführen, die sich auf diese anderen Überzeugungen bezieht: *Personen wünschen, Konsistenz zwischen kognitiven Überzeugungen zu erreichen.*[9]

Der intrinsische Wert positiver Kontrollüberzeugungen

„Wahrgenommener Einfluß" ist eine Überzeugung, die Sozialpsychologen als Kontrollüberzeugung bezeichnen („control beliefs", siehe z.B. Bandura 1995, 1997). Diese beziehen sich auf das Ausmaß, in dem ein Individuum glaubt, daß es in der Lage ist, bestimmte Handlungen auszuführen oder bestimmte Ergebnisse von Handlungen zu erreichen. Mehrere Untersuchungen haben gezeigt, daß eine Überschätzung „of one's own share of control seems to be healthier than realistically estimating one's own control" (Flammer 1995: 85). Solche „illusions are positive for health, happiness, ability to care for others, and capacity for creative and productive work" (Flammer 1995: 90). Wir gehen entsprechend von folgender Hypothese aus: *Es ist intrinsisch belohnend, starke positive Kontrollüberzeugungen zu haben.*

Restriktionen

Die drei Ziele - zutreffende kognitive Überzeugungen haben, kognitive Konsistenz zwischen kognitiven Überzeugungen erreichen und positive Kontrollüberzeugungen haben - können miteinander in Konflikt stehen. Dies bedeutet,

---

9   Genauer gesagt, müßte diese Hypothese lauten, daß Personen Konsistenz zwischen *anderen* kognitiven Überzeugungen erreichen wollen, d.h. zwischen solchen Überzeugungen, die sich nicht auf Realitätsüberzeugungen oder -wahrnehmungen beziehen. Um jedoch unsere Ausdrucksweise nicht unnötig zu komplizieren, lassen wir „andere" weg und legen fest, daß sich die genannte Hypothese nicht auf Realitätsüberzeugungen oder - wahrnehmungen bezieht.

daß sie nicht gleichzeitig erreicht werden können. Angenommen, die Teilnehmer an einer Demonstration werden sich dessen bewußt, daß der Protest ein Mißerfolg war, und dies sei eine korrekte kognitive Überzeugung. Aber diese Überzeugung ist damit inkonsistent, daß sie viel Zeit investiert haben, um den Protest zu organisieren. Die Nicht-Erreichung der Ziele bedeutet wiederum, daß sie nur geringe Kontrolle ausgeübt haben. D.h. das Ziel „zutreffende kognitive Überzeugungen haben" wird erreicht, aber nicht die Ziele, kognitive Konsistenz zwischen anderen Überzeugungen zu erreichen und positive Kontrollüberzeugungen zu haben. Eine zentrale Restriktion, die das gleichzeitige Erreichen dieser Ziele beeinträchtigt, ist der *Zugang zur Realität*. Wenn dieser schwierig ist, dann bedeutet dies, daß die *Kosten, zutreffende Informationen zu erhalten*, hoch sind. Wenn diese Kosten hoch sind, dann ist die *Unsicherheit* darüber, welche Überzeugungen korrekt sind, ebenfalls hoch.[10] Wenn z.B. die Teilnehmer an einer Demonstration nicht die Möglichkeit haben herauszufinden, in welchem Ausmaß die Regierung von ihren Protesten beeindruckt war, d.h. wenn die Kosten, korrekte Information über die Wirkungen der Proteste zu erhalten, hoch sind, ist auch die Unsicherheit hoch.[11]

Was sind die Konsequenzen von Unsicherheit? Wenn Unsicherheit über eine kognitive Überzeugung groß ist, dann ist es relativ leicht, Konsonanz durch eine Veränderung dieser Überzeugung zu erreichen. Angenommen, es sei dissonant für die Teilnehmer an einer Demonstration, ihre Ziele nicht erreicht zu haben. Nun gebe es keine klaren Hinweise dafür oder dagegen, daß die Proteste die Regierung dazu veranlassen werden, den Wünschen der Protestierenden nachzukommen. Es besteht also Unsicherheit. Der Mangel an klaren Hinweisen macht es leicht, sich selbst und andere davon zu überzeugen, daß die Proteste die Regierung beeindruckt haben und daß zukünftige Entscheidungen die Ziele der Protestierenden in Betracht ziehen. Die Herstellung von Konsonanz ist deshalb wahrscheinlich, weil es schwierig ist, die Überzeugung über den Erfolg der Proteste zu prüfen.

In dieser Situation kann also eine schwache Kontrollüberzeugung leicht in eine starke Kontrollüberzeugung verwandelt werden, welches mit Nutzen verbunden ist. Wenn die Unsicherheit groß ist, dann können Zweifel im Hinblick auf die Gültigkeit von Überzeugungen leicht ausgeräumt werden. D.h.

---

10 „Unsicherheit" bedeutet hier, daß Personen keine subjektive Wahrscheinlichkeit für das Auftreten bestimmter Ereignisse nennen können oder daß die Wahrscheinlichkeit für das Auftreten von Ereignissen von 0 und 1 verschieden ist.

11 Die Kosten des Zugangs zur Realität können aus einem anderen Grund hoch sein. Angenommen, Personen vermuten, daß das Herausfinden der Wahrheit sehr unangenehm sein könnte, d.h. daß eine korrekte kognitive Überzeugung kognitive Dissonanz hervorrufen könnte. In diesem Falle werden die Personen wahrscheinlich keine Zeit investieren, um eine möglicherweise falsche Überzeugung zu korrigieren. Diese Situation ist ähnlich der Dissonanz, die auftritt, wenn eine Entscheidung getroffen wurde und wenn man neue Informationen zu dieser erhält („post-decisional dissonance"). Wenn z.B. Personen ein Produkt gekauft haben, pflegen sie nicht nachzuforschen, ob andere Produkte besser sind.

die kognitiven Kosten zur Herstellung von Konsonanz sind gering. Es ist dann leicht zu glauben, daß man Kontrolle über die Entscheidungen der Regierung hat. Betrachten wir ein anderes Beispiel. Angenommen, eine Gruppe hat viel Zeit und Geld investiert, um eine Demonstration zu initiieren, aber nur fünfzig Personen nahmen teil. Dies ist eine Situation hoher Inkonsistenz. Allerdings ist der Zugang zur Realität sehr einfach und entsprechend die Unsicherheit gering. D.h. der Erwerb einer kognitiven Überzeugung, daß z.B. 100.000 Personen teilgenommen haben, würde sehr kostspielig sein.

Fassen wir zusammen. *Je größer die Unsicherheit über die Gültigkeit kognitiver Überzeugungen ist, d.h. je weniger Zweifel über die Gültigkeit ihrer Überzeugungen bestehen, desto wahrscheinlicher ist es, daß kognitive Konsonanz zwischen diesen Überzeugungen hergestellt wird und desto wahrscheinlicher erwerben Personen positive Kontrollüberzeugungen.*

Im Hinblick auf Kontrollüberzeugungen, die hier von besonderem Interesse sind, legen die vorangegangenen Überlegungen die folgende Vermutung nahe. Angenommen, die Unsicherheit von Kontrollüberzeugungen ist groß. Es ist dann wahrscheinlich, daß Konsistenz durch eine Verstärkung der Kontrollüberzeugungen hergestellt wird. Der Grund ist, wie bereits gesagt, daß es intrinsisch belohnend ist, starke positive Kontrollüberzeugungen zu haben. D.h.: *Wenn Kontrollüberzeugungen unsicher sind, dann ist es besonders wahrscheinlich, daß Konsistenz durch Stärkung dieser Überzeugungen hergestellt wird.*

Was tut man, um kognitive Überzeugungen zu validieren?

Bisher wurde diskutiert, welche Arten kognitiver Überzeugungen am ehesten erworben werden oder sich am ehesten verändern. Es wurde noch nicht diskutiert, auf welche Weise Personen *handeln*, um Konsistenz zu erreichen. Wenn z.B. jemand behauptet, daß an einem bestimmten Ort ein neues Gebäude errichtet wurde, dann mag man dies prüfen, indem man den Ort, an dem das Gebäude entstanden sein soll, in Augenschein nimmt. Wenn man erfährt, daß ein Freund mit einer bestimmten politischen Partei sympathisiert, kann man ihn z.B. fragen, um dies zu prüfen. Welche Handlungen Personen ausführen, hängt ab von den Kosten und Nutzen dieser Handlungen, d.h. u.a. davon, wie sicher eine Person glaubt, die gewünschten Informationen zu erhalten und wie wichtig diese Informationen sind. Es werden aber nicht nur Handlungen wie die Befragung anderer oder die Beobachtung bestimmter Sachverhalte ausgeführt, man führt auch interne Handlungen aus: es werden Schlüsse gezogen oder, allgemein gesagt, es werden Denkprozesse ausgeführt. Solche Denkprozesse führen oft zu Fehlern. Kahneman und Tversky haben eine Reihe von „judgmental heuristics" ermittelt, die Personen benutzen (vgl. z.B. Kahneman, Slovic und Tversky 1982; Tversky und Kahneman 1974; Dawes 1988, 1998; siehe auch Druwe und Kunz 1998; Fiske und Taylor 1991).[12] So „generalisieren" Personen oft: wenn ein Individuum die kognitive Überzeugung gebildet hat, daß in der Vergangenheit die meisten Protestgruppen erfolgreich waren, könnte sie annehmen, daß ein geplanter Protest ebenfalls eine hohe Erfolgswahrscheinlichkeit haben wird.[13] Eine andere Heuristik besteht darin, sich auf die „soziale Realität" zu verlassen, d.h. auf kognitive Überzeugungen von anderen, die kompetent erscheinen. Festinger behauptet, daß „where the dependence upon physical reality is low the dependence upon social reality is correspondingly high" (1950: 272, siehe auch 1954: 118). Wenn sich z.B. ein neues Mitglied einer Protestgruppe eine Meinung über den Erfolg einer gemeinsamen, geplanten Demonstration bilden will, könnte das Mitglied ein anderes Mitglied, das oft an Demonstrationen teilgenommen hat, nach dessen Einschätzung des Erfolges fragen und dessen Meinung übernehmen. Folgende Hypothese ist also plausibel: *Je größer die Unsicherheit ist, desto wahrscheinlicher führen Personen Handlungen aus und wenden Urteilsheuristiken an, um kognitive Überzeugungen zu bilden oder beizubehalten.*

Welche Art von Handlung oder Urteilsheuristik wird gewählt? Es ist plausibel, daß es am wenigsten kostspielig und somit am wahrscheinlichsten ist, daß Individuen wichtige andere Personen konsultieren und deren Überzeugungen übernehmen. Wenn es solche anderen Personen nicht gibt oder wenn diese nicht die entsprechenden Überzeugungen haben, dann werden solche Heuristiken angewendet, über die Individuen in ihrem kognitiven Repertoire verfügen und die nach ihrer Meinung am ehesten zu gültigen Überzeugungen führen. Es ist eine Frage weiterer Theoriebildung und empirischer Forschung herauszufinden, in welchem Maße Individuen welche Arten der genannten Handlungen ausführen und welche Heuristiken sie unter welchen Bedingungen wählen.

Die Anwendung der Theorie zur Erklärung des wahrgenommenen politischen Einflusses

Wir wollen nun das im vorigen Abschnitt dargestellte theoretische Modell anwenden, um prüfbare Hypothesen über die Entstehung wahrgenommenen Einflusses zu formulieren. Wir sagten, daß dann, wenn Kontrollüberzeugun-

---

12 Wir definieren Urteilsheuristiken („judgmental heuristics") als jegliche Handlung, die darauf abzielt zu prüfen, ob kognitive Überzeugungen mit der Realität übereinstimmen. Es ist bei dieser Definition irrelevant, ob eine Heuristik zu Fehlern oder zu korrekten Überzeugungen führt.

13 Dies ist der Prozeß des „anchoring and adjustment." Vgl. Tversky und Kahneman 1974. Siehe auch Cervone und Peake 1986. Diese Autoren berichten über Untersuchungsergebnisse, nach denen ein solcher Prozeß auch im Hinblick auf wahrgenommenen Einfluß existiert.

gen - in diesem Falle der wahrgenommene Einfluß - unsicher sind, die Wahrscheinlichkeit hoch ist, daß sich diese Überzeugungen ändern, wenn Inkonsistenz besteht. Inwieweit ist „wahrgenommener Einfluß" eine kognitive Überzeugung, die besonders unsicher ist? D.h. wie kostspielig ist es, seinen Einfluß falsch einzuschätzen? Diese Frage wird im folgenden zuerst diskutiert.

Um testbare Hypothesen darüber zu erhalten, inwieweit kognitive Konsistenz oder Inkonsistenz für die Einschätzung des persönlichen Einflusses von Bedeutung ist, muß weiter angegeben werden, in welchen Situationen Inkonsistenz zwischen dem wahrgenommenen Einfluß und anderen Überzeugungen besteht, und welcher Art diese anderen Überzeugungen sind. Die Frage ist also: Welche Situationen, in denen sich Individuen als mehr oder weniger einflußreich ansehen, sind kognitiv konsistent oder inkonsistent? Auch diese Frage wird im folgenden diskutiert, wenn wir uns mit der Überprüfung der Theorie befassen. Die Frage, welche Art von Urteilsheuristiken oder anderen Handlungen Individuen anwenden bzw. ausführen, um Konsistenz herzustellen, wird im folgenden nicht behandelt.

4. Wie kostspielig ist es, seinen politischen Einfluß falsch einzuschätzen?

Unsere Theorie nimmt u.a. an, daß es intrinsisch von Nutzen ist, zutreffende Überzeugungen zu haben. Dies bedeutet nicht, daß falsche Überzeugungen immer so kostspielig sind, daß sie geändert werden. Oft haben Leute falsche Überzeugungen, ohne dies zu wissen, und das Festhalten an solchen Überzeugungen ist nützlicher als deren Veränderung. Weiter haben Personen oft gute Gründe für ihre falschen Überzeugungen (Boudon 1996). Gibt es Situationen, in denen eine Fehleinschätzung des persönlichen Einflusses von Nutzen ist? Diese Frage steht im Mittelpunkt der folgenden Überlegungen.

Beginnen wir mit einem Beispiel. Angenommen, die Teilnahme an einer Demonstration hatte keinerlei Wirkung, d.h. die Ziele der Protestteilnehmer wurden nicht erreicht. Jeder Teilnehmer glaube jedoch fälschlicherweise, daß sowohl der gemeinsame Protest als auch seine persönliche Teilnahme dazu geführt haben, daß die Politiker über die Ziele der Demonstranten nachdenken und geneigt sind, sie später zu erfüllen. Weiter glauben die Demonstranten, daß zusätzliche Proteste dazu führen würden, daß die Politiker den Zielen der Demonstranten relativ schnell nachkommen würden. Diese falsche Überzeugung führe nun zu neuen Demonstrationen, die eine größere Anzahl von Teilnehmern anziehen, und - so nehmen wir - diese Proteste sind wirklich erfolgreich. In diesem Falle haben also Individuen zunächst ihren persönlichen Einfluß überschätzt. Diese falsche Überzeugung verursachte neue Proteste, die dazu führten, daß die Ziele der Protestierer erreicht wurden. Falsche Überzeugungen hatten also positive Effekte für diejenigen, die diese falschen Überzeugungen hatten und auch für andere Personen, die die Ziele der Demonstranten akzeptierten. Wäre zu Beginn die Wahrnehmung des Einflusses korrekt gewesen, wären keine neuen Proteste zustandegekommen und die Ziele der Demonstranten wären nicht erreicht worden. Man stelle sich nun vor, die Demonstranten hätten später erfahren, daß ihre Einschätzung des ursprünglichen Erfolgs der Proteste falsch war. Sie würden wahrscheinlich der Meinung sein, daß es gut war, daß sie bei der Initiierung neuer Proteste von falschen Überzeugungen ausgingen; denn sonst wären ihre Ziele nicht erreicht worden. Hier zeigt sich also: falsche Überzeugungen führten zu Handlungen, die für die Akteure positive Konsequenzen hatten.

Betrachten wir ein weiteres Beispiel. Angenommen, verschiedene Anti-Atomkraft-Gruppen treten dafür ein, daß eine geplante Wiederaufarbeitungsanlage nicht gebaut wird. Sie organisieren zahlreiche Proteste, aber die Regierung ignoriert die Proteste und versucht in repressiver Weise, die Demonstrationen zu beenden. Die Proteste waren also faktisch erfolglos. Dies werde von den Protestierern auch so eingeschätzt. Die Tatsache, daß Ressourcen für die Organisation der Proteste eingesetzt wurden und daß die Proteste erfolglos waren, verursacht kognitive Dissonanz. Einige Jahre nach dem Beginn der Proteste entscheidet die Regierung, die Anlage nicht weiter zu bauen. Der hierfür angegebene Grund ist, daß die Anlage zu kostspielig geworden ist und daß eine andere, preiswertere Möglichkeit für die Wiederaufarbeitung nuklearer Abfälle gefunden wurde. Nehmen wir an, daß diese Entscheidung nichts mit den Protesten zu tun hatte. Die Protestierer jedoch glauben, daß die Schließung der Anlage auf ihre Proteste zurückzuführen ist und daß die Regierung dies nur nicht zugeben wolle. Die Protestierer änderten also ihre korrekte Überzeugung, daß die Proteste nicht wirksam waren, und denken nun, daß ihre Aktionen zu der Entscheidung der Regierung geführt haben. Der Einfluß wurde also überschätzt. Die Protestierer hätten zwar Zeit und andere Ressourcen gespart, wenn sie nicht protestiert hätten, und es wäre auch keine kognitive Dissonanz entstanden. Geht man jedoch davon aus, daß protestiert wurde, dann führte die Veränderung einer korrekten zu einer falschen Überzeugung zu einer Reduktion kognitiver Dissonanz und somit zu erhöhtem psychischen Wohlbefinden. Durch die Übernahme einer falschen Überzeugung stehen sich die Protestierer also besser als wenn sie die korrekte Überzeugung beibehalten hätten.[14]

---

14 Die reale Basis dieses Beispiels ist die Mitte der achtziger Jahre geplante Wiederaufarbeitungsanlage für Atomabfälle in Wackersdorf (Bayern). Zu den Protesten vgl. Kretschmer und Roth 1987. Im Jahre 1989 wurde der Bau der Anlage gestoppt. Das Gelände wurde ein Industriepark. Die Proteste, der Baustopp und auch der Zuzug neuer Industrien sind in der Presse umfassend dokumentiert. Vgl. z.B. einen Übersichtsartikel in DIE ZEIT vom 24.1.1992 (Seite 9).

In beiden Beispielen haben Personen ihren Einfluß überschätzt, und dies war für sie nützlicher als wenn sie ihren Einfluß korrekt wahrgenommen hätten. Im ersten Falle hat die Überschätzung des persönlichen Einflusses neue, erfolgreiche Proteste hervorgerufen. Dies ist ein Beispiel für eine Situation, in der eine falsche Überzeugung für die Akteure positivere Effekte hat als eine richtige Überzeugung. Im zweiten Falle bestand eine korrekte Überzeugung, die zu Dissonanz führte. Nach einer Regierungsentscheidung wurde die korrekte Überzeugung aufgegeben; es entstand eine falsche Überzeugung, die aber kognitive Konsonanz herstellte. Die Akzeptierung einer falschen Überzeugung war also nützlicher als die Beibehaltung einer richtigen Überzeugung.

Falsche Überzeugungen hinsichtlich des persönlichen Einflusses oder des Einflusses der Gruppe haben oft auch Makro-Effekte, die als positiv von einem normativen Standpunkt aus angesehen werden können. Wenn Individuen im allgemeinen ihren Einfluß überschätzen, dann führt dies dazu, daß sie glauben, Politiker reagieren auf ihre Wünsche; dies erhöht die Unterstützung der demokratischen politischen Ordnung.[15]

Diese Beispiele illustrieren, daß falsche Überzeugungen oder, genauer, eine Überschätzung des wahrgenommenen Einflusses oft einen hohen Nettonutzen für Individuen und auch gesellschaftliche Konsequenzen haben, die aus der Sicht der Individuen und auch von einem normativen Standpunkt aus als positiv angesehen werden können. Dies soll nicht heißen, daß eine Überschätzung des Einflusses immer nützlich für die Akteure oder von einem normativen Standpunkt aus immer positiv zu bewerten ist. Eine solche Behauptung ist sicherlich falsch. Wichtig für unsere Argumentation ist, daß es viele Situationen gibt, in denen eine falsche Einschätzung des persönlichen Einflusses keineswegs so kostspielig ist, daß ein Anreiz für eine Änderung der falschen Überzeugungen gegeben ist. Im Gegenteil: es gibt Situationen, in denen eine korrekte Überzeugung so kostspielig ist, daß sie aufgegeben und eine falsche Überzeugung übernommen wird.

Für Sozialpsychologen ist dies alles keineswegs überraschend. Shelley E. Taylor (1986: 228) faßt die Ergebnisse vieler sozialpsychologischer Untersuchungen in folgender Weise zusammen: „Increasingly, we must view the psychologically healthy person not as someone who sees things as they are but as someone who sees things as he or she would like them to be. Effective functioning in everyday life appears to depend upon interrelated positive illusions, systematic small distortions of reality that make things appear better than they are."

---

15 Es gibt eine umfangreiche Diskussion über die Wirkungen von wahrgenommenem Einfluß auf die Unterstützung des politischen Systems. Eine der klassischen Studien ist Almond und Verba 1963. Die Hypothese, daß hoher wahrgenommener politischer Einfluß Systemunterstützung erhöht, impliziert, daß die Überschätzung des wahrgenommenen Einflusses ebenfalls zu einer hohen Systemunterstützung führt.

5.   Eine empirische Überprüfung der Theorie

Will man unsere Theorie überprüfen, ist es zunächst erforderlich, Situationen zu finden, in denen Inkonsistenz zwischen Einfluß und anderen Überzeugungen besteht. Wir werden im folgenden zunächst eine Klasse solcher Situationen beschreiben. Als nächstes werden wir eine Reihe spezifischerer Hypothesen formulieren und diese überprüfen.

Die Konsistenzhypothese

Fragen wir zuerst, welcher Art Situationen sein könnten, in denen Inkonsistenz zwischen wahrgenommenem Einfluß und anderen Überzeugungen besteht. Eine solche Situation wurde bereits vorher beschrieben: Personen haben sich politisch engagiert (d.h. an Protesten teilgenommen) und stellen fest, daß sowohl der Protest und damit auch ihre eigene Teilnahme wirkungslos waren. In einer solchen Situation hat man Ressourcen verschwendet - nämlich Zeit oder auch finanzielle Mittel, die für die Proteste eingesetzt wurden, ohne den damit gewünschten Erfolg zu haben. Wenn also politische Aktivitäten ausgeführt wurden und wenn diese erfolglos waren, besteht kognitive Inkonsistenz.

In der Theorie kollektiven Handelns ist der wahrgenommene Einfluß eine von mehreren Bedingungen für politisches Handeln, wie wir zu Beginn kurz ausführten. Die Vermutung liegt nahe, daß auch andere Bedingungen oder, wie wir sagen wollen, andere Anreize für Protest einerseits und das Ausmaß wahrgenommenen Einflusses andererseits inkonsistent sein könnten. Zur Prüfung der Plausibilität dieser Überlegung gehen wir aus von einer Reihe von Anreizen, die sich in früheren Untersuchungen als bedeutsam für die Erklärung von Protest erwiesen haben. Zu den Anreizen gehört zunächst die *Unzufriedenheit* mit der politischen Situation.[16] Wenn diese Unzufriedenheit hoch ist *und* wenn Personen glauben, durch Protest (oder andere Arten politischen Engagements) ihre Unzufriedenheit vermindern zu können, dann ist es wahrscheinlich, daß Protest auftritt.[17]

---

16   Wenn Personen unzufrieden mit der politischen Situation sind, dann ist dies gleichbedeutend damit, daß sie in höherem Maße bestimmte Kollektivgüter wünschen wie z.B. weniger Luftverschmutzung.

17   Vgl. hierzu Finkel, Muller und Opp 1989, Gibson 1991; Moe 1980; Muller und Opp 1986; Opp und Sievers 1998; Opp 1988, 1989, 1997.

Das Auftreten von Protesten (und anderen Arten politischen Engagements) wird weiter wahrscheinlicher, wenn Individuen in soziale Netzwerke integriert sind, in denen von den Mitgliedern die Teilnahme an Protesten positiv bewertet oder ermutigt wird. So führt z.b. die Mitgliedschaft in Bürgerinitiativen dazu, daß relativ häufig protestiert wird. Wir wollen diese Hypothese so ausdrücken: je größer die *sozialen Anreize* für Protest sind, in desto höherem Maße beteiligen sich Personen an Protesthandlungen.[18]

Die Teilnahme von Protesten wird weiter durch *moralische Anreize* bedingt.[19] Damit ist das Ausmaß gemeint, in dem sich Personen verpflichtet fühlen, sich in bestimmten Situationen politisch zu engagieren, insbesondere zu protestieren. Die Bedeutung dieses Faktors wird durch den folgenden Slogan sozialer Bewegungen illustriert: wenn Recht zu Unrecht wird, wird Widerstand zur Pflicht. Danach ist man moralisch verpflichtet, sich politisch zu engagieren, wenn ungerechte Entscheidungen getroffen werden oder wenn eine soziale Ordnung ungerecht ist. Wir sprechen von *Protestnormen*, wenn speziell eine Verpflichtung wahrgenommen wird, sich an Protesten zu beteiligen.

In den vorangegangenen Überlegungen spielte nicht nur der persönliche Einfluß eine Rolle, sondern auch der gemeinsame Erfolg der Proteste oder, wie wir sagen wollen, der Gruppenerfolg oder der Gruppeneinfluß. Beide Faktoren - persönlicher Einfluß und Gruppeneinfluß - können in gewissem Maße unabhängig voneinander variieren, aber beide beeinflussen die Wahrscheinlichkeit, an Protesten teilzunehmen. Angenommen, Personen erwarten, daß der Gruppenerfolg (d.h. der Erfolg gemeinsamer Proteste) groß ist. Trotzdem könnten die einzelnen Gruppenmitglieder der Meinung sein, daß jeder einzelne nur einen geringen Einfluß hat, wenn die Gruppe groß ist. Ob z.B. 10.000 oder 9.999 Personen demonstrieren, macht aus der Sicht einer Person keinen Unterschied - selbst wenn der Protest insgesamt erfolgreich ist. Allerdings wäre es auch denkbar, daß Personen ihren persönlichen Einfluß bei hohem erwarteten Gruppenerfolg auch als hoch einschätzen, selbst dann, wenn die Gruppe sehr groß ist. Hier läge wieder eine Überschätzung des persönlichen Einflusses vor. Wenn allerdings davon ausgegangen wird, daß die Gruppe erfolglos sein wird, dann wird sich auch das einzelne Gruppenmitglied kaum als einflußreich ansehen. Diese Überlegungen legen die Vermutung nahe, daß der erwartete Erfolg des gemeinsamen Protests einen Einfluß darauf hat, in welchem Maße man sich engagiert.[20]

---

18 Vgl. z.B. Klandermans 1984; McAdam und Paulsen 1993; Oegema und Klandermans 1994; Opp und Gern 1993; Opp und Roehl 1990; Opp und Sievers 1998; Opp 1992.

19 Vgl. z.B. Chong 1991: 93-100, Jasso und Opp 1997; Marwell und Ames 1979; Muller 1979; Opp und Roehl 1990b, Kap. IV; Opp und Sievers 1998; Opp 1984, 1986, 1989, 1992.

20 Zu der Art der Wirkung von erwartetem Gruppenerfolg und erwarteten persönlichem Einfluß siehe insbesondere Finkel, Muller und Opp 1989. Dort wird die Hypothese geprüft und bestätigt, daß persönlicher Einfluß und Gruppeneinfluß multiplikativ wirken.

Ist es plausibel, daß (1) das Ausmaß, in dem diese Anreize - d.h. Unzufriedenheit, soziale Anreize, moralische Anreize (bzw. Protestnormen) und Gruppenerfolg - vorliegen, (2) das Ausmaß, in dem man sich engagiert, und (3) das Ausmaß, in dem man sich als persönlich einflußreich betrachtet, etwas mit kognitiver Inkonsistenz zu tun haben, die zu einer Veränderung des persönlichen Einflusses führt? Wir behaupten, daß bestimmte Ausprägungen der folgenden sechs Faktoren bzw. Dimensionen zu Inkonsistenz führen: Protest, Unzufriedenheit, soziale Anreize, moralische Anreize (bzw. Protestnormen), Gruppenerfolg, persönlicher Einfluß.

Entsteht z.B. kognitive Dissonanz, wenn man an Protesten teilnimmt, wenn alle Anreize (Unzufriedenheit, soziale und moralische Anreize, Gruppenerfolg) hoch sind, wenn man sich jedoch für absolut einflußlos hält? Dies ist sicherlich eine in hohem Maße kognitiv inkonsistente Situation. Wenn man sich z.B. in hohem Maße moralisch verpflichtet fühlt, an einer Demonstration gegen eine als äußerst ungerecht empfundene Regierungsentscheidung teilzunehmen, wenn man aber gleichzeitig meint, daß die eigene Teilnahme völlig wirkungslos ist, dann ist dies sicherlich dissonant. Auch wenn man in hohem Maße unzufrieden ist, sich aber als wenig einflußreich ansieht, dann ist dies kognitiv inkonsistent. Diese Überlegungen lassen es plausibel erscheinen, daß eine relativ starke *Diskrepanz* zwischen starken Anreizen und hoher Protestteilnahme einerseits und dem wahrgenommenen Einfluß andererseits hohe kognitive Inkonsistenz hervorruft. Weiter ist zu vermuten, daß sich in einer solchen Situation der wahrgenommene Einfluß verändert, da dieser, wie gesagt, unsicher ist. Wenn ein hoher Einfluß die Dissonanz vermindert, wird dieser überschätzt, da eine starke positive Kontrollüberzeugung belohnend ist. Unsere Hypothese, die wir als „Konsistenzhypothese" bezeichnen, lautet also:

Konsistenzhypothese: Eine starke Diskrepanz von Anreizen für Protest und Protestteilnahme einerseits und persönlichem Einfluß andererseits verursacht kognitive Inkonsistenz und führt zu einer Veränderung des wahrgenommenen Einflusses, so daß Konsistenz mit den Anreizen und Protest erreicht wird.

Unterschiedliche Werte der verschiedenen Faktoren bzw., wie wir auch sagen wollen, Dimensionen sind also inkonsistent. Bestimmte Kombinationen dieser Werte führen deshalb zu einer Veränderung des wahrgenommenen Einflusses.

Eine empirische Überprüfung einiger Voraussagen der Konsistenzhypothese

Wie könnte diese Hypothese empirisch überprüft werden? Eine Möglichkeit besteht darin, Personen Beschreibungen von Protestsituationen vorzulegen, in denen eine Person - der Protagonist der Situation - protestiert oder auch nicht protestiert und in denen die vorher erwähnten Anreize verschiedene Werte aufweisen. Die Situationsbeschreibungen bestehen also aus allen möglichen Kombinationen der Werte von Protest und der übrigen Dimensionen. Eine Beschreibung einer gegebenen Kombination der Werte dieser Dimensionen heißt *Vignette*. Um zu ermitteln, in welchem Maße eine Vignette, d.h. eine Situationsbeschreibung, als mehr oder weniger konsistent betrachtet wird, werden die befragten Personen gebeten, jede Vignette danach einzustufen, inwieweit die Situation - also jeweils eine gegebene Kombination der Werte der genannten Faktoren - dem Protagonisten mehr oder weniger unangenehm ist. Wir wenden also das *faktorielle Survey* an, das insbesondere von Peter Rossi entwickelt wurde (vgl. Rossi 1951, 1979; zu Anwendungen siehe Jasso und Opp 1997, Opp 2001).

Die Befragten unserer Umfrage waren 51 Studierende der Soziologie, die ein von mir geleitetes Seminar über Normen und Institutionen an der Universität Leipzig besuchten. Am 29. April 1998 wurde zu Beginn des Seminars jedem Studierenden ein kurzer Fragebogen ausgehändigt, der 16 Vignetten und einige weitere Fragen enthielt. Der Fragebogen wurde zu Beginn des Seminars verteilt, ausgefüllt und wieder zurückgegeben. Das Ausfüllen des Fragebogens dauerte im Durchschnitt etwa 15 Minuten.

Bei einem faktoriellen Survey ist der erste Schritt die Konstruktion der Dimensionen, aus denen die Vignetten gebildet werden. Diese Dimensionen sind die sechs vorher genannten Variablen bzw. Faktoren (Protest, Unzufriedenheit, soziale Anreize, moralische Anreize bzw. Protestnormen, Gruppenerfolg, und persönlicher Einfluß). Sodann muß entschieden werden, welche Werte jede der Dimensionen haben soll. Wir ordneten jeder Dimension zwei Werte - nämlich 0 und 1 - zu, da dies für die Prüfung der im folgenden dargestellten Hypothesen ausreichte. Tabelle 4 faßt die Dimensionen und ihre Werte zusammen. Die Dimensionen beziehen sich auf eine Situation, in der die *Art des Protests* die Teilnahme einer Person A an einer Demonstration gegen den Bau einer Straße durch A's Wohnviertel war. Diese Dimension hat die Werte „keine Teilnahme" und „regelmäßige Teilnahme" (Werte 0 und 1). Der Protagonist A konnte mehr oder weniger *unzufrieden* mit dem Bau der Straße sein („A ist zwar gegen den Bau der Straße, aber er würde sich damit abfinden, wenn sie gebaut würde" - Wert 0; „A ist der Meinung, daß die Straße auf keinen Fall gebaut werden sollte" - Wert 1). Die sozialen Anreize sind *A's Mitgliedschaft in einer Bürgerinitiative* („nein" oder „ja", mit Werten 0 oder 1). In Bezug auf die moralischen Anreize konnte der Protagonist A eine *Protestnorm* akzeptieren oder nicht („A meint, daß er keinerlei Verpflichtung hat, sich zu engagieren", „A fühlt sich in hohem Maße verpflichtet, etwas gegen die Bau der Straße zu unternehmen", Werte 0 und 1). *Gruppenerfolg* hat zwei Werte: A glaubt, daß die Demonstrationen wahrscheinlich nicht erfolgreich sein werden (Wert 0) oder daß sie wahrscheinlich erfolgreich sein werden (Wert 1). *Persönlicher Einfluß* hat ebenfalls zwei Werte: A glaubt, daß sein Engagement in keiner Weise dazu beitragen würde, den Bau der Straße zu verhindern (Wert 0), und A glaubt, daß er durch sein Engagement erheblich dazu beitragen würde, den Bau der Straße zu verhindern (Wert 1).

Tabelle 4: Die Vignettendimensionen des faktoriellen Surveys

I. Protest
(0) A nimmt *nicht* an Demonstrationen gegen den Bau einer Straße durch A's Wohnviertel teil.
(1) A nimmt regelmäßig an Demonstrationen gegen den Bau einer Straße durch A's Wohnviertel teil.

II. Unzufriedenheit
(0) A ist zwar gegen den Bau der Straße, aber er würde sich damit abfinden, wenn sie gebaut würde.
(1) A ist der Meinung, daß die Straße auf keinen Fall gebaut werden sollte.

III. Mitgliedschaft in einer Bürgerinitiative
(0) A ist *nicht* Mitglied einer Bürgerinitiative, die sich gegen den Bau einer Straße durch A's Wohnviertel einsetzt.
(1) A ist Mitglied einer Bürgerinitiative, die sich gegen den Bau einer Straße durch A's Wohnviertel einsetzt.

IV. Protestnormen
(0) A meint, daß er keinerlei Verpflichtung hat, sich zu engagieren.
(1) A fühlt sich in hohem Maße verpflichtet, etwas gegen die Bau der Straße zu unternehmen.

V. Gruppenerfolg
(0) Nach A's Meinung werden die Demonstrationen wahrscheinlich nicht erfolgreich sein.
(1) Nach A's Meinung werden die Demonstrationen wahrscheinlich erfolgreich sein.

VI. Persönlicher Einfluß
(0) A glaubt, daß sein Engagement in keiner Weise dazu beitragen würde, den Bau der Straße zu verhindern.
(1) A glaubt, daß er durch sein Engagement erheblich dazu beitragen würde, den Bau der Straße zu verhindern.

Im folgenden wird ein Beispiel für eine Vignette aufgeführt, in der die Werte der Vignettendimensionen unterstrichen sind. Dies war auch im Fragebogen der Fall. Wir fügen in Klammern die Dimension und ihre Werte hinzu, auf die sich der betreffende Satz bezieht:

A nimmt regelmäßig an Demonstrationen gegen den Bau einer Straße durch A's Wohnviertel teil (Protest, Wert 1). A ist der Meinung, daß die Straße auf keinen Fall gebaut werden sollte (Unzufriedenheit, Wert 1). A ist *nicht* Mitglied einer Bürgerinitiative, die sich gegen den Bau der Straße durch A's Wohnviertel einsetzt (soziale Anreize, Wert 0). A fühlt sich in hohem Maße verpflichtet, etwas gegen den Bau der Straße zu unternehmen (moralische Anreize bzw. Protestnorm, Wert 1). Nach A's Meinung werden die Demonstrationen wahrscheinlich nicht erfolgreich sein (Gruppenerfolg, Wert 0). A

33

glaubt, daß sein Engagement in keiner Weise dazu beitragen würde, daß der Bau der Straße verhindert wird (Einfluß, Wert 0).

Die Befragten wurden gebeten, jede Vignette einzustufen. Am Kopf jeder Seite des Vignettenfragebogens war eine Sieben-Punkte Skala abgedruckt - siehe Abbildung 2. Damit wurde der Befragte gebeten anzugeben, wie angenehm oder unangenehm dem Protagonisten A die Situation ist. Die Befragten wurden dann gebeten, unter jede Vignette die Zahl zu schreiben, die am ehesten ihrer Meinung entspricht. Damit versuchten wir zu ermitteln, wie die Befragten die *kognitive Inkonsistenz* der Situation aus der Sicht des Protagonisten A einschätzten. Wir nehmen also an, daß dann, wenn eine Vignette als relativ unangenehm eingestuft wird, die Inkonsistenz der Situation relativ groß ist.

Abbildung 2: Die Beurteilungsskala für die Vignetten

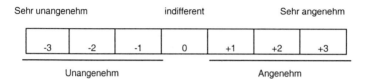

Es gibt 2^6, d.h. 64 mögliche Kombinationen der Werte der sechs Vignettendimensionen. Es gibt also - neben der oben genannten Vignette - weitere 63 Vignetten. Dies ist die Population der Vignetten. Als nächstes muß eine Entscheidung darüber getroffen werden, wieviele dieser Vignetten einem Befragten vorgelegt werden sollen. Um den Fragebogen möglichst kurz zu halten und um zu verhindern, daß die Befragten bei der Ausfüllung des Fragebogens ermüden bzw. ihre Konzentration verlieren, entschieden wir, jedem Befragten 16 Vignetten vorzulegen. Wir zogen aus der Population der 64 Vignetten per Zufall viermal 16 Vignetten (ohne dabei die gezogenen Vignetten zu ersetzen), weil wir erwarteten, daß 60 bis 70 Studenten an der Befragung teilnehmen würden. Wir haben diese vier „Sets" von Vignetten jeweils 20 mal kopiert und per Zufall an die Befragten verteilt.

Welche Urteile sind zu erwarten, wenn die Konsistenzhypothese zutrifft? Diese Hypothese behauptet u.a., daß es kognitiv inkonsistent ist, wenn Protest und die anderen Anreize einen hohen und der wahrgenommene Einfluß einen niedrigen Wert haben. Dies bedeutet, daß bestimmte Kombinationen der Werte der Vignettendimensionen positiver eingeschätzt werden sollten als andere. Um die folgenden Überlegungen sprachlich zu vereinfachen, bezeichnen wir die ersten fünf Dimensionen - Protest, Unzufriedenheit, soziale Anreize, Protestnormen und Gruppenerfolg - als die *komplementären* Dimensio-

34

nen von Einfluß. Welche Kombinationen der komplementären Dimensionen einerseits und Einfluß andererseits werden zu welchen Urteilen führen? Diese Frage soll auf der Grundlage von Tabelle 5 beantwortet werden. Die erste Spalte dieser Tabelle führt die Anzahl der komplementären Dimensionen in einer Vignette mit dem Wert 1 auf. Spalten 2 und 3 beziehen sich auf die Dimension „Einfluß", die die Werte 0 und 1 haben kann. Die Felder der Tabelle zeigen also Kombinationen der Werte von Vignettendimensionen. So bezieht sich das obere rechte Feld auf Vignetten, in denen keine komplementäre Dimension den Wert 0 und Einfluß den Wert 1 hat.

Tabelle 5: Die Konsistenzhypothese: Durchschnittliche Bewertungen von Situationen mit unterschiedlichen Werten der komplementären Vignettendimensionen und des wahrgenommenen Einflusses

Anzahl komplementärer Dimensionen mit Wert 1	Dimension „wahrgenommener Einfluß"	
	Wert 0	Wert 1
0	Hoch Abnahme	Abnahme
1	Ab- Abnahme	
2	nahme Abnahme	*
3	* Zunahme	Zunahme
4	Zu- Zunahme	
5	nahme Zunahme	Sehr hoch

* symbolisiert den Wendepunkt, an dem Konsistenz zunimmt. „Hoch" und „Sehr hoch" und „Abnahme" bzw. „Zunahme" beziehen sich auf Bewertungen.

Welche Bewertungen sind für die einzelnen Tabellenfelder zu erwarten? Angenommen, den Befragten werden Vignetten vorgelegt, in denen alle komplementären Vignetten und Einfluß den Wert 1 haben - siehe das untere rechte Feld von Tabelle 5. Mit anderen Worten, der Protagonist hat regelmäßig an Demonstrationen teilgenommen, ist gegen den Bau der Straße, ist Mitglied einer Bürgerinitiative, die sich gegen den Bau der Straße engagiert, fühlt eine starke Verpflichtung zum Engagement und glaubt, daß die gemeinsamen Proteste erfolgreich sein werden. Weiter ist er der Meinung, daß seine Teilnahme an den Protesten einen Unterschied macht, d.h. sein wahrgenommener Einfluß ist hoch. Dies ist eine in hohem Maße konsistente Situation. Es gibt

35

keine Situation mit einer höheren Konsistenz. Es ist also zu erwarten, daß die Befragten diese Situation aus der Sicht des Protagonisten sehr positiv bewerten.

Gibt es eine Vignette, bei der wir eine ähnlich hohe positive Bewertung erwarten können? Konsistenz existiert nicht nur, wenn alle Vignettendimensionen den Wert 1 aufweisen, sondern auch dann, wenn alle Dimensionen den Wert 0 haben - siehe das obere linke Feld von Tabelle 5. Aber weil im allgemeinen eine positive Kontrollüberzeugung belohnend ist, ist zu erwarten, daß eine Situation, in der alle Vignettendimensionen den Wert 0 aufweisen, weniger positiv bewertet wird, d.h. weniger angenehm ist, als eine Situation, in der alle Dimensionen den Wert 1 aufweisen. Unsere erste Voraussage, die im folgenden geprüft wird, lautet also:

Voraussage 1: Wenn alle komplementären Vignettendimensionen und die Dimension „Einfluß" den Wert 1 haben, dann ist die Bewertung der betreffenden Vignetten positiver als wenn alle komplementären Vignettendimensionen und Einfluß den Wert 0 haben.

In dieser Voraussage werden zwei Situationen miteinander verglichen, die hoch konsistent sind: entweder haben alle sechs Dimensionen (d.h. die komplementären Dimensionen und Einfluß) den Wert 0 oder alle Dimensionen haben den Wert 1. Nennen wir die erste Situation *0-konsistent* (alle Dimensionen haben den Wert 0), die zweite Situation *1-konsistent* (alle Dimensionen haben den Wert 1). Was ist zu erwarten, wenn jede dieser Arten der Konsistenz abnimmt? Gehen wir aus von der Situation der 0-Konsistenz; nehmen wir an, Einfluß steigt von 0 auf 1 oder eine andere Dimension steigt von 0 auf 1 - siehe die beiden Pfeile, die vom oberen linken Feld in der Tabelle nach rechts bzw. unten verlaufen. Weil Inkonsistenz zunimmt, erwarten wir, daß die Bewertungen (d.h. die Urteile) abnehmen, d.h. die Situation wird unangenehmer.

Ist dasselbe zu erwarten für eine Situation der 1-Konsistenz - siehe das untere rechte Feld der Tabelle 5? Wenn sich in einer Situation perfekter Konsistenz eine Dimension von 1 zu 0 verändert, dann steigt die Inkonsistenz und die Bewertung müßte ebenfalls sinken. Wir sagen also voraus:

Voraussage 2: Wenn in den beiden Situationen mit der höchsten Konsistenz eine Veränderung zu mehr Inkonsistenz stattfindet, dann nimmt die Bewertung der Vignetten ab (d.h. die Situation wird für die Protagonisten unangenehmer).

Bisher haben wir uns mit den extremen Situationen befaßt, also mit Situationen vollständiger Inkonsistenz oder Konsistenz. Betrachten wir nun die anderen Situationen. Wir beginnen mit 0-Konsistenz. Wie wird sich die Bewertung der Situation verändern, wenn die Anzahl der komplementären Situationen mit Wert 1 ansteigt? Wir gehen davon aus, daß Einfluß den Wert 0 behält und daß nur die Anzahl der komplementären Dimensionen mit Wert 1 steigt - siehe die zweite Spalte von Tabelle 5. Wie bereits gesagt, wenn eine komplementäre Dimension von 0 auf 1 ansteigt, dann steigt die Inkonsistenz. Nun sei angenommen, drei der fünf komplementären Dimensionen haben den Wert 1. Dies bedeutet, daß die Hälfte aller Dimensionen Wert 0 und die Hälfte Wert 1 hat. Dies ist sicherlich eine Situation mit einer starken Inkonsistenz. Aber wenn nun zusätzlich eine weitere komplementäre Dimension Wert 1 annimmt, dann erhöht sich die Konsistenz und es ist zu erwarten, daß sich die Bewertung erhöht. Der Grund ist, daß jetzt vier der sechs Dimensionen Wert 1 haben. Wenn die fünfte komplementäre Dimension Wert 1 annimmt, dann steigt die Konsistenz weiter und somit die Bewertung. Es gibt also einen *Wendepunkt*, wenn die Hälfte der Dimensionen Wert 1 hat. Dann steigt die Konsistenz.

Ähnliches gilt, wenn wir annehmen, daß Einfluß den Wert 1 hat - siehe die dritte Spalte von Tabelle 5. Wenn die Anzahl der Dimensionen mit Wert 1 zunimmt, dann steigt zunächst die Inkonsistenz. Der Wendepunkt wird erreicht, wenn Einfluß und zwei komplementäre Dimensionen Wert 1 annehmen.

Es ist sicherlich eine sehr starke Annahme, daß der Wendepunkt genau dann erreicht ist, wenn mehr als 50% der Dimensionen Wert 1 haben. Einige Dimensionen sind vielleicht wichtiger für die Erreichung kognitiver Konsistenz als andere. Der Wendepunkt könnte somit bereits erreicht sein, wenn zwei Dimensionen oder vielleicht erst dann, wenn vier Dimensionen Wert 1 haben. Eine schwächere und plausiblere Annahme ist also, daß ein Wendepunkt besteht, wenn *ungefähr* die Hälfte der Dimensionen Wert 1 aufweist (mit einer Schwankungsbreite von plus/minus einer Dimension).

Betrachten wir nun jede *Reihe* von Tabelle 5. Ist zu erwarten, daß die Bewertung positiver für eine gegebene Reihe wird, wenn Einfluß von 0 nach 1 zunimmt? Dies ist insbesondere dann zu erwarten, wenn die Anzahl der komplementären Dimensionen mit Wert 1 relativ hoch ist. Wenn die meisten komplementären Dimensionen 0 sind, dann wird ein Anwachsen des Einflusses von 0 nach 1 die Bewertung nicht erhöhen, sondern eher vermindern.

Nehmen wir nun an, eine positive Kontrollüberzeugung sei im allgemeinen belohnend und kognitive Konsistenz sei irrelevant für die Bewertung einer Situation. Dann ist folgendes zu erwarten: Im allgemeinen steigt die Bewertung, wenn der Wert von Einfluß steigt. Weiter sind die Werte der komplementären Dimensionen irrelevant, wenn eine positive Kontrollüberzeugung wichtiger als kognitive Konsistenz ist. Dies bedeutet, daß alle Werte in Spalte 2 gleich sein müßten; weiter müßten alle Werte in Spalte 3 gleich sein; drittens müßten die Werte in Spalte 2 niedriger sein als die Werte in Spalte 3, weil sich Spalte 3 auf starke Kontrollüberzeugungen bezieht. Unsere Voraussagen lauten also:

Voraussage 3:
(A) *Konsistenzhypothese*: Wenn die Anzahl der Dimensionen mit Wert 1 null ist und ansteigt, dann sinkt die Konsistenz und somit die Bewertung; wenn ungefähr die Hälfte der Dimensionen Wert 1 hat, dann gibt es einen Wendepunkt, nach dem die Konsistenz und somit die Bewertung ansteigt.
(B) *Dominanz von Kontrollüberzeugungen*: (a) Für eine gegebene Anzahl von komplementären Dimensionen mit Wert 1 gilt: die Bewertung bei hohem Einfluß ist immer größer als die für niedrigen Einfluß; (b) für einen gegebenen Wert von Einfluß gilt: die Bewertungen sind gleich, unabhängig von der Anzahl der komplementären Dimensionen mit dem Wert 1.

Tabelle 6, die in der Struktur der Tabelle 5 gleicht, zeigt, inwieweit unsere Voraussagen bestätigt werden. Die erste Spalte bezieht sich auf die Anzahl der komplementären Dimensionen mit dem Wert 1. Wir haben Kategorien zusammengelegt, um ein befriedigendes N in den Feldern der Tabelle zu erreichen. So bedeutet „0 oder 1", daß 0 oder 1 der fünf komplementären Dimensionen den Wert 1 haben. Spalten 2 und 3 beziehen sich auf die Dimension „wahrgenommener Einfluß" mit den Werten 0 oder 1. Die Felder der Tabelle enthalten die durchschnittlichen Werte der Urteile, d.h. das Ausmaß, in dem der Befragte die Situation als mehr oder weniger angenehm betrachtet - aus der Sicht des Protagonisten. So bedeutet das obere rechte Tabellenfeld, daß Vignetten, in denen keine oder eine der fünf komplementären Dimensionen den Wert 1 und in denen Einfluß den Wert 1 hatte, im Durchschnitt von den Befragten mit 0,07 bewertet wurden. D.h. die Befragten meinen, daß der Protagonist den Wert 0,07 der von den Vignetten beschriebenen Situation zuschreibt. Die Protagonisten bewerten die Situation also eher indifferent.

Tabelle 6: Durchschnittliche Bewertung von Situationen mit unterschiedlichen Werten der komplmentären Vignettendimensionen und mit wahrgenommenem Einfluß

Anzahl der komplementären Dimensionen mit Wert 1	Dimension „Wahrgenommener Einfluß"	
	Wert 0	Wert 1
0 oder 1	,19 (N= 76)	,07 (N= 74)
2	-,49 (N=106)	-,29 (N=139)
3	-,19 (N=136)	,19 (N=147)
4 oder 5	,39 (N= 78)	1,46 (N= 52)

a) „Komplementäre Dimensionen" sind: Protest, Unzufriedenheit, soziale Anreize, Protestnormen und Gruppenerfolg. In einer Varianzanalyse sind die Haupteffekte der beiden unabhängigen Variablen statistisch auf dem 0,01 Niveau signifikant; der Interaktionseffekt ist signifikant auf dem 0,05 Niveau (zweiseitige Tests).

Die Daten bestätigen klar die Voraussage 1. Wie erwartet, ist der Durchschnittswert im unteren rechten Feld am höchsten und höher als der im oberen linken Feld der Tabelle (1,46 und 0,19). D.h. wenn vier oder fünf der komplementären Dimensionen den Wert 1 haben und wenn Einfluß ebenfalls den Wert 1 hat, dann ist die Bewertung der entsprechenden Vignetten höher als wenn keine oder eine der komplementären Dimensionen Wert 1 und wenn Einfluß Wert 0 hat. Eine Situation mit 0-Konsistenz ist also weitaus weniger angenehm als eine Situation mit 1-Konsistenz. Beide Situationen werden jedoch positiv beurteilt.

Voraussage 2 nimmt an, daß eine Verminderung der 0-Konsistenz die Bewertung der Vignetten vermindert. D.h. die beiden angrenzenden Felder des oberen linken Feldes sollten niedrigere Mittelwerte haben als das obere linke Feld. Dies ist der Fall: 0,07 und -0,49 sind niedriger als 0,19. Wenn wir bei dem rechten unteren Feld beginnen, wird Voraussage 2 ebenfalls bestätigt. Es ist bemerkenswert, daß das Ausmaß der Veränderung in dieser zuletzt genannten Situation viel stärker als in der vorher genannten Situation ist. Der Wert 1,46 verringert sich auf 0,19 und 0,39; der Wert 0,19 vermindert sich auf 0,07 und -0,49.

Teil (A) der Voraussage 3 geht davon aus, daß es einen Wendepunkt gibt, wenn ungefähr die Hälfte der Dimensionen positive Werte hat. Wenn Einfluß den Wert 0 hat, dann, so zeigt Tabelle 6, gilt: die Bewertung sinkt zuerst; wenn die Anzahl der komplementären Dimension kleiner oder gleich 2 ist, dann steigt die Bewertung. Es existiert also ein Wendepunkt, der relativ niedrig ist: wenn nur zwei Dimensionen Wert 1 haben, steigt die Bewertung wieder. Wenn Einfluß den Wert 1 hat, existiert ein Wendepunkt ebenfalls dann, wenn zwei komplementäre Dimensionen den Wert 1 haben. Es ist bemerkenswert, daß die Abnahme der Bewertung von den komplementären Dimensionen „0 oder 1" bis 2 stärker ist, wenn Einfluß Wert 0 als wenn er Wert 1 hat. D.h. die Reduzierung von 0,19 auf -0,49 in Spalte 3 ist stärker als die Reduzierung von 0,07 bis -0,29.

Die Evidenz für die Dominanz der Kontrollüberzeugung und die Irrelevanz von Inkonsistenz (Voraussage 3B) ist schwach. Teil (a) des zweiten Teils der Voraussage 3 würde bestätigt, wenn für jede Zeile der Wert von Spalte 2 niedriger als der Wert von Spalte 3 ist. Dies ist in der Tat der Fall - mit Ausnahme des ersten Wertepaares (0,19 und 0,07). Allerdings müßten gemäß Voraussage (b) alle Werte in Spalte 2 gleich und alle Werte in Spalte 3 gleich sein. Diese Annahme wird klar widerlegt. Die Verteilung der Mittelwerte in Tabelle 6 kann also nicht durch die Annahme erklärt werden, daß nur der Belohnungswert einer positiven Kontrollüberzeugung relevant für die Bewertung der Vignetten ist.

Wir haben bisher implizit angenommen, daß jede der komplementären Dimensionen einen ähnlichen Effekt auf die Entstehung von Dissonanz mit der Dimension Einfluß hat. Es ist jedoch nicht unplausibel, daß Inkonsistenz zwischen einem hohen wahrgenommenen Einfluß einerseits und niedriger Protestteilnahme größer ist als z.b. zwischen einem hohen wahrgenommenen Einfluß einerseits und Nicht-Mitgliedschaft in der Bürgerinitiative. Die Frage ist also, ob jede der komplementären Dimensionen dieselbe Wirkung auf die Entstehung kognitiver Inkonsistenz hat, wenn der wahrgenommene Einfluß hoch oder niedrig ist. Zur Beantwortung dieser Frage wurde in folgender Weise vorgegangen. Wenn die Wirkung einer der komplementären Dimensionen auf die Bewertung (siehe die Beurteilungsskala in Abbildung 2) relativ stark ist, dann ist es plausibel, daß die betreffende Dimension besonders wichtig für die Verursachung kognitiver Dissonanz ist. Es sei z.B. angenommen, daß die Befragten eine Vignette besonders positiv einstufen, wenn der Protagonist A an Protesten teilgenommen hat. Die Teilnahme an Protesten wäre somit besonders wichtig für die positive Beurteilung einer Situation. Wenn dies so ist, dann ist es plausibel, daß die betreffende Dimension auch wichtig für die Verursachung von kognitiver Inkonsistenz ist, wenn ihr Wert nicht identisch mit dem Wert des wahrgenommenen Einflusses ist. Auch wenn diese Annahme nicht plausibel ist, so ist es doch sinnvoll zu prüfen, ob solche Dimensionen, die einen besonders starken Effekt auf das Urteil eines Befragten haben, auch in hohem Maße Inkonsistenz verursachen.

Um das Gewicht der Dimensionen auf die Beurteilung zu prüfen, haben wir eine Regressionsanalyse durchgeführt, in der die Beurteilung abhängige Variable ist und in der die sechs Dimensionen unabhängige Variablen sind. Nur die Dimension „Mitgliedschaft in einer Bürgerinitiative" und „Protestnormen" hatten einen standardisierten Regressionskoeffizienten von 0. Wir haben deshalb Tabelle 6 neu berechnet, indem wir die beiden genannten Dimensionen nicht in die Analyse einbezogen. Die Resultate änderten sich jedoch nicht. In einem nächsten Schritt wurde Tabelle 6 wiederum neu berechnet, indem nur die beiden Dimensionen mit den stärksten Effekten auf die Bewertungsskala einbezogen wurden: Protest (Beta=0,30) und Gruppenerfolg (Beta=0,14). Wiederum entsprechen die Ergebnisse denen in Tabelle 6. Es scheint also, daß die Voraussagen für alle Teilmengen komplementärer Dimensionen einerseits und der Dimension Einfluß andererseits gelten.[21]

Wir überprüften die Konsistenzhypothese noch in einer anderen Weise. Nach der Beurteilung der Vignetten wurden den Befragten zwei weitere Fragen vorgelegt, die sich auf die Situation bezogen, die in den Vignetten beschrieben wurde. Eine Frage enthielt komplementäre Dimensionen, die meist den Wert 1 hatten, die andere Frage enthielt komplementäre Dimensionen, die meist den Wert 0 aufwiesen. Jeder Befragte wurde gebeten, den persönlichen Einfluß des Protagonisten A einzuschätzen. Wir haben also dieses Mal den Befragten nicht eine Situation vorgegeben, die insgesamt bewertet wurde; vielmehr haben wir die Befragten gebeten, bei extremen Werten der komplementären Dimensionen den wahrgenommenen Einfluß des Protagonisten einzuschätzen. Die zwei Interviewfragen lauteten:

(1) A nimmt regelmäßig an Demonstrationen gegen den Bau einer Straße durch A's Wohnviertel teil. A ist zwar gegen den Bau der Straße, aber er würde sich damit abfinden, wenn sie gebaut würde. A ist Mitglied einer Bürgerinitiative, die sich gegen den Bau der Straße durch A's Wohnviertel einsetzt. A fühlt sich in hohem Maße verpflichtet, etwas gegen den Bau der Straße zu unternehmen. Nach A's Meinung werden die gemeinsamen Proteste wahrscheinlich erfolgreich sein.

(2) A nimmt *nicht* an Demonstrationen gegen den Bau einer Straße durch A's Wohnviertel teil. A ist der Meinung, daß die Straße auf keinen Fall gebaut werden sollte. A ist *nicht* Mitglied einer Bürgerinitiative, die sich gegen den Bau der Straße durch A's Wohnviertel einsetzt. A meint, daß er keinerlei Verpflichtung hat, sich zu engagieren. Nach A's Meinung werden die gemeinsamen Proteste wahrscheinlich nicht erfolgreich sein.

Zu jeder Frage wurde der Befragte gebeten, A's *persönlichen Einfluß* einzuschätzen, daß die Straße nicht gebaut wird. Hierzu wurde eine Skala - ähnlich der Skala von Abbildung 2 - vorgelegt, deren Werte von 0 (kein Einfluß) bis 4 (sehr starker Einfluß) reichte.[22]

---

21   Es könnte behauptet werden, man solle die *bivariaten* Korrelationen zwischen jeder komplementären Dimension einerseits und Einfluß andererseits in Betracht ziehen. D.h. man sollte fünf 2x2 Tabellen konstruieren, wobei jede Tabelle aus der dichotomen Variablen Einfluß und einer der komplementären Dimensionen besteht. Diese Analyse ist aber nicht sinnvoll, weil die Vignetten aus 6 Dimensionen bestehen und der Befragte alle Dimensionen gleichzeitig in die Beurteilung einbezieht und nicht nur Paare von Dimensionen.

22   Die beiden Fragen enthalten eine Dimension, die nicht konsistent ist, nämlich Unzufriedenheit. In Frage 1 ist Unzufriedenheit niedrig, wohingegen Unzufriedenheit in Frage 2 hoch ist. Wir wollten damit prüfen, ob auch trotz dieser geringen Inkonsistenz unsere Voraussagen zutreffen.

Welche Antworten der Befragten sind zu erwarten, wenn die Konsistenz-hypothese zutrifft? Wenn es eine Tendenz gibt, daß der Wert des wahrge-nommenen Einflusses den Werten der komplementären Dimensionen ent-spricht, werden die Befragten den Einfluß des Protagonisten in Situation 1 sehr hoch und in Situation 2 sehr niedrig einschätzen. Tabelle 7 bestätigt diese Erwartungen. Bei Situation 1 haben insgesamt 78,3% der Befragten die Werte 3 und 4 angekreuzt bei einer Skala mit Werten zwischen 0 und 4, wohingegen bei Situation 2 insgesamt 97,9% der Befragten die beiden niedrigsten Werte 0 und 1 angekreuzt haben. Wenn also die komplementären Dimensionen hoch sind, dann betrachten die Befragten den Protagonisten im allgemeinen als sehr einflußreich; wenn dagegen die komplementären Dimensionen insgesamt niedrig sind, dann schreiben die Befragten dem Protagonisten einen niedrigen Einfluß zu.

Tabelle 7: Die Einschätzung des wahrgenommenen Einflusses des Protagonisten A durch den Befragten, wenn die meisten komplementären Dimensionen hoch oder niedrig sind.

Befragteneinschätzungen des Einflusses des Protagonisten A	Die komplementären Dimensionen, denen sich der Prota-gonist gegenübersieht, sind:	
	hoch (Situation 1)	niedrig (Situation 2)
Kein Einfluß (0)	4,3% (N= 2)	89,4% (N=42)
1	2,2% (N= 1)	8,5% (N= 4)
2	15,2% (N= 7)	
3	52,2% (N=24)	2,1% (N= 1)
Sehr starker Einfluß (4)	26,1% (N=12)	
Summe	100,0% (N=46)	100,0% (N=47)

Der durchschnittliche Einfluß ist 2,94 für Situation 1, für Situation 2 ist er 0,15.

Können diese Befunde nicht auch anders erklärt werden? Es könnte behauptet werden, daß die Einschätzung des wahrgenommenen Einflusses eine korrekte Beurteilung des tatsächlichen Einflusses ist und nicht eine Reaktion auf kog-nitive Inkonsistenz. Es ist zwar richtig, daß der tatsächliche persönliche Einfluß in Situation 1 höher als in Situation 2 ist; aber in jeder Situation ist der Protagonist nur ein Teilnehmer unter vielen in einer Demonstration. Dar-über hinaus wird in der Situationsbeschreibung gesagt, der Protest werde „wahrscheinlich" erfolgreich bzw. nicht erfolgreich sein. In dieser Situation wird man nicht solche extremen Urteile erwarten, wie sie Tabelle 7 zeigt. D.h. in Situation 1 ist der tatsächliche Einfluß ohne Zweifel niedriger als die

Urteile in Tabelle 7 zeigen. Es findet also eine Überschätzung des persönlichen Einflusses statt. Dies entspricht der Voraussage der Konsistenzhypothese.

Insgesamt können wir also festhalten, daß die Ergebnisse des faktoriellen Surveys die Theorie über die Entstehung und Veränderung wahrgenommenen Einflusses bestätigt. Das grundlegende Ergebnis ist, daß die Wahrnehmung von Einfluß dadurch zu erklären ist, daß kognitive Konsistenz zwischen dieser und anderen kognitiven Überzeugungen hergestellt wird.

6. Weitere Forschung

Obwohl der wahrgenommene politische Einfluß als ein zentraler Faktor für die Erklärung politischer Partizipation angesehen wird und obwohl Sozialwissenschaftler einen hohen wahrgenommenen politische Einfluß für das Funktionieren der politischen Ordnung als wichtig betrachten, gibt es kaum theoretische und empirische Arbeiten, die sich mit der Frage befassen, wie Personen Urteile über ihren politischen Einfluß bilden. Im folgenden sollen einige Fragen behandelt werden, die für die Forschung wichtig sind und die vielleicht Anregungen für die künftige Theoriebildung und empirische Forschung geben.

Wir haben im empirischen Teil dieses Aufsatzes keine Hypothesen überprüft, die sich auf die Art der Urteilsheuristiken beziehen, die gewählt werden, wenn man eine kognitive Überzeugung validiert. Wenn jemand Mitglied von sozialen Bewegungen oder von Bürgerinitiativen wird, ist zu vermuten, daß er weitgehend die Einschätzungen dieser Mitglieder übernimmt. Aber welche Heuristiken wenden diese Mitglieder an? Uns sind keine Forschungen bekannt, die diese Frage behandeln. Es wäre auch interessant zu untersuchen, welche Strategien Protestgruppen oder soziale Bewegungen anwenden, um Mitglieder davon zu überzeugen, daß sie einflußreich sind. Slogans wie „jeder ist wichtig für den Erfolg der Gruppe" oder der Hinweis auf vergangene Erfolge der *Gruppe*, die einen hohen *persönlichen* Einfluß suggerieren, sind Beispiele für solche Strategien. Es wäre interessant zu untersuchen, welche Strategien angewendet werden und welche dieser Strategien von neuen Mitgliedern in welchem Maße und unter welchen Bedingungen akzeptiert werden. Bei solchen Forschungen sollte die umfassende Literatur über „heuristics and biases" herangezogen und geprüft werden, ob sich hieraus spezifische Hypothesen für die Wahl der Heuristiken zur Beurteilung des wahrgenommenen Einflusses ergeben.

Wir haben einige Voraussagen der zu Beginn skizzierten Theorie durch ein faktorielles Survey überprüft. Es wäre sinnvoll, eine ähnliche Untersuchung mit anderen Befragten und auch vielleicht mit anderen Arten kognitiver Überzeugungen durchzuführen. Ein Problem dieser Untersuchungsmethode ist sicherlich, daß den Befragten fiktive Situationen vorgegeben werden. Man könnte auch Umfragedaten verwenden, in denen die Befragten nach ihrem bisherigen Protest, nach ihrer Unzufriedenheit, nach ihrer Wahrnehmung des persönlichen Einflusses und auch des Einflusses bestimmter Gruppen, nach vorliegenden sozialen Anreizen (z.B. ihrer Mitgliedschaft in protestfördernden Gruppen) und nach ihrer Akzeptierung von Protestnormen gefragt werden. Solche Daten könnten ebenfalls für die Überprüfung von Hypothesen über die Ursachen wahrgenommenen Einflusses verwendet werden. Um zu prüfen, ob die Wahrnehmung des Einflusses tatsächlich durch die genannten Faktoren verursacht wird, ist eine Panelstudie sinnvoll.[23]

Es wäre weiter interessant zu versuchen, Hypothesen über die Bedingungen wahrgenommenen politischen Einflusses in Situationen zu prüfen, in denen der tatsächliche Einfluß der Akteure einfacher ermittelt werden kann. Hierzu könnten experimentelle oder quasi-experimentelle Situationen erfunden werden. Die Arbeiten von Norbert L. Kerr (1989, 1996) könnten als Ausgangspunkt für solche Studien genommen werden.

Weitere theoretische Überlegungen und empirische Untersuchungen sind erforderlich, um das vorgeschlagene theoretische Modell weiterzuentwickeln und zu prüfen. Es sollte dabei auch auf andere Arten des politischen Einflusses angewendet werden - z.B. auf Einfluß durch die Teilnahme an Wahlen oder Einfluß durch konventionelle Partizipation (wie z.B. die Unterstützung eines Kandidaten bei einer politischen Wahl). Dabei sollte auch untersucht werden, ob es Situationen gibt, in denen der Einfluß *unter*schätzt wird und ob dies durch unser Modell erklärt werden kann.

Schließlich sollte versucht werden, Hypothesen über die Entstehung wahrgenommenen Einflusses von Theorien abzuleiten, die nicht auf der Theorie rationalen Handelns basieren. Wenn es solche unvereinbaren Hypothesen gibt, sollten sie vergleichend getestet werden. So behauptet Boudon (1996: 147 und passim) daß „the ‚rational-choice model' in its current version has little to say about the question of how to explain collective beliefs". In seinem „cognitivist model" wird angenommen, daß Überzeugungen abgeleitet werden können „from reasons, though reasons which cannot be reduced to mere considerations of costs and benefits" (1996: 124). So könnte man sagen, daß Kriminelle „gute Gründe" haben, die Wahrscheinlichkeit, verhaftet zu werden, zu unterschätzen. Aber welche Arten von Gründen Akteure *akzeptieren,*

---

23 Der Autor dieses Aufsatzes arbeitet gegenwärtig mit Steven E. Finkel (University of Virginia, Charlottesville) an einem Buch (Arbeitstitel: The Dynamics of Collective Political Action), in dem u.a. Hypothesen der dargestellten Theorie mit zwei eigenen Panelstudien geprüft werden sollen.

hängt, wie wir sagten, von den Nutzen und Kosten der Akzeptierung ab. Unsere Voraussagen, die auf einer generellen Theorie rationalen Handelns beruhen, haben sich empirisch bestätigt und sind, so scheint es, nicht vereinbar mit Boudon's Annahmen. Es wäre interessant, Hypothesen über die Überschätzung wahrgenommenen Einflusses aus Boudon's Theorie abzuleiten, die mit unseren Hypothesen unvereinbar sind. Ein vergleichender Test könnte dann zeigen, welche Hypothesen sich besser bewähren.

Literaturverzeichnis

Akerlof, George A. und William T. Dickens. 1982. „The Economic Consequences of Cognitive Dissonance." *American Economic Review* 72: 307-319.
Almond, Gabriel A. und Sidney Verba. 1963. *The Civic Culture. Political Attitudes and Democracy in Five Nations.* Princeton: Princeton University Press.
Bandura, Albert. 1995. „Self-Efficacy in Changing Societies." Cambridge: Cambridge University Press.
Bandura, Albert. 1997. *Self-Efficacy. The Exercise of Control.* Houndmills: W.H. Freeman at Macmillan Press.
Boudon, Raymond. 1996. „The ‚Cognitivist Model.' A Generalized ‚Rational-Choice-Model.'" *Rationality and Society* 8: 123-150.
Breen, Richard. 1999. „Beliefs, Rational Choice and Bayesian Learning." *Rationality & Society* 11: 463-479.
Campbell, A., G. Gurin, und W.E. Miller. 1954. *The Voter Decides.* Evanston: Row, Peterson.
Cervone, Daniel und Philip K. Peake. 1986. „Anchoring, Efficacy, and Action: The Influence of Judgmental Heuristics on Self-Efficacy Judgments and Behavior." *Journal of Personality and Social Psychology* 50: 492-501.
Chong, Dennis. 1991. *Collective Action and the Civil Rights Movement.* Chicago: Chicago University Press.
Dawes, Robin M. 1988. *Rational Choice in an Uncertain World.* San Diego: Harcourt Brace Janovich.
Dawes, Robyn M. 1998. „Behavioral Decision Making and Judgment." S. 497-548 in *The Handbook of Social Psychology*, hrsgg. von D. T. Gilbert, S. T. Fiske, und G. Lindzey. Boston: McGraw-Hill.
Druwe, Ulrich, und Volker Kunz (Hrsg.). 1998. *Anomalien in Handlungs- und Entscheidungstheorien.* Opladen: Leske+Budrich.
Festinger, Leon. 1950. „Informal Social Communication." *Psychological Review* 57: 271-282.
Festinger, Leon. 1954. „A Theory of Social Comparison Processes." *Human Relations* 7: 117-140.
Festinger, Leon. 1957. *A Theory of Cognitive Dissonance.* Stanford: Stanford University Press.
Finkel, Steven E. und Edward N. Muller. 1998. „Rational Choice and The Dynamics of Collective Political Action." *American Political Science Review* 92: 37-49.
Finkel, Steven E., Edward N. Muller, und Karl-Dieter Opp. 1989. „Personal Influence, Collective Rationality, and Mass Political Action." *American Political Science Review* 83: 885-903.
Fiske, Susan T. und Shelley E. Taylor. 1991. *Social Cognition.* New York: McGraw-Hill.

Flammer, August. 1995. „Developmental Analysis of Control Beliefs." S. 69-113 in *Self-Efficacy in Changing Societies*, hrsgg. von A. Bandura. Cambridge: Cambridge University Press.

Gibson, Martha Liebler. 1991. „Public Goods, Alienation, and Political Protest: The Sanctuary Movement as a Test of the Public Goods Model of Collective Rebellious Behavior." *Political Psychology* 12: 623-651.

Gilad, Benjamin, Stanley Kaish, und Peter D. Loeb. 1987. „Cognitive Dissonance and Utility Maximization." *Journal of Economic Behavior and Organization* 8: 61-73.

Jasso, Guillermina und Karl-Dieter Opp. 1997. „Probing the Character of Norms: A Factorial Survey Analysis of the Norms of Political Action." *American Sociological Review* 62: 947-964.

Kahneman, Daniel, Paul Slovic, und Amos Tversky. 1982. „Judgment under Uncertainty: Heuristics and Biases." Cambridge etc.: Cambridge University Press.

Kerr, Norbert L. 1989. „Illusions of Efficacy: The Effects of Group Size on Perceived Efficacy in Social Dilemmas." *Journal of Experimental Social Psychology* 25: 287-313.

Kerr, Norbert L. 1996. „"Does My Contribution Really Matter?": Efficacy in Social Dilemmas." *European Review of Social Psychology* 7: 209-240.

Klandermans, Bert. 1984. „Social Psychological Expansions of Resource Mobilization Theory." *American Sociological Review* 49: 583-600.

Krebs, Dagmar und Peter Schmidt. 1993. „Political Efficacy: A Cross-National Comparison of Germany, Great Britain, Italy and the United States." S. 152-166 in *New Directions in Attitude Measurement*, hrsgg. von D. Krebs und P. Schmidt. Berlin und New York: Walter de Gruyter.

Kretschmer, Winfried, und Dieter Rucht. 1987. „Beispiel Wackersdorf: die Protestbewegung gegen die Wiederaufarbeitungsanlage. Gruppen, Organisationen, Netzwerke." S. 134-163 in *Neue soziale Bewegungen in der Bundesrepublik Deutschland*, hrsgg. von Roland Roth und Dieter Rucht. Frankfurt: Campus.

Marwell, Gerald, und Ruth E. Ames. 1979. „Experiments on the Provision of Public Goods. I. Resources, Interest, Group Size, and the Free-Rider Problem." *American Journal of Sociology* 84: 1335-1360.

McAdam, Doug, und Ronnelle Paulsen. 1993. „Social Ties and Activism: Towards a Specification of the Relationship." *American Journal of Sociology* 99: 640-667.

Moe, Terry M. 1980. *The Organization of Interests. Incentives and the Internal Dynamics of Political Interest Groups*. Chicago & London: University of Chicago Press.

Montgomery, James D. 1994. „Revisiting Tylly's Corner. Mainstream Norms, Cognitive Dissonance, and Underclass Behavior." *Rationality and Society* 6: 462-488.

Muller, Edward N. 1979. *Aggressive Political Participation*. Princeton, N.J.: Princeton University Press.

Muller, Edward N. und Karl-Dieter Opp. 1986. „Rational Choice and Rebellious Collective Action." *American Political Science Review* 80: 471-489.

Oegema, Dirk, und Bert Klandermans. 1994. „Why Social Movement Sympathizers Don't Participate: Erosion and Nonconversion of Support." *American Sociological Review* 59: 703-722.

Olson, Mancur. 1965. *The Logic of Collective Action*. Cambridge, Mass.: Harvard University Press.

Opp, Karl-Dieter. 1984. „Normen, Altruismus und politische Partizipation." S. 85-113 in *Normengeleitetes Verhalten in den Sozialwissenschaften*, hrsgg. von Horst Todt. Berlin: Duncker & Humblot.

Opp, Karl-Dieter. 1986. „Soft Incentives and Collective Action. Participation in the Anti-Nuclear Movement." *British Journal of Political Science* 16: 87-112.

Opp, Karl-Dieter. 1988. „Grievances and Participation in Social Movements." *American Sociological Review* 53: 853-864.

Opp, Karl-Dieter. 1992. „Legaler und illegaler Protest im interkulturellen Vergleich." *Kölner Zeitschrift für Soziologie und Sozialpsychologie* 44: 436-460.

Opp, Karl-Dieter. 1997. *Die enttäuschten Revolutionäre. Politisches Engagement vor und nach der Wende.* Opladen: Leske + Budrich.

Opp, Karl-Dieter. 1998. „Does Antiregime Action Under Communist Rule Affect Political Protest After the Fall? Results of a Panel Study in East Germany." *The Sociological Quarterly* 39: 189-214.

Opp, Karl-Dieter. 2001. „Social Networks and the Emergence of Protest Norms: Some Hypotheses and an Empirical Test." in *Social Norms*, hrsgg. von Michael Hechter und Karl-Dieter Opp. New York: Russell Sage Foundation (im Druck).

Opp, Karl-Dieter und Christiane Gern. 1993. „Dissident Groups, Personal Networks, and Spontaneous Cooperation: The East German Revolution of 1989." *American Sociological Review* 58: 659-680.

Opp, Karl-Dieter, in Zusammenarbeit mit Peter und Petra Hartmann. 1989. *The Rationality of Political Protest. A Comparative Analysis of Rational Choice Theory.* Boulder, Colorado: Westview Press.

Opp, Karl-Dieter, und Wolfgang Roehl. 1990. „Repression, Micromobilization, and Political Protest." *Social Forces* 69: 521-548.

Opp, Karl-Dieter, and Wolfgang Roehl. 1990b. *Der Tschernobyl-Effekt. Eine Untersuchung über die Determinanten politischen Protests.* Opladen: Westdeutscher Verlag.

Opp, Karl-Dieter, und Helga Sievers. 1998. „Politische Partizipation in Ostdeutschland." S. 64-97 in *Sozialer Wandel in Ostdeutschland*, hrsgg. von Michael Häder und Sabine Häder. Opladen: Westdeutscher Verlag.

Opp, Karl-Dieter, Peter Voss, und Christiane Gern. 1995. *The Origins of a Spontaneous Revolution. East Germany 1989.* Ann Arbor: Michigan University Press. Riker, William H. und Peter C. Ordeshook. 1973. *An Introduction to Positive Political Theory.* Englewood Cliffs, N.J.: Prentice Hall.

Rossi, Peter H. 1979. „Vignette Analysis: Uncovering the Normative Structure of Complex Judgments." S. 176-185 in *Qualitative and Quantitative Social Research. Papers in Honor of Paul F. Lazarsfeld*, hrsgg. von R. K. Merton, J. S. Coleman, und P. H. Rossi. New York: Free Press.

Rossi, Peter H. 1951. „The Application of Latent Structure Analysis to the Study of Social Stratification." Ph.D. Dissertation Thesis, Columbia University, New York.

Taylor, Shelley E. 1986. *Positive Illusions. Creative Self-Deception and the Healthy Mind.* New York: Basic Books.

Tversky, Amos und Daniel Kahneman. 1974. „Judgment under Uncertainty: Heuristics and Biases. Biases in Judgments Reveal Some Heuristics of Thinking Under Uncertainity." *Science* 185: 1124-1131.

Responsivität und Informationsverhalten

Joachim Behnke

Zusammenfassung

Das ursprünglich von Hotelling, Smithies und Downs entwickelte räumliche Modell des politischen Wahlverhaltens erfreut sich sowohl in theoretischen als auch empirischen Arbeiten einer immer größeren Beliebtheit. In diesem Modell wählen Bürger diejenige Partei, von der sie sich, wenn sie an der Regierung wäre, das höchste Nutzeneinkommen versprechen. Ein Schwerpunkt der neueren Entwicklungen auf diesem Gebiet liegt dabei in der Formulierung pobabilistischer Modelle, die versuchen, das Konzept der Unsicherheit in die Theorie zu integrieren. Die Unsicherheit des Wählers besteht z.B. darin, daß er oft nicht in der Lage ist, die konkreten Positionen der Parteien im politischen Raum einzuschätzen und damit auch nicht die konkreten Folgen für ihn, wenn diese Partei an die Regierung käme. Investitionen in Information werden als probates Mittel angesehen, um diese Art der Unsicherheit zu vermindern oder gar zu beseitigen. In der vorliegenden Arbeit wird versucht, theoretisch und empirisch zu untersuchen, inwieweit das individuelle Informationssuchverhalten durch eine spezifische Eigenschaft der individuellen Nutzenfunktionen, nämlich ihrer Steigung, erklärt werden kann. Die Steigung der Nutzenkurve wird dabei als ein Maß für Responsivität interpretiert, d.h. für das Ausmaß, in dem Wähler auf die Positionsveränderungen von Parteien mit ihren Nutzenbewertungen reagieren. Die Hypothese über den Zusammenhang von Responsivität und Informationssuche wird innerhalb eines Rational-Choice-Ansatzes aufgrund sogenannter plausibler Annahmen gebildet. Im empirischen Teil wird die Hypothese einer Überprüfung unterzogen, sowie der Beitrag der Responsivität zur Erklärung des Informationsverhaltens mit einigen anderen Konzepten verglichen bzw. für diese kontrolliert. Daran schließt sich eine kurze Diskussion über den unterschiedlichen logischen Status als Erklärungskonzepte von Rational-Choice-Variablen und sozialstrukturellen oder sozialpsychologischen Variablen an.

1. Einleitung

Die Theorie räumlicher Modelle des Wahlverhaltens hat sich als eines der herausragenden Themengebiete der Politikwissenschaft etabliert. Demnach kann die Nutzenbewertung einer Partei aus der Sicht des Wählers als eine Funktion der Distanz des eigenen Standpunkts in einem sogenannten Policy-Raum zu dem Standpunkt der Partei in diesem Raum gebildet werden. Der Nutzen, der einer bestimmten Position zugeordnet wird, wird dabei als das Nutzeneinkommen aufgefaßt, das dem Individuum entsteht, wenn genau diese Position von der sich in der Regierung befindenden Partei als Politik umgesetzt wird. Die Nutzenfunktion hat demnach ihr Maximum im vom Wähler höchst präferierten Politikpaket, seinem sogenannten Idealpunkt, und fällt streng monoton nach beiden Seiten ab, d.h. je weiter das von der sich in der Regierung befindenden Partei verwirklichte Programm vom Idealpunkt des Wählers abweicht, desto größer ist der ihm entstehende Nutzenverlust, desto geringer ist sein aus der Regierungstätigkeit verbleibendes Nutzeneinkommen.

Ausgehend von den klassischen Arbeiten von Hotelling (1929), Smithies (1941) und Downs (1957) erstreckt sich nun über einen Zeitraum von mehr als drei Jahrzehnten eine kontinuierliche Diskussion über Weiterentwicklungen und Anwendungen der Theorie, für die nur stellvertretend die Publikationen von Davis, Hinich und Ordeshook (1970), Enelow und Hinich (1984, 1990), Grofman (1995a), Hinich und Munger (1997) und Merrill und Grofman (1999) genannt seien. Während die frühen Arbeiten aus den 60er Jahren, insbesondere jene von Davis, Hinich und Ordeshook, sich vor allem auf die mehrdimensionale Erweiterung des ursprünglich eindimensionalen Modells konzentrierten, richten neuere Arbeiten zu einem großen Teil ihr Augenmerk auf die Formulierung probabilistischer räumlicher Modelle (z.B. Enelow/Hinich 1989; Enelow/Endersby/Munger 1995; Fuchs/Kühnel 1994; Thurner 1998).

Fast allen empirischen Analysen, räumliche Modelle betreffend, ist ein Problem gemein. Dieses Problem besteht darin, daß in empirischen Analysen, die in der Regel mit Hilfe von linearen oder logistischen Regressionsmodellen durchgeführt werden, allen Individuen in Form der geschätzten Koeffizienten dieselben Reaktionsweisen auf Änderungen der von den Parteien angebotenen Politikprogramme unterstellt werden. Selbst bei etwas komplexeren Modellen, die Wechselwirkungen berücksichtigen, gilt diese Homogenitätsannahme zumindest noch für die durch die Wechselwirkungsvariable spezifizierten Untergruppen. Indem für alle Individuen oder zumindest die Individuen einer Gruppe eine gemeinsame Nutzenfunktion geschätzt wird, werden möglicherweise Informationen verschenkt und ignoriert, die in den Unterschieden der Nutzenfunktionen liegen. Ich möchte daher hier genau den umgekehrten Weg gehen und die spezifische Nutzenfunktion selbst als individuelles Merkmal erheben. Variationen der Nutzenfunktionen sollen dann analog zu Variationen anderer individueller Merkmale untersucht werden. Die Forschungsfrage lautet also: Wie können Unterschiede in den Nutzenfunktionen Unterschiede bezüglich bestimmter Formen des Verhaltens erklären? Die Bewertung, ob sich zwei Nutzenfunktionen voneinander unterscheiden, muß sich natürlich auf ein bestimmtes Kriterium beziehen. In der vorliegenden Analyse ist dieses Unterscheidungskriterium die Steigung der Nutzenfunktionen, d.h. die Responsivität des Wählers auf Unterschiede zwischen den angebotenen Parteiprogrammen. Sie geht als unabhängige Variable in die Analyse ein. Als abhängige Variable findet im Rahmen dieser Untersuchung das individuelle Informationsverhalten Verwendung, das ja auch eine zentrale Kategorie im originalen Downsschen Ansatz ausmacht. Mit Hilfe eines Informationskostenmodells, das den Grundannahmen des Rational-Choice-Ansatzes genügt, also einer Rational-Choice-Theorie des Informationsverhaltens, möchte ich zur Formulierung einer (im Prinzip) empirisch überprüfbaren Hypothese kommen. Anschließend soll die Hypothese, soweit dies mit dem vorhandenen Datenmaterial möglich ist, empirisch überprüft werden.

2. Der Nutzen von Information für die Wahlentscheidung unter Unsicherheit

2.1 Das räumliche Modell des Wählens

Als Ausgangspunkt der folgenden Überlegungen soll ein eindimensionales lineares räumliches Modell herangezogen werden, das sogenannte City-Block-Distanz-Modell. Die zugehörige Nutzenfunktion sieht folgendermaßen aus:

$$U(P) = a - b \left| (x_P - x_V) \right|$$

mit
U   Wert der Nutzenfunktion
x_V Idealpunkt des Wählers auf der Issue-Dimension
x_P Position der Partei auf der Issue-Dimension
$a > 0, b > 0$

Das Entscheidungsmodell wird als deterministisch angenommen, d.h. die Entscheidung des Wählers wird ausschließlich aufgrund der Distanzen im Policy-Raum getroffen. Dabei entscheidet sich der Wähler dann für die Partei A an Stelle der Partei B, wenn der Nutzengewinn aus der Wahl von A den

51

Nutzengewinn aus der Wahl von B übersteigt. Dies ist dann der Fall, wenn A näher am Idealpunkt des Wählers liegt als B. Der Einfachheit halber sei vorerst davon ausgegangen, daß der Wähler „decisive" ist; seine Stimme entscheidet über den Wahlausgang. Die erwarteten Nutzeneinkommen des Wählers aus der Regierungstätigkeit sind damit unmittelbar die Konsequenzen seines eigenen Handelns, eine ideale – wenn auch zugegebenermaßen unrealistische – Ausgangssituation für die Formulierung der Entscheidungssituation des Wählers. Formal läßt sie sich folgendermaßen abbilden:

Wähler wählt A ⟺ U(A)>U(B)
Wähler wählt B ⟺ U(B)>U(A)
Wähler wählt A oder B mit gleicher
Wahrscheinlichkeit ⟺ U(B)=U(A)

Da die Nutzenfunktion mit zunehmendem Abstand streng monoton fällt, gilt zudem:

$$U(A)>U(B) \iff \left|x_A - x_V\right| < \left|x_B - x_V\right|$$

Im speziellen Fall der City-Block-Distanz gilt außerdem aufgrund der Tatsache, daß die Nutzenfunktion eine lineare Funktion der Distanzen ist, daß das Parteiendifferential, also die Differenz aus den zwei Parteien zugeschriebenen Nutzenwerten, ebenfalls eine lineare Funktion der Differenz der Distanzen ist.

$$U(A)-U(B) = -b\left(\left|x_A - x_V\right| - \left|x_B - x_V\right|\right)$$

Der beschriebene Sachverhalt ist in Abbildung 1 wiedergegeben.

Abbildung 1: Die Nutzenfunktion des eindimensionalen City-Block-Distanz-Modells

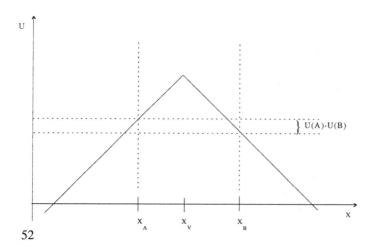

Im weiteren wird davon ausgegangen, daß jede Person immer eine Einschätzung der Standpunkte der Parteien vornehmen kann, es gibt daher immer ein Parteiendifferential im Sinne von Downs und damit immer eine klare Wahlentscheidung. In diesem Sinne ist die Wahlentscheidung auch determiniert. Allerdings ist diese Einschätzung der Parteienstandpunkte nicht unbedingt sehr zuverlässig, d.h. sie kann weit von der Wirklichkeit abweichen. Damit unterscheiden sich die erwarteten Konsequenzen der Wahl entsprechend von den tatsächlich auftretenden. Diese Unsicherheit des Wählers bezüglich des tatsächlichen Politikangebots der Parteien kann dargestellt werden durch die Aufnahme einer zufallsbedingten Streuung des tatsächlichen Parteienstandpunktes um den wahrgenommenen in das Entscheidungsmodell. Die tatsächlichen Parteienstandpunkte der Parteien A und B werden dann durch die normalverteilten Variablen x_A bzw. x_B dargestellt, die wahrgenommenen Parteienstandpunkte durch die konkreten Einzelwerte x_A^0 bzw. x_B^0. Das derart erweiterte Modell ist in Abbildung 2 dargestellt.

Abbildung 2: Die Nutzenfunktion des eindimensionalen City-Block-Distanz-Modells und die Wahrscheinlichkeitsdichtefunktion der tatsächlichen Parteienstandpunkte bei gegebenen wahrgenommenen Standpunkten für die Parteien A und B

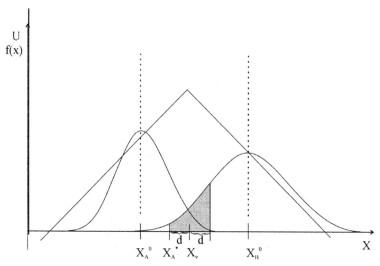

Der wahrgenommene Parteienstandpunkt stellt aus der Sicht des Wählers immer die beste Schätzung des tatsächlichen Standpunkts dar, bedingt durch den Stand der augenblicklich verfügbaren Informationen.[1] Aber der Wähler

---

[1]   Dies gilt strenggenommen nur für einen risikoneutralen Wähler. Ein risikoscheuer Wähler z.B. könnte unter Umständen eine Partei wählen, deren wahrgenommener Standpunkt weiter von seinem eigenen entfernt ist als der einer anderen, wenn er sich jedoch bei der Einschätzung der Position dieser Partei wesentlich sicherer ist als bei der anderen Partei. Eine

ist sich durchaus bewußt, daß er sich in seiner Wahrnehmung irren kann. Am deterministischen Charakter des Modells ändert sich nichts, da die Entscheidung des Wählers weiterhin ausschließlich durch die wahrgenommenen Parteienpositionen bestimmt ist. Auch wenn diese Wahrnehmung falsch sein kann, und selbst, wenn er sich dessen durchaus bewußt ist, orientiert sich der Wähler dennoch bei seiner Entscheidung an diesen wahrgenommenen Standpunkten; es bleibt ihm gar nichts anderes übrig. Die ihm durchaus bewußte Fehlerhaftigkeit und Unzulänglichkeit der Informationsgrundlage hindert ihn nicht daran, die auf Basis dieser Informationsgrundlage beste Entscheidung zu treffen. Wohl aber hat der Wähler ein Interesse daran, seine Informationsgrundlage zu verbessern, so daß die von ihm auf Basis derselben getroffene beste Entscheidung der objektiv besten Entscheidung, d.h. derjenigen, die er in Kenntnis aller für seine Entscheidung relevanten Information treffen würde, ähnlicher und im Idealfall mit dieser identisch wird. Das Problem besteht nun darin, daß Informationen Kosten verursachen, d.h. in Informationen getätigte Investitionen können sich als Fehlschlag erweisen. Der Wähler hat daher zu entscheiden, ob der erwartete Schaden durch auf mangelhafter Information beruhende Entscheidungen höher oder niedriger ausfällt als die Kosten der benötigten Investitionen in Information, um seine Wissensgrundlage zu erweitern und so das Risiko von Fehlentscheidungen zu reduzieren. Es sind dabei im wesentlichen drei Größen, die der Wähler in sein Kalkül aufzunehmen hat: die Wahrscheinlichkeit, mit der er aufgrund der alten Informationsgrundlage einen Fehler begeht, die Höhe der Kosten, die ihm durch eine Fehlentscheidung entstehen, und die Höhe der Kosten, die er für Informationen aufwenden muß, um diese Fehlentscheidung zu verhindern.

Nehmen wir an, die a priori Informationsgrundlage des Wählers entspricht der Darstellung in Abbildung 2, d.h. sein Idealpunkt entspricht x_V und die von ihm wahrgenommenen Positionen der Parteien A und B seien x_A^0 und x_B^0. Da der Wähler in diesem Fall normalerweise die Partei A wählen würde, ist für ihn nur von Bedeutung, mit welcher Wahrscheinlichkeit diese Entscheidung die falsche ist und welcher Nutzenverlust ihm aus dieser falschen Entscheidung erwächst. Nehmen wir im Beispiel weiter an, daß der tatsächliche Standpunkt der Partei A x_A^* ist. Dann ist die Partei B zu bevorzugen, falls der tatsächliche Standpunkt von B sich innerhalb des Intervalls von $x_V - |x_V - x_A^*|$ bis $x_V + |x_V - x_A^*|$ befindet, also wenn die Distanz des Wählers zu B geringer ausfällt als seine Distanz zu A, d.h. x_A^*. Die (bedingte) Wahrscheinlichkeit dafür ist:

---

lineare Nutzenfunktion wie beim City-Block-Distanz-Modell impliziert diese Risikoneutralität. Eine quadratische Verlustfunktion, wie sie im Zusammenhang mit räumlichen Modellen häufig in der Literatur anzutreffen ist, würde dagegen ein eher risikoscheues Verhalten naglegen. Aber nur im Falle von asymmetrischen Unsicherheiten bezüglich der Parteien könnte es zu einer Wahl der nicht am nächsten stehenden Partei kommen. Da das Modell auf möglichst einfachen Annahmen beruhen soll, wird weiterhin von risikoneutralem Verhalten ausgegangen.

$$P\left(\left|x_B - x_V\right| < \left|x_A{}^* - x_V\right|\right) = P\left(\left|x_B - x_V\right| < \left|x_A - x_V\right| \,\Big|\, x_A = x_A{}^*\right) = \int\limits_{x_V - \left|x_A{}^* - x_V\right|}^{x_V + \left|x_A{}^* - x_V\right|} f(x_B) dx_B$$

Für jeden konkreten Wert der Variablen x_A, wie z.b. $x_A{}^*$, gibt es eine bedingte Wahrscheinlichkeit, die angibt, wie hoch die Wahrscheinlichkeit ausfällt, daß die Partei B näher an der Position x_V des Wählers ist als die Partei A, wenn sie diese konkrete Position einnimmt. Die totale Wahrscheinlichkeit, daß B tatsächlich näher als A ist, ist dann nichts anderes als das Integral über die Wahrscheinlichkeitsdichtefunktion von x_A, multipliziert mit der jeweiligen entsprechenden bedingten Wahrscheinlichkeit für jeden Wert von x_A, daß für diese gegebene Position von A die Partei B dem Wähler näher ist.

$$P\left(\left|x_B - x_V\right| < \left|x_A - x_V\right|\right) = \int\limits_{-\infty}^{+\infty} f(x_A) \left(\int\limits_{x_A}^{x_A + 2\left|x_A - x_V\right|} f(x_B) dx_B \right) dx_A$$

$$= \int\limits_{-\infty}^{+\infty} \int\limits_{x_A}^{x_A + 2\left|x_A - x_V\right|} f(x_A) * f(x_B) dx_B dx_A$$

Der erwartete Nutzenverlust L bei einer falschen Entscheidung beträgt:

$$E(L) = E\left(U(x_B) - U(x_A)\,\big|\,\left|x_B - x_V\right| < \left|x_A - x_V\right|\right)$$

$$= \int\limits_{-\infty}^{+\infty} \int\limits_{x_A}^{x_A + 2\left|x_A - x_V\right|} f(x_A) * f(x_B) * \left[U(x_B) - U(x_A)\right] dx_B dx_A$$

Setzt man die City-Block-Distanzfunktion in die Gleichung ein, ergibt sich:

$$E(L) = E(U(x_B) - U(x_A)\big| |x_B - x_V| < |x_A - x_V|)$$

$$= \int_{-\infty}^{+\infty} \int_{x_A}^{x_A + 2|x_A - x_V|} f(x_A) * f(x_B) * b\big[|x_A - x_V| - |x_B - x_V|\big] dx_B dx_A$$

$$= b \int_{-\infty}^{+\infty} \int_{x_A}^{x_A + 2|x_A - x_V|} f(x_A) * f(x_B) * \big[|x_A - x_V| - |x_B - x_V|\big] dx_B dx_A$$

$$= b * I$$

$$\text{mit } I = \int_{-\infty}^{+\infty} \int_{x_A}^{x_A + 2|x_A - x_V|} f(x_A) * f(x_B) * \big[|x_A - x_V| - |x_B - x_V|\big] dx_B dx_A$$

Die obige Formel gibt den Erwartungswert des Nutzenverlustes an, den der Wähler zu gewärtigen hat, wenn er seine Entscheidung aufgrund der jetzigen Informationslage vornimmt, d.h. bei gegebener Wahrnehmung der Parteien-positionen und gegebener Unsicherheit bezüglich dieser Wahrnehmung, die sich in der Streuung um die wahrgenommenen Standpunkte ausdrückt.

2.2 Responsivität und der Kauf von Information als Mittel zur Verminderung von Unsicherheit

Der Kauf von Informationen lohnt sich dann, wenn der erwartete Nutzenver-lust aufgrund einer Fehlentscheidung größer ausfällt als die zu tätigenden Investitionen zur Vermeidung von Fehlentscheidungen. Allerdings ist die Annahme unrealistisch, es sei möglich, Fehlentscheidungen vollkommen zu vermeiden. Tatsächlich kann es sich immer nur um eine graduelle Verbesse-rung handeln, totale Sicherheit ist nicht möglich, lediglich kann ein Zustand der größeren Unsicherheit durch den Kauf von Informationen in einen Zu-stand geringerer Unsicherheit[2] übergeführt werden. Der Kauf von Informati-onen wirkt sich in einem solchen marginalen Modell auf zweierlei Weise aus: Zum einen werden die Standpunkte der Parteien den neuen Informationen entsprechend angepaßt, zum zweiten nimmt die Streuung um die wahrge-

---

2 Ich verwende in diesem Kontext den Begriff Unsicherheit in einer sehr allgemeinen Weise, insbesondere fasse ich darunter auch Situationen, die häufig als Entscheidungssi-tuationen unter Risiko bezeichnet werden, während der Begriff Unsicherheit Situationen vorbehalten bleibt, in denen es dem Entscheidenden nicht möglich ist, Wahrscheinlichkei-ten für das Auftreten bestimmter Ereignisse anzugeben.

nommenen Positionen ab, da sich der Wähler jetzt sicherer ist, daß die von ihm wahrgenommenen Standpunkte den tatsächlichen entsprechen. Abbildung 3 zeigt eine derart modifizierte Version des Entscheidungsprozesses.

Abbildung 3: Die Nutzenfunktion des eindimensionalen City-Block-Distanz-Modells und die Wahrscheinlichkeitsdichtefunktion der tatsächlichen Parteienstandpunkte für die Parteien A und B nach der Berücksichtigung neuer Information

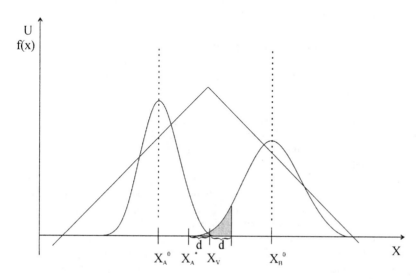

Das vorgestellte Modell ist nichts anderes als eine allgemeinere Form *bayesianischen Updatings*, wie es für diskrete Entscheidungssituationen häufig angeführt wird (vgl. u.a. Riker/Ordeshook 1973: Kap. 2; Collier et al. 1989; Hirshleifer/Riley 1992: Kap. 5; Alvarez 1997: Kap. 3). Der Kauf von Informationen lohnt sich genau dann, wenn die Informationskosten geringer ausfallen als die Reduzierung des erwarteten Nutzenverlustes, also wenn:

$$C < E(L)_{vorher} - E(L)_{nachher} = b * I_{vorher} - b * I_{nachher} = b(I_{vorher} - I_{nachher})\ [3]$$

---

[3] Es soll an dieser Stelle noch einmal darauf hingewiesen werden, daß sich der Wähler seiner Unsicherheit im Sinne der Streuung des tatsächlichen Standpunkts einer Partei um den von ihm wahrgenommenen bewußt ist. Der Kauf von Informationen lohnt sich daher aus der Sicht des Wählers auch dann, wenn er zu keiner Änderung im Handeln führt. Die wahrgenommenen Parteipositionen in Abbildung 3 sind z.B. identisch mit denen in Abbildung 2. In beiden durch die Abbildungen dargestellten Entscheidungssituationen wählt der Bürger die ihm entsprechend seiner Wahrnehmung näherstehende Partei A. Dennoch ist der Wähler nicht indifferent zwischen diesen beiden Entscheidungssituationen, sondern zieht die durch Abbildung 3 modellierte Situation der von Abbildung 2 modellierten vor, da der Erwartungwert des Verlustes durch eine Fehlentscheidung hier niedriger ausfällt. In diesem subjektivistischen Informationskostenmodell betrachtet der Akteur die Investitio-

Aus der obigen Formel folgt die Behauptung:

B: Je größer die Steigung b in den Nutzenfunktionen eines Individuums, d.h. je größer die Responsivität der Nutzenbewertung eines Wählers auf Positionsänderungen der Parteien, desto größer ist die Wahrscheinlichkeit, daß der Erwerb von Informationen ihn von einer möglicherweise falschen Entscheidung abhält und sich somit für ihn lohnt.

Aus der Behauptung läßt sich bezüglich eines interpersonalen[4] Vergleichs folgende empirisch überprüfbare Hypothese ableiten.

H: Wähler mit hoher Responsivität der Nutzenbewertung auf Positionsänderungen der Parteien wenden mehr Kosten zum Erwerb von Informationen bezüglich der Parteienstandpunkte auf als Wähler mit niedriger Responsivität.[5]

Spätestens jetzt muß die Annahme genauer unter die Lupe genommen werden, die Stimme eines Wählers sei *decisive*, d.h. wahlentscheidend. Denn nur dann können die Nutzeneinkommen, die dem Wähler aus der Regierungstätigkeit entstehen, als direkte Konsequenzen der Handlungen desselben verstanden werden. In Wirklichkeit entscheidet die Stimme eines einzelnen Wählers jedoch nur mit einer äußerst geringen Wahrscheinlichkeit über den Wahlausgang. Nutzeneinkommen aus der Regierungstätigkeit müssen daher mit dieser Wahrscheinlichkeit diskontiert werden, so daß der erwartete Nutzen eines Individuums als Folge seiner eigenen Handlungen interpretiert werden kann, nämlich als das Ausmaß, in dem seine eigene Entscheidung die aus der Regierungstätigkeit zu erwartenden Nutzeneinnahmen beeinflußt. Die wichtigste Konsequenz aus dieser Überlegung, als sogenanntes Wahlparadox bekanntgeworden, besteht darin, daß es für kein rationales Individuum sinnvoll ist, zur Wahl zu gehen, wenn die Wahlteilnahme auch nur geringe Kosten nach sich zieht (vgl. Riker/Ordeshook 1968). Ebenso gilt für die obige Glei-

---

nen in Information ähnlich wie eine Versicherungspolice. In der Regel ist die Zahlung dieser Police überflüssig, weil der Schadensfall gar nicht eintritt. Für die mehr oder weniger seltenen Fälle, in denen er allerdings doch auftritt, mindert die Versicherung den Schaden.

4 Natürlich wäre es auch möglich, aus der Behauptung eine Hypothese abzuleiten, die sich auf intrapersonale Vergleiche bezieht. Meine Beschränkung auf interpersonale Vergleiche erklärt sich damit, daß ich für die Prüfung der Hypothese auf Querschnittsdaten zurückgreifen möchte. Zur Prüfung von Hypothesen bezüglich intrapersonaler Vergleiche bedarf es Daten, in denen die kritischen Variablen für jede Person unter verschiedenen Bedingungen mehrmals erhoben werden, wie es z.B. in Paneluntersuchungen der Fall ist.

5 Man beachte, daß das Konzept der Unsicherheit, im Sinne der Streuung des tatsächlichen Standpunkts um den wahrgenommenen, zwar das herausstechende Merkmal des Modells ist, in der Hypothese selbst jedoch nicht auftritt. Das Konzept der Unsicherheit geht lediglich implizit in die Hypothese ein, insofern, als es ein unverzichtbarer und essentieller Teil der Herleitung der Hypothese ist.

chung, daß die erwartete Reduktion des Nutzenverlustes durch den Kauf von Information mit der Wahrscheinlichkeit multipliziert werden muß, daß die eigene Stimme überhaupt entscheidend ist. Denn wenn Fehlentscheidungen keine Konsequenzen haben, gibt es auch keinen Anlaß, sie zu vermeiden. Ganz analog zum Wahlparadox kann es daher für einen rationalen Bürger nicht sinnvoll sein, Kosten für den Erwerb von Informationen aufzuwenden. Der rationale Wähler ist daher desinformiert.[6] Sowohl das Wahlparadox als auch die These vom „rational uninformierten Elektorat" (Collier et al. 1989) sprechen aber offensichtlich der Wirklichkeit Hohn. Die Wahlbeteiligung in allen demokratischen Ländern liegt weit über der, die nach dem Wahlparadox zu erwarten wäre, nämlich annähernd Null, und auch der über politische Sachfragen informierte Bürger ist nicht so selten – nämlich niemals - anzutreffen, wie es das Rational-Choice-Kalkül des Informationserwerbs vermuten lassen würde. Rational-Choice-Theorien sind ganz offensichtlich nicht in der Lage, das absolute Niveau der Wahlbeteiligung oder des Informationserwerbs zu erklären. Diese müssen durch Faktoren bedingt sein, die weniger einen instrumentellen als einen *expressiven* Nutzenaspekt betonen. Expressive Nutzen entstehen dem Akteur nicht durch die Konsequenzen aus einer Handlung, sondern aus der Handlung an sich. Im Falle der Wahlbeteiligung heißt dies, daß die Teilnahme an sich einen Wert darstellt, der die Kosten aufwiegt, unabhängig davon, ob die eigene Stimme das Ergebnis beeinflußt. Im Falle des Informationserwerbs gibt es einen Nutzen an sich, den Informationen einem verschaffen können, unabhängig von ihrem instrumentellen Charakter, also unabhängig davon, inwieweit sie Konsequenzen für die eigenen Handlungen haben. Daß diese Behauptung nicht der Plausibilität entbehrt, ist hinreichend durch die Existenz solch merkwürdiger Wesen dokumentiert, die die Ergebnisse sämtlicher Bundesligaspiele seit Anbeginn kennen oder das Kursbuch der Bundesbahn auswendig lernen. Eine vollständige Erklärung der Wahlteilnahme oder des Informationsverhalten ist daher sicher nur unter Einschluß solcher expressiver Nutzenkomponenten möglich. Nur ist eine solche vollständige Theorie ebenso sicher keine Rational-Choice-Theorie mehr, da sie letztlich auf Geschmäckern beruht. Nicht die subjektiven Idiosynkrasien der Innenwelten und deren Beitrag zur Handlungsfindung sind es aber, die den Sozialwissenschaftler zu interessieren haben, sondern die objektiven Gegebenheiten einer Situation, die als solche von allen gleich wahrgenommen werden; gleich in dem Sinn, daß sie zu homogenen Reaktionsweisen führen und somit die Formulierung allgemeiner Aussagen erlauben. Rational-Choice-Theorien sind daher häufig weniger geeignet, Niveau-Aussagen zu machen als Aussagen über Veränderungen einer Variablen aufgrund der Veränderung einer anderen Variable. „... it is appropriate to think about rational choice models in the context of accounting for changes in choices, rather than

---

6 Genau zu diesem Ergebnis kam auch schon Downs. Als Informationsgrundlage verwendet der Bürger für seine Wahlentscheidung daher die „kostengünstigen" Parteiideologien.

choices, per se" (Grofman 1995b: 94). Die oben aufgestellte Hypothese macht daher auch keinerlei Aussage über das zu erwartende Niveau der Informationsbeschaffung, sondern beschränkt sich lediglich auf die Behauptung, daß eine stärkeres bzw. schwächeres Informationssuchverhalten zu erwarten ist, wenn sich bestimmte Bedingungen in die eine oder andere Richtung verändern. Eben weil keine Aussagen über das zu erwartende Niveau gemacht werden, ist auch die Frage, mit welcher Wahrscheinlichkeit der Wähler das Ergebnis der Wahl entscheidet, zu vernachlässigen und an der Formulierung obiger Hypothese ist nichts abzuändern.

3. Empirische Überprüfung

Der der Prüfung der Hypothesen zugrundeliegende Datensatz stammt aus einem DFG-Projekt von Rattinger und Falter zur Erforschung des Wahlverhaltens (ZA-Studiennummer 2429). Die verwendeten Daten sind die der ersten Welle einer Paneluntersuchung, die im Frühjahr 1990 in den alten Bundesländern mit 2007 Befragten durchgeführt wurde.

Als Indikator für die „Nutzenwerte", die einzelne Personen den Parteien zuweisen, wurde das Sympathiesalometer verwendet.[7] Auf einer Skala von -5 bis 5 konnten die Befragten ihre Wertschätzung für die verschiedenen Parteien ausdrücken.[8] Die folgende Tabelle enthält die Durchschnittswerte der Parteien bezüglich der Sympathiesalometer. Die Reduktion der ursprünglichen Fallzahl um 80 Fälle ergibt sich durch die Eliminierung aller Befragten, die nicht zu allen fünf etablierten Parteien gültige Angaben hinsichtlich der Sympathie machen konnten. Diese Fälle sind auch aus allen weiteren Analysen ausgeschlossen.

---

7   Das Downssche Nutzenkonzept bezog sich inhaltlich auf die Nutzeneinkommen, die ein Bürger aus der Regierungstätigkeit bezieht. Diese Konzeption einer substantiellen Nutzenfunktion ist hinreichend zur Vorhersage einer Entscheidung, wenn die Komponenten der Nutzenfunktion tatsächlich alle handlungsrelevanten Aspekte beinhalten, sie ist jedoch nicht notwendig. Im Sinne des Konzepts der enthüllten Präferenzen sind (Von Neumann-Morgenstern-)Nutzenfunktionen ganz allgemein Funktionen, die so konstruiert werden, daß aus ihnen die Entscheidungen des Handelnden hätten vorausgesagt werden können, wenn man als Prinzip der Handlungswahl das der Maximierung des Erwartungswertes des Nutzens verwendet. Jede Funktion, die diese Eigenschaft besitzt, ist daher eine Nutzenfunktion. Es gibt daher nicht „die Nutzenfunktion", sondern vielmehr eine Klasse von funktional äquivalenten Nutzenfunktionen. Das Sympathiesalometer eignet sich erfahrungsgemäß sehr gut zur Voraussage der Parteiwahl und kann daher zumindest als halbwegs brauchbare Annäherung an die Nutzenfunktion betrachtet werden.

8   Der genaue Wortlaut dieser und der anderen in dieser Untersuchung verwendeten Fragen im Fragebogen ist im Anhang wiedergegeben.

Tabelle 1: Mittelwerte der Sympathieskala für die einzelnen Parteien

	CDU	CSU	SPD	FDP	Grüne
Mittelwert	0,52	-0,10	1,60	0,75	- 0,46

N=1927

Die Distanz eines Befragten zu einer Partei wurde in einem ersten Schritt als die durchschnittliche Distanz auf den einzelnen Dimensionen eines sechsdimensionalen Policy-Raums errechnet. Diese Dimensionen bestanden aus Einstellungen zu Sozialausgaben, Lebensqualität vs. Einkommen, Autoverkehr, Zeitraum der Wiedervereinigung, Opferbereitschaft für Wiedervereinigung und Schwangerschaftsabbruch. Die Distanz eines Wählers zu einer Partei auf einer einzelnen Dimension ist dabei der absolute Abstand des eigenen Standpunkts des Wählers auf dieser Dimension zu dem von ihm wahrgenommenen Standpunkt der jeweiligen Partei. Der Durchschnitt wurde bezüglich der Dimensionen berechnet, für die gültige Antworten gegeben worden waren. In einem zweiten Schritt wurde der Durchschnitt aus dieser (durchschnittlichen) Issue-Distanz und der Distanz auf der Links-Rechts-Skala gebildet. Dieses Distanzmaß geht in alle folgenden Analysen ein[9]. Tabelle 2 zeigt die durchschnittlichen Distanzen zu den Parteien nach der bekundeten Wahlabsicht geordnet. Die Ergebnisse entsprechen ganz und gar den Voraussagen der Distanzmodelle. Z.B. weisen die Wähler der CDU eine durchschnittliche Distanz zur CDU von 1,14 auf, während sie zur SPD 3,15 und zu den GRÜNEN gar 3,92 beträgt. Eine Varianzanalyse zeigt, daß die Unterschiede in der Distanz zu einem großen Teil durch die Wahlabsicht erklärt werden können (dies ist allerdings kausal die andere Richtung als die vom Distanzmodell apostrophierte), der Anteil der aufgeklärten Varianz liegt – mit Ausnahme der FDP – bei ungefähr 40 Prozent.

---

9   Alternativ wurden zwei andere Distanzmaße gebildet. Das erste bestand nur aus der durchschnittlichen Issue-Distanz, das zweite nahm die Links-Rechts-Skala als gleichwertige siebte Dimension auf. Bei einer Varianzanalyse analog zu der in Tabelle 2 erwies sich das gewählte Distanzmaß für alle Parteien mit Ausnahme der FDP als das aussagekräftigste.

Tabelle 2: Durchschnittliche Distanzen zu den Parteien nach Wahlabsicht

Wahlabsicht		CDU	CSU	SPD	FDP	GRÜNE
		Durchschnittliche Distanz zu				
CDU	Mittelwert	1,14	1,50	3,15	1,52	3,92
	N	542	540	538	535	535
CSU	Mittelwert	1,69	1,83	2,53	1,54	3,34
	N	103	103	103	103	101
SPD	Mittelwert	3,58	3,99	1,30	2,43	1,96
	N	795	794	794	789	780
FDP	Mittelwert	2,16	2,57	2,27	1,19	3,05
	N	84	84	83	84	82
Grüne	Mittelwert	4,12	4,58	1,67	3,02	1,15
	N	124	124	124	123	126
Insgesamt	Mittelwert	2,63	3,01	2,06	2,06	2,69
	N	1648	1645	1642	1634	1624
Eta-Quadrat *100		45,6	45,5	38,1	19,6	39,6

Die Responsivität eines Wählers ist der Nutzenverlust bzw. die Abnahme des Sympathiewertes bezüglich einer Partei, den er erleidet, wenn sich diese Partei um eine Distanzeinheit von ihm entfernt und alle anderen Parteien ihre Positionen beibehalten. Da für einen einzelnen Wähler für eine Partei aber immer nur ein Distanzwert und ein Sympathiewert vorhanden sind, muß die Responsivität auf der Basis der Unterschiede der Distanzen und Sympathiewerte zwischen den Parteien oder Gruppen von Parteien geschätzt werden. Ein solcher Paarvergleich sollte einerseits sehr gut diskriminieren, andererseits nicht zu sehr von „Ausreißern" beeinflußt werden, in der Form, daß manche Wähler bezüglich bestimmter Parteien eine idiosynkratische Wahrnehmung von deren Positionen oder eine durch sachliche Gründe nicht erklärbare Affinität oder Abneigung zu bestimmten Parteien haben. Aus dem ersten Grund z.B. wäre es nicht sinnvoll, einen Paarvergleich zwischen CDU und CSU anzustellen, da bei den meisten Wählern sowohl die Einschätzung der Positionen als auch die der Sympathiebewertung zwischen den beiden Parteien nicht allzu hoch variieren. Aus dem zweiten Grund bietet es sich an, Gruppen von Parteien zu bilden und deren Mittelwerte zu nehmen, dabei sollten allerdings aus dem erstem Grund diese Gruppen aus eher ähnlich einzuordnenden Parteien gebildet werden. Unter Berücksichtigung der genannten Argumente scheint ein Vergleich zwischen den Gruppen CDU, CSU und FDP vs. SPD und GRÜNE aus methodologischen Gründen sinnvoll. Überdies entspricht diese Gruppierung den Lagern, wie sie in der politischen Realität anzutreffen sind. Daraus ergibt sich folgende Formel[10] zur Ermittlung der Responsivität.

$$\text{Responsivität} = -\frac{\text{MWSymp.(CDU,CSU,FDP)} - \text{MWSymp.(SPD,GRÜNE)}}{\text{MWDist.(CDU,CSU,FDP)} - \text{MWDist.(SPD,GRÜNE)}} \quad [11]$$

Das Minuszeichen vor dem Klammerausdruck bewirkt, daß die Responsivität positiv ist, wenn eine Partei, bzw. eine Parteiengruppe, die im Mittel als weiter entfernt von den eigenen Positionen wahrgenommen wird als eine andere Parteiengruppe, im Mittel auch schlechtere Sympathiewerte erhält als die andere, nähere Gruppe. Von den ursprünglich 1927 Fällen erhalten 66 einen ungültigen Wert, da der Nenner Null ist. Da trotzdem auftretende Unterschiede in der Sympathiebewertung daher auf keinen Fall auf Positionenunterschiede zurückzuführen sein können, ist es richtig, diese Fälle nicht zu berücksichtigen. Gravierender sind jedoch 306 Fälle, die einen negativen Wert bezüglich der Responsivität erhalten. D.h. Parteien, die sich weiter weg vom Standpunkt des Befragten befinden als andere, werden im Vergleich zu diesen besser bewertet. Dies ist unvereinbar mit den Grundannahmen des Distanzmodells, daher werden auch diese Fälle aus den weiteren Analysen ausgeshlossen[12]. Auch auffällig hohe Responsivitäten lassen eher auf ein Verhalten

---

10 Alternativ wurden zwei andere Formeln zur Ermittlung der Responsivität erprobt. Im ersten Fall wurde die Responsivität aufgrund des einfachen Paarvergleichs zwischen CDU und SPD als den beiden großen antagonistischen Volksparteien errechnet, im zweiten Fall als Mittelwert der zehn einzelnen Paarvergleiche, die sich aus den fünf Parteien CDU, CSU, SPD, FDP und GRÜNE ergeben. Die im Anschluß durchgeführten Analysen wiesen die eindeutigsten Ergebnisse für die oben gewählte Version auf.

11 Man erinnere sich, daß sich die Hypothese auf einen interpersonalen Vergleich der Responsivität bezieht und nicht etwa der Nutzen- respektive Sympathiewerte selbst. Die Komponente des interpersonalen Vergleichs bezieht sich also niemals auf *absolute* Werte einer Skala, sondern auf das *Verhältnis* von Differenzen auf der einen Skala zu Differenzen auf einer anderen Skala. Man könnte hier daher von einer schwachen oder abgemilderten Form des interpersonalen Vergleichs sprechen, im Gegensatz zu einer starken Form, in der absolute Skalenwerte direkt miteinander verglichen werden.

12 Ich denke nicht, daß es sich bei diesem Ausschluß von „unpassenden" Fällen um eine problematische Manipulation der verwendeten Daten handelt. Die Hypothese bezieht sich nur auf Menschen, die sich grundsätzlich im Sinne eines Distanzmodells verhalten. Daß Distanzmodelle tatsächlich geeignet sind, Wahlverhalten zu modellieren, zeigen unter anderem die Ergebnisse in Tabelle 2. Keineswegs heißt dies jedoch, daß sich uneingeschränkt alle Menschen im Sinne eines Distanzmodells verhalten müssen. Zur Überprüfung der Hypothese über den Zusammenhang von Responsivität und Informationssuchverhalten sollten aber natürlich solche Fälle von vornherein ausgeschlossen werden, deren Verhalten mit dem Distanzmodell auf keinen Fall adäquat beschrieben werden kann. (Daß das Verhalten eines Befragten mit dem vorhandenen Datenmaterial nicht im Sinne eines Distanzmodells erklärt werden kann, muß jedoch nicht grundsätzlich heißen, daß sich dessen Verhalten so nicht beschreiben läßt. Möglicherweise nimmt der Befragte durchaus eine Abwägung unter verschiedenen Kriterien im Sinne des Distanzmodells vor, aber die für ihn relevanten Dimensionen sind nicht unter den im Fragebogen vorgegebenen oder die Dominanz eines einzelnen Kriteriums im Verhältnis zu anderen wurde durch die Gleichgewichtung der einzelnen Dimensionen unterdrückt).

schließen, das nicht durch die Positionen im Raum der politischen Sachfragen erklärt werden kann. Daher wurden weitere 26 Fälle mit einer Responsivität von mehr als 20 ausgeschlossen. Auf diese Weise verbleiben noch 1529 Fälle mit einer mittleren Responsivität von 2,30 für die weiteren Untersuchungen.

Die Informationskosten, die jemand aufwendet, können nur in sehr allgemeiner und indirekter Form erhoben werden. Im Datensatz steht lediglich eine einzige Variable zur Verfügung, die man als Operationalisierung der aufgewendeten Investitionen in Information interpretieren könnte. Diese Variable ist die Mediennutzung zur politischen Information. Sie wurde anhand von vier Fragen zur Nutzung des politischen Teils einer Tageszeitung, politischer Wochen- oder Monatszeitschriften, Nachrichten und anderen Sendungen im Fernsehen erhoben. Die derart gebildete Variable Medieninformation geht von 4 bis 20. Damit Medieninformation zur Überprüfung der Hypothese als Operationalisierung der abhängigen Variablen herangezogen werden kann, ist lediglich notwendig, daß Medieninformation eine Komponente enthält, die im Sinne von Investitionen in Information gedeutet werden kann. Keineswegs ist dadurch ausgeschlossen, daß Medieninformation neben diesem instrumentellen Nutzen auch expressive Nutzenanteile besitzen kann. Die Zuwendung zu den Medien kann durchaus ein Bedürfnis nach Information an sich reflektieren. Diese expressiven Nutzenanteile können dann das Ausgangslevel, das „normale" Maß an Medienkonsum „erklären". Ceteris paribus nimmt von diesem Ausgangslevel im Sinne der Hypothese die Medieninformation zu, wenn die Responsivität steigt.

Als weiterer Analyseschritt ist eine Regressionsanalyse vorgesehen, bei der die Medieninformation durch die Responsivität erklärt werden soll. Allerdings ist hier zu beachten, daß die Variable Medieninformation 15 Ausprägungen besitzt, die Variable Responsivität hingegen mehrere hundert, die zudem relativ gleichmäßig über einen weiten Bereich streuen. Perfekte Korrelationen können jedoch nur erzielt werden, wenn die Anzahl der Ausprägungen für die abhängige und die unabhängige Variable übereinstimmen. Leichte Abweichungen können dabei hingenommen werden. Wenn das Verhältnis der einen Anzahl zur anderen jedoch annähernd einhundert beträgt, sind schlechte Ergebnisse unvermeidlich. Es ist daher eine Rekodierung der Responsivität vonnöten, die die Anzahl ihrer Ausprägungen zumindest in die Größenordnung der Anzahl der Ausprägungen der Medieninformation bringt. Am einfachsten ist eine solche Rekodierung, wenn sie sich an Perzentilen der Verteilung orientiert. Wenn jedoch die Ausprägungen der unabhängigen Variablen gleichverteilt sind, sollte dies so gut wie möglich auch für die Ausprägungen der abhängigen Variablen zutreffen. Als erstes wurde daher eine Zusammenfassung einzelner benachbarter Ausprägungen der abhängigen Variablen Medieninformation zu einer Ausprägung vorgenommen unter Verfolgung des Ziels, so gut wie möglich an eine Gleichverteilung der Ausprägungen heranzukommen. Dadurch ergab sich für die Variable Medieninformation eine Rekodierung, die zu den in Tabelle 3 aufgeführten Gruppen führte.

Tabelle 3: Verteilung der Ausprägungen der Variablen Medieninformation

Medieninformation	Häufigkeit	Gültige Prozente	Kumulierte Prozente
1 sehr niedrig	126	8,3	8,3
2	147	9,7	18,0
3	126	8,3	26,4
4	157	10,4	36,7
5	155	10,2	47,0
6	142	9,4	56,3
7	133	8,8	65,1
8	144	9,5	74,6
9	114	7,5	82,2
10	108	7,1	89,3
11 sehr hoch	162	10,7	100,0
Gültige Werte	1514	100,0	
fehlende Werte	15		
N	1529		

Anschließend wurde die Variable Responsivität in elf Perzentile rekodiert. Durch die Rekodierung werden sowohl an der Variablen Medieninformation wie auch an der Variablen Responsivität monotone Transformation vorgenommen. Damit verlieren beide Variablen die ursprünglich unmittelbare substantielle Interpretationsfähigkeit ihrer Ausprägung und können strenggenommen nur noch im Sinne von Ordinaldaten interpretiert werden. Da jedoch beide Variablen in der rekodierten Form die gleichen Rangzahlen in unmittelbar aufeinanderfolgender Form ganzer Zahlen durchlaufen, können für die Untersuchung des Zusammenhangs der beiden Variablen statistische Verfahren Anwendung finden, die für intervallskalierte Variablen gedacht sind. Trifft die Hypothese zu, dann ist der Zusammenhang bezüglich der Klassenzugehörigkeit in beiden Variablen metrischer Natur. Wenn die Person A bezüglich ihrer Medieninformation zwei Klassen höher eingestuft wird als Person B, so sollte sie – trifft die Hypothese zu – auch bezüglich ihrer Responsivität zwei Klassen höher eingestuft sein als diese. (Dies gilt wegen der nicht identischen Klassenumfänge mit leichten Abstrichen). Tabelle 4 zeigt die Mittelwerte der rekodierten Medieninformation in Abhängigkeit der rekodierten Responsivität.

Tabelle 4: Mittelwert der Medieninformation in Abhängigkeit von der Responsivität

Responsivität	Mittelwert der Medieninformation	N
1 sehr niedrig	5,02	139
2	5,35	137
3	5,84	137
4	6,42	140
5	6,51	135
6	6,87	137
7	6,47	137
8	6,54	137
9	6,27	139
10	5,18	139
11 sehr hoch	5,10	137
Insgesamt	5,96	1514

Die Werte in Tabelle 4 können nun zur Überprüfung der Hypothese herangezogen werden. Im Sinne der Hypothese nimmt die Medieninformation in der Tat zu, je größer die Responsivität, d.h. je größer die Steigung der Nutzenfunktion ist. Allerdings gilt dies nur für die ersten sechs Gruppen. Nimmt die Responsivität weiter zu, nimmt der durchschnittliche Medienkonsum zur politischen Information ab. Aus der Interpretation der Tabelle lassen sich folgende Schlußfolgerungen ziehen: Es gibt klar erkennbar Zusammenhänge zwischen Medieninformation und Responsivität. Dieser Zusammenhang ist allerding eher schwach ausgeprägt und kurvilinear. Aufgrund der Kurvilinearität der Funktion wird bei der Regressionsanalyse ein Polynom zweiter Ordnung als Schätzfunktion zugrundegelegt, d.h. die unabhängige Variable geht sowohl in der ursprünglichen als auch in der quadrierten Form in die Gleichung ein. Die geschätzte Gleichung lautet:

$$M = 4,066 + 0,856R - 0,070R^2 \qquad RG\ 1$$

mit

M   Medieninformation

R   Responsivität

Es gehen 1515 Fälle in die Analyse ein. Beide Koeffizienten sind auf dem 1-Promille-Niveau signifikant. Die Regressionsgleichung erklärt 3,9 Prozent der Varianz. Angesichts der oben schon erläuterten Annahme, daß das Ausmaß der politischen Information durch Medien vornehmlich durch idiosynkratische Persönlichkeitsmerkmale bestimmt ist, ist das Ergebnis durchaus in der Größenordnung, die ganz im Sinne der Theorie erwartet worden war. Wenn auch der Effekt, den Responsivität auf die Medieninformation ausübt, absolut gesehen eher gering ist[13], so ist er doch signifikant. Leider aber ist der beobach-

---

13   Bei bestimmten Untergruppen fällt der Effekt allerdings etwas höher aus. Da sich die Wahl der „richtigen" Partei überhaupt nur dann auszahlt, wenn die eigene Wahlentscheidung irgendeinen Einfluß ausübt, sollte der Anreiz, sich Informationen zu beschaffen, um

tete Zusammenhang nicht - wie in der Hypothese behauptet - streng monoton sondern kurvilinear, die Funktion ist eine nach unten geöffnete Parabel. Das Maximum liegt dabei bei 6,11. Die Hypothese muß daher zumindest in ihrer allgemeinen Form zurückgewiesen werden. Es gibt zwei Möglichkeiten, auf die Zurückweisung der Hypothese zu reagieren. Die erste besteht in der Annahme, daß der behauptete ursächliche Zusammenhang so nicht existiert und daß es andere noch zu findende Ursachen oder Ursachenkomplexe gibt, die den kurvilinearen Zusammenhang zwischen Responsivitätsmaß und Medieninformation zu erklären vermögen. Die zweite Möglichkeit der Reaktion besteht darin, eine partielle Bestätigung der Hypothese zu sehen, da es ja einen Bereich gibt, in dem der behauptete positive Zusammenhang zwischen Responsivität und Medieninformation tatsächlich zutrifft. In diesem Fall würde man behaupten, daß der vermutete Kausalmechanismus nur für die Personen mit einer niedrigen und mittleren Responsivität gilt und bei denjenigen mit einer hohen Responsivität durch andere Faktoren entweder außer Kraft gesetzt oder konterkariert wird. Hohe „Responsivitäten" würden dann nicht mehr auf eine besonders sensible Reaktion bezüglich der Parteienbewertung auf die Positionen hinweisen, sondern wären durch ganz andere – aratio- nale oder vielleicht gar irrationale - Faktoren bedingt, die wiederum mit ei- nem niedrigen Medienkonsum verbunden sind. Gesucht sind also Determi- nanten des Responsivitätsmaßes, die nicht auf die Bewertung der Differenzen der Parteienpositionen zurückzuführen sind. Umgekehrt ausgedrückt kann man auch sagen: Es ist möglich, daß es außer der Responsivität andere De- terminanten der Medieninformation gibt, die ihrerseits aber auch die Respon- sivität beeinflussen. D.h., ein hoher Medienkonsum läßt sich möglicherweise mit einem Persönlichkeitsmerkmal erklären, das wiederum vor allem bei Leuten mit hoher Responsivität auftritt. Durch Kontrolle dieser Variablen ist es dann möglich, den „partiellen" Effekt von Responsivität auf Medieninfor- mation zu schätzen. Vor allem zwei Variablen erweisen sich als relevante Kontrollvariable, dies sind das politische Interesse und das Geschlecht. Die so erhaltene Regressionsgleichung sieht folgendermaßen aus:

---

die Partei besser identifizieren zu können, die die eigenen Interessen am besten vertritt, für diejenigen Wähler besonders hoch ausfallen, die grundsätzlich an ihre Einflußmöglichkeit auf die Politik der Regierung glauben. Tatsächlich war dies der Fall. Die gleiche Regres- sionsanalyse wurde auch speziell für eine Untergruppe von 409 Personen durchgeführt, die dem Item „Leute wie ich haben so oder so keinen Einfluß darauf, was die Regierung tut." „eher nicht" oder „überhaupt nicht" zustimmten. Für diese Untergruppe lag der An- teil der erklärten Varianz von Medieninformation durch Responsivität bei immerhin 5,3 Prozent, für die Untergruppe von 103 Personen, die auf das Einflußitem mit „überhaupt nicht" antworteten, sogar bei 7,1 Prozent.

$$M = -1{,}505 + 1{,}887PI + 0{,}416R - 0{,}030R^2 + 0{,}638MA \qquad RG\ 2$$

mit

PI   Politisches Interesse

MA   Geschlecht des Befragten (erhält den Wert 1, wenn der Befragte ein Mann ist, ansonsten 0)

Es gehen 1512 Fälle in die Analyse ein. Alle Koeffizienten sind auf dem 1-Promille-Niveau signifikant, die Gleichung erklärt 47,3 Prozent der Varianz. Das Maximum der partiellen Parabelgleichung mit der einfachen und quadrierten Responsivität als unabhängige Variablen verschiebt sich von 6,11 auf 6,93. Durch die Aufnahme und Kontrolle von politischem Interesse und Geschlecht ist nicht nur ein reiner Niveau-Effekt zu beobachten, auch die Form des partiellen Effekts der Responsivität verändert sich. Dazu ist zu bemerken: Der partielle Effekt weicht nur dann vom isolierten ab, wenn man sowohl bezüglich der Medieninformation als auch der Responsivität zugibt, daß sie beide zusätzlich durch andere Faktoren bestimmt sind als die in der Theorie angegebenen.

Durch die Kontrolle zusätzlicher Variablen sinkt sowohl der Effekt des einfachen Responsivitätsterms als auch des quadrierten. Allerdings fällt diese Abnahme beim quadrierten Term relativ gesehen stärker aus, so daß sich das Extremum der bereinigten Funktion nach rechts verschiebt. Der Teil der Funktion mit einer positiven Steigung nimmt damit zu. Durch die Kontrolle zusätzlicher Variablen wächst also der Bereich der Funktion, der im Sinne der Hypothese gedeutet werden kann.

Die verschiedenen unabhängigen Variablen sollten aber in bestimmter Hinsicht unterschieden werden. Die gleichzeitige Aufnahme von Responsivität und politischem Interesse auf der Seite der unabhängigen Variablen der Gleichung suggeriert unabhängig von der Größe des jeweiligen Einflusses eine wesensartige Gleichheit als Erklärungskonzepte, die meines Erachtens nach nicht gegeben ist. Das Statistikprogramm „untersucht" lediglich, inwieweit die Varianz der abhängigen Variablen auf die Varianzen der unabhängigen Variablen zurückgeführt werden kann, es ist taub und blind gegenüber Unterschieden, inwiefern die „unabhängigen" Variablen tatsächlich als Erklärungskonzepte überhaupt taugen. Wie der Name sagt, müssen die Erklärungskonzepte unabhängig sein von den zu erklärenden Konzepten. Diese Unabhängigkeit ist nicht empirischer Natur, denn das Finden eines empirischen Zusammenhangs ist ja das Ziel einer Erklärung, sondern logischer. Ist diese logische Unabhängigkeit nicht gegeben, dann stellt der konstatierte Zusammenhang einen analytischen (logisch wahren) Satz dar und keine kausale Erklärung im strengen Sinne. Das Verwirrende ist allerdings, daß sich der Zusammenhang in den empirischen Beobachtungen zwar zeigt, aber durch diese nicht gestützt, verifiziert oder bewährt wird. Es liegt daher am Forscher, zu zeigen, ob ein empirischer Befund in diesem Sinne als originär kausal oder nur als empirischer „Schatten" eines logisch wahren Satzes interpretiert werden darf. In diesem kann vermutlich auch z.b.: politisches Interesse keine kausale Erklärung der Medieninformation liefern. Medieninformation scheint vielmehr ein *Ausdruck* politischen Interesses zu sein, eine *Form der Manifestation* von politischem Interesse. Man kann ohne Zweifel politisches Interesse und Medieninformation unabhängig voneinander als Items in einem Fragebogen formulieren und somit direkt erheben, es ist aber schwer vorstellbar, daß es möglich ist, eine Definition von politischem Interesse zu geben, bei der das Suchen nach politischen Informationen ausgeschlossen ist[14]. Mißtrauen, ob denn die logische Unabhängigkeit zwischen erklärendem und erklärtem Konzept tatsächlich gegeben ist, ist in den Sozialwissenschaften wahrscheinlich bei einem nicht unbeträchtlichen Teil gerade der Variablen angebracht, die die abhängige Variable überaus gut zu erkären vermögen. „Small is beautiful" wäre bezüglich der Erklärungskonzepte vielleicht nicht die schlechteste Faustregel des empirisch arbeitenden Sozialwissenschaftlers.

4. Zusammenfassung und Resümee

Ein Ziel der Arbeit bestand darin zu untersuchen, ob die Annahme homogener Nutzenfunktionen, wie sie in empirischen Untersuchungen typischerweise getroffen wird, gerechtfertigt ist, oder ob durch das Zulassen individueller Variationen einiger Eigenschaften der Nutzenkurve wie z.b. der Steigung nicht zusätzliches Wissen bezüglich bestimmter Formen des Verhaltens, wie z.b. des Informationsverhaltens, gewonnen werden könnte. Diesbezüglich kann festgehalten werden: Selbst bei Kontrolle durch mehrere Drittvariable bleibt ein (kurvilinearer) Zusammenhang zwischen Responsivität und Informationsverhalten beobachtbar. Die Modellierung der Responsivität als eigenständiger Variablen, deren Variation im Zusammenhang mit bestimmten Persönlichkeitsmerkmalen und/oder persönlichkeitsspezifischen Wahrnehmungen in einer Entscheidungssituation steht, ist somit gerechtfertigt.

Im Gegensatz zu anderen Variablen sozialstruktureller oder sozialpsychologischer Art, die ebenfalls einen signifikanten Effekt auf das Informationsverhalten ausüben, wurde für die Responsivität jedoch mit Hilfe des Rational-Choice-Ansatzes eine kausale Erklärung des Mechanismus versucht, durch den sich Responsivität auf das Informationsverhalten auswirken könnte. Die so gebildete Hypothese mußte jedoch (zumindest partiell) zurückgewiesen werden. Allerdings konnte gezeigt werden, daß durch die Aufnahme zusätzlicher Kontrollvariablen der Bereich erweitert werden konnte, für den die

---

14 Gabriel z.b. spricht vom politischen Interesse „als grobem Indikator der mentalen Anteilnahme der Bevölkerung an der Politik" (Gabriel/Holtmann 1997: 403).

Hypothese zutrifft. Möglicherweise ließe sich dieser Bereich sogar durch die Aufnahme weiterer Kontrollvariablen noch stärker ausdehnen. Die vorliegende Arbeit legt jedoch keinen Wert darauf, eine in diesem Sinn vollständige Theorie des Informationsverhaltens vorzulegen. Vielmehr wurde versucht, exemplarisch zu zeigen, daß der *logische Status* verschiedener „Erklärungskonzepte" unterschieden werden muß, weil sie unterschiedliche *Logiken der Erklärung* beinhalten. Statistische Methoden sind gegenüber diesen Unterschieden blind.

Die bloße Beobachtung (und auch das Finden) eines Zusammenhangs zweier Konzepte darf nie schon als kausale Erklärung des einen durch das andere aufgefaßt werden. Der Rational-Choice-Ansatz ist in der Lage, Erklärungen statt bloßer Beschreibungen zu liefern, weil er neben der Empirie aus einer zusätzlichen Quelle schöpft, um Zusammenhänge zu konstatieren. Diese zusätzliche Quelle besteht in unserer Fähigkeit, im Sinne Webers Handlungen als zweckgerichtete zu „verstehen", wodurch wir zur Formulierung „plausibler Annahmen" und auch „Brückenannahmen" befähigt sind. Plausible Annahmen wiederum werden aufgrund praktischer Syllogismen gebildet. Praktische Syllogismen sind Schlußschemata, mit deren Hilfe man aus den „Prämissen" Situationseigenschaften sowie Handlungsziele die angemessene Handlung voraussagen kann. Im Gegensatz zu rein logischen Schlußschemata sind praktische Syllogismen allerdings keine Beweisform sondern eine Begründungsform (vgl. Wright 1991: 36). Aus diesem Grund ist ein aus einem praktischen Syllogismus gewonnener Zusammenhang zwischen „Prämissen" und „Conclusio" kein analytischer Satz. Die empirische Überprüfung eines solchermaßen gewonnenen Satzes ist daher nicht notwendig die Wahrheit des Satzes bestätigend und damit sinnvoll. Der vermutete Zusammenhang zwischen der Steigung der Nutzenkurve eines Individuums und seinem Verlangen nach Information, um Unsicherheit zu vermeiden, kann in diesem Sinn auf empirisch sinnvolle Weise überprüft werden. (Eine andere Frage ist, ob Konzepte wie „Nutzen" und „Informationssuche" bei der empirischen Überprüfung auch immer angemessen operationalisiert sind).

Der Einfluß, den sozialstrukturelle oder sozialpsychologische Variablen auf die Medieninformation ausüben, soll dabei an keiner Stelle geleugnet werden, nur ist die Form, wie sie auf das Informationsverhalten wirken, z.B. durch die Vermittlung durch Rollen- oder Einstellungsmuster, wesentlich anders als von „Rational-Choice-Variablen" wie der Responsivität. Der „Erklärungswert" bestimmter Variablen mag daher neben einem direkten Effekt, den sie selbst ausüben, darin liegen, daß sie die Bedingungen aufzeigen, unter denen eine Rational-Choice-Erklärung überhaupt erst möglich ist.

Zuletzt sollte noch darauf hingewiesen werden, daß der Rational-Choice-Ansatz neben der analytischen Funktion eine heuristische besitzt, da er häufig erst auf die Relevanz bestimmter Variablen aufmerksam macht, wie es ja auch in der vorliegenden Arbeit der Fall gewesen ist.

Anhang

Sympathieskalometer

Was halten Sie - so ganz allgemein - von den politischen Parteien? Sagen Sie es bitte anhand dieser Skala. +5 heißt, daß Sie sehr viel von der Partei halten; -5 heißt, daß sie überhaupt nichts von der Partei halten; mit den Werten dazwischen können Sie Ihre Meinung abgestuft sagen. Was halten Sie von ... (der CDU, der CSU, der SPD, der FDP, den GRÜNEN)?

Issues

Sozialausgaben

Sollte man heute bei den staatlichen Ausgaben für die soziale Sicherung Einsparungen vornehmen oder nicht?
(-3≈Einsparungen vornehmen, +3≈keine Einsparungen vornehmen)

Lebensqualität

Wohl jeder möchte in Zukunft besser leben als heute. Sollte eine höhere Lebensqualität eher durch eine Verringerung der Arbeitszeit oder durch eine Erhöhung der Einkommen erreicht werden?
(-3≈Verringerung der Arbeitszeit, +3≈Erhöhung des Einkommens)

Autoverkehr

Sollte man in den Städten darauf hinwirken, daß der Autoverkehr eingeschränkt wird oder darauf, daß Autos bequemer benutzt werden können?
(-3≈Einschränkung des Autoverkehrs in Städten, +3≈Bequemere Benutzung von Autos in Städten)

Zeitraum der Wiedervereinigung

Sollte eine Vereinigung der beiden deutschen Staaten erst in ferner Zukunft - wenn
überhaupt - oder möglichst bald stattfinden?
(3≈Vereinigung in ferner Zukunft, +3≈Vereinigung möglichst bald)

Opferbereitschaft für Wiedervereinigung
Wenn es zu einer Vereinigung kommt, sollten den Bundesbürgern dann finanzielle Opfer zugemutet werden oder nicht?
(-3≈finanzielle Opfer, +3≈keine finanziellen Opfer)

Schwangerschaftsabbruch
Sollten die staatlichen Bestimmungen so verändert werden, daß ein Schwangerschaftsabbruch erleichtert wird oder so, daß er erschwert wird?
(-3≈Erleichterung Schwangerschaftsabbruch, +3≈Erschwerung Schwangerschaftsabbruch)

Mediennutzung zur politischen Information.
Lesen Sie eigentlich den politischen Teil von Tageszeitungen regelmäßig, oft, ab und zu, selten oder nie?

Und wie häufig lesen Sie politische Wochen- oder Monatszeitschriften, regelmäßig, oft, ab und zu, selten oder nie?

Wie häufig sehen Sie im Fernsehen Nachrichten, regelmäßig, oft, ab und zu, selten oder nie?

Wie ist es mit politischen Sendungen, außer Nachrichten, im Fernsehen? Sehen Sie diese regelmäßig, oft, ab und zu, selten oder nie?

Für jede Art der Mediennutzung war ein Wert von 1 „nie" bis 5 „regelmäßig" anzugeben. Die Skala der Mediennutzung zur politischen Information wurde als Summe dieser einzelnen Werte gebildet.

Einfluß auf die Regierung
Ich lese Ihnen jetzt drei Meinungen vor. Bitte sagen Sie mir jeweils, ob Sie der Meinung voll und ganz, eher, teils-teils, eher nicht oder überhaupt nicht zustimmen.
...
Leute wie ich haben so oder so keinen Einfluß darauf, was die Regierung tut.

Politisches Interesse
Wie stark interessieren Sie sich für Politik? Würden Sie sagen sehr stark, ziemlich stark, mittel, weniger stark oder überhaupt nicht?

Literaturverzeichnis

Alvarez, R. Michael, 1997: Information and Elections. Ann Arbor: The University of Michigan Press.

Collier, Kenneth; *Ordeshook*, Peter C. and Kenneth *Williams*, 1989: The rationally uninformed electorate: Some experimental evidence. In: Public Choice, 60, 3-29.

Davis, Otto A.; *Hinich*, Melvin J. and Peter C. *Ordeshook*, 1970: An Expository Development of a Mathematical Model of the Electoral Process. In: American Political Science Review, 64, 426-448.

Downs, Anthony, 1957: An Economic Theory of Democracy. New York: Harper&Row

Enelow, James M. and Melvin J. *Hinich*, 1984: The spatial theory of voting. An introduction. Cambridge: Cambridge University Press.

Enelow, James M. and Melvin J. *Hinich*, 1989: A general probabilistic spatial theory of elections. In: Public Choice, 61, 101-113.

Enelow, James M. and Melvin J. *Hinich* (Hrsg.), 1990: Advances in the Spatial Theory of Voting. Cambridge: Cambridge University Press

Enelow, James M.; *Endersby*, James W. and Michale C. *Munger*, 1995: A Revised Probabilistic Spatial Model of Elections: Theory and Evidence. S. 125-140 in: *Grofman* Bernard (Hrsg.). Information, Participation, and Choice. Ann Arbor, Mich.: The University of Michigan Press.

Fuchs, Dieter und Steffen *Kühnel*, 1994: Wählen als rationales Handeln: Anmerkungen zum Nutzen des Rational-Choice-Ansatzes in der empirischen Wahlforschung. S. 305-364 in: *Klingemann*, Hans-Dieter und Max *Kaase* (Hrsg.): Wahlen und Wähler. Analysen aus Anlaß der Bundestagswahl 1990. Opladen: Westdeutscher Verlag.

Gabriel, Oscar W. und Everhard *Holtmann* (Hrsg.), 1997: Handbuch Politisches System der Bundesrepublik Deutschland. München-Wien: Oldenbourg

Grofman, Bernard (Hrsg.), 1995a: Information, Participation, and Choice. Ann Arbor: The University of Michigan Press.

Grofman, Bernard, 1995b: Is Turnout the Paradox That Ate Rational Choice Theory? S. 93-103 in: *Grofman*, Bernard (Hrsg.): Information, Participation, and Choice. Ann Arbor, Mich.: The University of Michigan Press.

Hinich, Melvin J.und Michael C. *Munger* 1997. Analytical Politics. Cambridge: Cambridge University Press.

Hirshleifer, Jack und John G. *Riley*, 1992. The Analytics of Uncertainty and Information. Cambridge: Cambridge University Press.

Hotelling, Harold, 1929:. Stability in Competition. In: The Economic Journal, 39, 41-57.

Merrill, Samuel und Bernard *Grofman*, 1999: A Unified Theory of Voting. Directional and Proximity Spatial Models. Cambridge: Cambridge University Press.

Riker, William H. und Peter C. *Ordeshook*, 1968: A Theory of the Calculus of Voting. In: American Political Science Review, 62, 25-42.

Riker, William H. und Peter C. *Ordeshook*, 1973: An Introduction to Positive Political Theory. Englewood Cliffs, N.J: Prentice-Hall, Inc.

Smithies, A., 1941: Optimum Location in Spatial Competition. In: Journal of Political Economy 49, 423-439

Thurner, Paul W., 1998: Wählen als rationale Entscheidung. Die Modellierung von Politikreaktionen im Mehrparteiensystem. München: Oldenbourg

Wright, Georg Henrik von, 1991: Erklären und Verstehen. Frankfurt am Main: Verlag Anton Hain

Framing ist nicht gleich Framing. Eine Typologie unterschiedlicher Framing-Effekte und Theorien zu ihrer Erklärung

Volker Stocké

Zusammenfassung

Beim Phänomen der Framing-Effekte wird generell beobachtet, daß sich instrumentell irrelevante Einflußfaktoren auf das Entscheidungsverhalten der Akteure auswirken. Diese Einflüsse können somit nicht im Rahmen einer einfachen Rational-Choice Modellierung erfaßt werden. Eine angemessene Erklärung und Prognose von Framing-Effekten wird außerdem durch weitere Probleme erschwert. So werden sehr heterogene Phänomene unterschiedslos unter dem Label „Framing Effekte" zusammengefaßt. Dies trifft für die Nominaldefinition des Konzeptes genauso zu, wie für die konkret herangezogenen Operationalisierungen der untersuchten Einflußfaktoren. Die großen inhaltlichen Unterschiede der vorliegenden Definitionen und die Pluralität der vorliegenden empirischen Phänomene spiegelt sich auch in den Theorien zur Erklärung von Framing-Effekten wider: Hier werden zum Teil sehr unterschiedliche Ursachen für die Entstehung der Effekte angegeben, so daß eine Prognose der insgesamt gültigen Entstehungsbedingungen nicht möglich ist. Vor diesem Hintergrund kann die beobachtbare Tendenz zur theoretischen Vereinheitlichung des Forschungsfeldes prinzipiell als Fortschritt gewertet werden: Die „Prospect Theory" entwickelt sich zunehmend zum dominanten Paradigma zur Erklärung von Framing-Effekten. Die Angemessenheit dieser Theorie muß allerdings vor dem Hintergrund theoretischer Argumente und empirischer Ergebnisse stark angezweifelt werden. In dem vorliegenden Beitrag wird die Hypothese vertreten, daß die vorliegenden Probleme dann gelöst und eine angemessenere Erklärung der vorliegenden Effekte erreicht werden kann, wenn drei Typen von Framing-Einflüßen unterschieden werden. Es handelt sich hierbei um den ambiguitäts-, den heuristik- und den schemabasierten Effekt-Typ. Es wird gleichzeitig angenommen, daß sich die Framing-Bedingungen jeweils vermittelt durch spezifische Prozesse auf das Entscheidungsverhalten der Akteure auswirken. Auf der Grundlage dieser Typologie wird gezeigt, daß sich auch die vorliegenden Framing-Theorien zu drei Gruppen mit einer jeweils ähnlichen Erklärungslogik zusammenfassen lassen. Vor dem Hintergrund der vorliegenden Analyse ergibt sich die Forderung nach einer Konkretisierung der teilweise vage formulierten Erklärungsargumente, so daß der Rational-Choice Ansatz durch drei theoretische „Module" mit jeweils spezifischen Anwendungsbedingungen ergänzt werden kann.[1]

1. Einleitung und Problemstellung

Der ökonomische Ansatz zur Erklärung menschlichen Verhaltens kommt in jüngster Zeit verstärkt auch bei der Erklärung von Entscheidungsverhalten außerhalb des klassischen Gegenstandsbereiches der Wirtschaftswissenschaften zur Anwendung. Dabei werden immer mehr Erklärungsgegenstände erfaßt, die bisher als typische Anwendungsfelder anderer Sozialwissenschaften betrachtet wurden. In neueren Arbeiten wird der ökonomische Erklärungsansatz beispielsweise bei der Erklärung des Befragtenverhaltens, bei der Prognose krimineller Handlungen sowie bei der Analyse der Entstehungsbedingungen sozialer Bewegungen und räumlicher Wanderungsströme herangezogen (Esser 1993; Hellman/Alper 1993; Kalter 1997; Opp et al. 1995; Schnell 1997). Obwohl der Rational-Choice Ansatz somit inzwischen einen annähernd globalen Anspruch auf die Erklärung menschlichen Verhaltens erhebt, wächst jedoch auch die empirisch fundierte Kritik an dessen Eignung als allgemeines Modell menschlichen Verhaltens (vgl. beispielsweise: Abell 1992; Aretz 1997; Coleman/Fararo 1992; Green/Shapiro 1994). In dieser Hinsicht wird die spezielle Anomalie der Framing-Effekte als besonders bedeutsam angesehen. Hierbei wird generell beobachtet, daß oft minimale Veränderungen in der Art der Informationsvermittlung und geringfügige Variationen des Entscheidungskontextes zu teilweise dramatischen Veränderungen im Entscheidungsverhalten der Akteure führen. Da es sich um instrumentell scheinbar irrelevante Faktoren handelt, werden Framing-Effekte im allgemeinen als schwerwiegende Anomalie des Rational-Choice Ansatzes betrachtet.

In der Framing-Forschung liegen insgesamt sehr unterschiedliche Nominaldefinitionen darüber vor, was konkret unter Framing-Effekten verstanden werden soll. In einer sehr allgemeinen Art und Weise läßt sich das Konzept des Frames wie folgt definieren:

1   Der Verfasser dankt Hartmut Esser, Johannes Kopp und zwei anonymen Gutachtern für hilfreiche Kommentare zu einer früheren Version der vorliegenden Untersuchung.

„A decision frame is the perspective through which a decision maker views the alternatives in a decision problem" (Marshall et al. 1995).

Die vorliegenden konkreten Framing-Konzepte unterscheiden sich allerdings in deutlichem Umfang darin, worin die wechselnde Perspektive der Entscheider besteht und wodurch diese bestimmt wird. So wird einerseits das Streben der Akteure zur Vereinfachung der jeweiligen Entscheidungsaufgabe und zur Reduzierung der dabei relevanten Informationen in den Mittelpunkt gestellt. Bei dieser Definition des Framing-Begriffs spielt die „Bounded Rationality" und die Tendenz zum „Satisficing" die zentrale Rolle:

„We call the mental structure people create to simplify and organize the world decision 'frames'. Frames keep complexity within the dimensions our minds can manage" (Russo/Schoemaker 1989: 15).

Dagegen wird in anderen Definitionen die subjektive Perspektive der Entscheider mit dem Problem fehlender Informationen in Zusammenhang gebracht. Unter dieser Bedingung treten dann Diskrepanzen zwischen den objektiv vorliegenden Entscheidungsrandbedingungen und deren subjektiven Repräsentation bei den Entscheidern auf. Ein Frame beinhaltet entsprechend eine spezifische Interpretation der objektiven Handlungsumwelt unter der Bedingung mangelnder Informationsverfügbarkeit:

„The framing effect has been interpreted in terms of the perceptual process by which objective levels of the stimuli are transformed into subjective values. It is predicted, therefore, only when information is available for the attribute, because the frame affects the perception of this information" (Johnson 1987).

Bei anderen Interpretationen des Framing-Begriffs steht ebenfalls die Ausbildung von Erwartungen bei den Akteuren stark im Mittelpunkt. Dabei werden sozial geteilte Wissensbestandteile wie Normen, Werte sowie Einstellungen und „Beliefs" als Grundlage der Frames angesehen:

„The concept of frame of reference has been used to designate the incorporation within the individual of certain social norms, values, beliefs, attitudes, desires, etc., as a result of learning" (Edwards 1941).

Abgesehen von den angesprochenen Nominaldefinitionen des Framing-Begriffs liegen den meisten Beiträgen der Framing-Forschung jedoch ausschließlich operationale Definitionen des Konzeptes zugrunde. Hier muß der Inhalt der Definition indirekt aus der Operationalisierung der Framing-Bedingungen erschlossen werden. So wird das Framing-Konzept in einer Reihe von Studien beispielsweise auf Entscheidungen zwischen Lotterien mit

Gewinn- oder Verlustpotentialen angewendet. Framing-Effekte liegen dann vor, wenn sich die Entscheidungen und speziell das Risikoverhalten bei Lotterien mit reinem Gewinnpotential von dem bei strukturgleichen Lotterien mit ausschließlichem Verlustpotential unterscheiden (als Beispiel vgl. Mano 1994). Die Framing-Bedingungen beruhen hier auf objektiven Ergebnisunterschieden und nicht nur auf deren subjektiven Wahrnehmung durch die Entscheider.

Teilweise werden die Framing-Bedingungen – beispielsweise im Bereich der Verhandlungsführung – auch durch Unterschiede in der Darstellungskomplexität der Entscheidungsprobleme operationalisiert. Dabei ist dann das Dominanzverhältnis zwischen den Handlungsalternativen bei den verschiedenen Framing-Bedingungen nur mit unterschiedlich hohem kognitiven Aufwand erkennbar (De Dreu et al. 1994). Wie bei der oben angesprochenen Nominaldefinition werden auch hier die beobachteten Unterschiede im Entscheidungsverhalten implizit auf die verschieden starke Tendenz zur Verwendung von heuristischen Strategien der Handlungsselektion zurückgeführt.

Der Framing-Begriff wird auch zur Erklärung von Entscheidungen im medizinischen Bereich - etwa bei der Wahl unterschiedlicher Behandlungsformen - herangezogen (vgl. beispielsweise Bier/Connell 1994; Christensen et al. 1995). Bei der Entscheidung zwischen einer medizinischen Maßnahme und der Nichtbehandlung wird für erstere entweder nur die Todes- oder Überlebenswahrscheinlichkeit dargestellt, während für die zweite Option immer die Lebenserwartung genannt wird (Wilson et al. 1987). Bei dieser Operationalisierung des Framing-Konzeptes steht – genau wie bei einer Reihe anderer Framing-Studien – die Selektivität der Informationspräsentation im Mittelpunkt (vgl. hierzu auch: Ganzach et al. 1997; Smith/Nagle 1995).

Auch bei der Erklärung moralischer Urteile und Fairness-Bewertungen wird das Framing-Konzept herangezogen (De Dreu 1996; Elliott et al. 1998; Kahneman et al. 1986). Hier steht der Einfluß symbolisch fundierter und instrumentell irrelevanter Faktoren auf die resultierenden Gerechtigkeitsurteile der Akteure im Mittelpunkt der Untersuchungen. Framing-Effekte liegen dann vor, wenn sich in Abhängigkeit von den Darstellungsvarianten unterschiedliche, moralisch basierte Handlungsselektionen ergeben (Petrinovich/ O´Neill 1996). Bei diesen Studien werden Framing-Effekte implizit auf die Aktivierung (normativer) Schemata zurückgeführt.

Da die angesprochenen, sehr unterschiedlichen Einflußfaktoren undifferenziert unter dem Framing-Begriff subsumiert werden, wird eine gezielte Modifikation des Rational-Choice Ansatzes zu deren Integration erschwert. Bei einer näheren Betrachtung der vorliegenden Definitionen und Operationalisierungen lassen sich jedoch vier Typen unterscheiden. Bei der *ersten* Verwendung des Konzeptes beziehen sich die Unterschiede zwischen den Framing-Bedingungen auf das objektive Ergebnispotential der Handlungsalternativen, wobei sich das Entscheidungsverhalten bei Gewinnen und Verlusten unterscheidet. Bei diesen Einflüssen handelt es sich allerdings um „Reflection

Effects" und nicht um Framing-Einflüsse im engeren Sinne (Fagley 1993). Im Mittelpunkt der *zweiten* Art der Definition steht die unterschiedliche Elaboriertheit der Informationsverarbeitungsmodi der Akteure und die damit verbundene Tendenz zur Verwendung suboptimaler Entscheidungskriterien. Die *dritte* Gruppe von Framing-Konzepten beruht dagegen auf der selektiven Darstellung der entscheidungsrelevanten Information und der resultierenden Informationsunsicherheit der Akteure. Schließlich kann bei einer *vierten* Gruppe von Framing-Konzepten die selektive Aktivierung schematischer Wissens- und Bewertungsstrukturen als definitorisches Merkmal identifiziert werden. Es läßt sich somit zusammenfassend feststellen, daß die undifferenzierte Bezeichnung der angesprochenen Phänomene als Framing-Effekte eine unangemessene Ähnlichkeit in der Qualität und den Entstehungsbedingungen der jeweiligen Effekte suggeriert. Damit verdient die Unterscheidung unterschiedlicher Effekt-Typen, und somit eine angemessene Strukturierung der abhängigen Variable im Bereich der Framing-Forschung, ein deutlich höheres Ausmaß an Beachtung, als dies derzeit der Fall ist. Die folgende Untersuchung soll hierzu einen Beitrag leisten. Dabei wird im ersten Schritt die „Prospect Theory" als derzeit dominanter Erklärungsansatz für Framing-Effekte kurz skizziert und deren theoretische sowie empirische Unzulänglichkeit diskutiert. In den danach folgenden drei Abschnitten wird dann argumentiert, daß sich die ansonsten vorliegenden Framing-Theorien zu drei Gruppen mit einer jeweils ähnlichen Erklärungslogik zusammenfassen lassen. Es soll gezeigt werden, daß die dabei angenommenen Entstehungsprozesse auf die Erklärung der gerade skizzierten Framing-Typen abzielen. Zur Illustration wird jeder der drei Theoriegruppen ein Beispiel für empirisch beobachtete Framing-Einflüsse vorangestellt, die in deren Rahmen plausibel erklärt werden können. Dabei soll betont werden, daß für die Erklärung dieser Framing-Effekte gleichzeitig unterschiedliche Entstehungsprozesse relevant sein können. Zum Abschluß der Untersuchung werden wir die Ergebnisse zusammenfassen und deren Bedeutung diskutieren.

2. Die „Prospect Theory" als Erklärung für Framing-Effekte

Trotz der angesprochenen Vielfalt der Framing-Konzepte zeichnet sich dennoch im Bereich der Framing-Forschung eine gewisse Tendenz zur theoretischen Vereinheitlichung ab. So muß die „Prospect Theory" inzwischen als das dominante theoretische Paradigma zur Erklärung von Framing-Effekten angesehen werden (Tversky/Kahneman 1981; Tversky/Kahneman 1992; Wakker/Tversky 1993). Angesichts der vorliegenden Heterogenität der zu erklärenden Phänomene muß diese Entwicklung jedoch eher als problematisch erachtet werden. Abgesehen davon wird die Angemessenheit des Erklärungsansatzes sowohl durch theoretische Unklarheiten als auch durch empirisch begründete Zweifel stark in Frage gestellt. Bei der „Prospect Theory" handelt es sich um eine stark modifizierte und um psychologische Bestandteile ergänzte Version der Erwartungsnutzentheorie. Die Grundstruktur der Erklärung folgt dabei weiterhin der Logik des Rational-Choice Ansatzes, so daß in jedem Fall die Maximierung des Erwartungsnutzens als Entscheidungsregel angenommen wird. In drei Bereichen liegen allerdings bedeutsame theoretische Abweichungen von der neoklassischen Version des ökonomischen Erklärungsansatzes vor.

So wird *erstens* davon ausgegangen, daß sich die objektiv bestehenden Erfolgswahrscheinlichkeiten nicht in einer linearen Art und Weise in die subjektiven Erfolgserwartungen der Akteure umsetzen: Kleine Wahrscheinlichkeiten werden systematisch überschätzt, während die Akteure hohen und mittleren Wahrscheinlichkeiten ein zu geringes Gewicht zuschreiben. Nur an den Extrempunkten der Wahrscheinlichkeitsverteilung - bei sicheren und unmöglichen Ereignissen - wird von einer Übereinstimmung zwischen der objektiven Realität und deren subjektiver Repräsentation ausgegangen. Die jeweils resultierenden Wahrscheinlichkeitsgewichte $\pi(p)$ lassen sich durch die Gewichtungsfunktion der „Prospect Theory" abbilden (vgl. Abbildung 1).

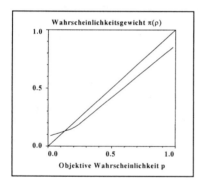
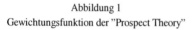
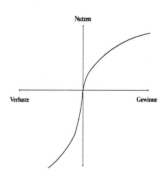

| Abbildung 1 | Abbildung 2 |
| Gewichtungsfunktion der "Prospect Theory" | Nutzenfunktion der "Prospect Theory" |

Die zweite Abweichung von den Annahmen des ökonomischen Entscheidungsmodells kann im Postulat der Referenzpunktabhängigkeit menschlichen Entscheidungsverhaltens gesehen werden. Demnach werden Handlungsalternativen nicht in Bezug auf das resultierende absolute Endergebnis, sondern immer auf der Basis ihres positiven oder negativen Veränderungspotentials beurteilt: Bei Gewinnen und Verlusten wird gleichermaßen von der Wirksamkeit abnehmender Grenzeffekte ausgegangen, so daß die Bewertung von

Verbesserungspotentialen durch eine konkave und jene möglicher Verschlechterungen durch eine konvexe Nutzenfunktion abgebildet werden kann. Als Resultat ergibt sich ein insgesamt S-förmiger Verlauf der Nutzenfunktion, deren Spiegelpunkt durch den aktuellen Status quo der Akteure repräsentiert wird. Eine weitere Besonderheit der Nutzenfunktion besteht darin, daß Verluste einen größeren Einfluß auf das Wohlbefinden der Akteure ausüben, verglichen mit gleich großen Gewinnen. Diese Annahme drückt sich in der größeren Steigung der Nutzenfunktion im negativen Ergebnisbereich aus (vgl. Abbildung 2).

Bei der *dritten* Modifikation des Rational-Choice Ansatzes handelt es sich um die eigentliche Framing-Hypothese der „Prospect Theory". Dabei wird angenommen, daß die Definition der Entscheidung als Gewinn- oder Verlustsituation nicht nur durch das objektive Ergebnispotential der Handlungsalternativen bestimmt wird. Vielmehr wirken sich auch andere, instrumentell irrelevante Aspekte auf die mentale Repräsentation des Status quos aus. Welcher der beiden Frames in einer konkreten Entscheidungssituation herangezogen wird, ergibt sich beispielsweise aus den Erwartungen, den Normen oder dem Anspruchsniveau der Akteure. Auch und vor allem die Art der Informationsdarstellung wird in dieser Hinsicht als bedeutsam angesehen.

Die Gesamtbewertung der Handlungsoptionen ergibt sich auf der Grundlage der mentalen Repräsentation der Erfolgswahrscheinlichkeiten und der jeweils framespezifischen Bewertung der Ergebnispotentiale. Bei Entscheidungen unter Unsicherheit lassen sich auf der Basis der jeweils gültigen Frames und der damit angenommenen Form der Nutzenfunktion Unterschiede im erwarteten Risikoverhalten der Entscheider ableiten: Bei Entscheidungen im Verlust-Frame wird risikofreudiges und bei Gültigkeit eines Gewinn-Frames risikoaverses Entscheidungsverhalten vorhergesagt. Dabei ist gleichgültig, ob die Frames auf objektiven Unterschieden in der Qualität der Ergebnisse oder auf anderen Bestimmungsfaktoren beruhen. In jedem Fall wird angenommen, daß die Qualität der Frames nicht durch die Akteure kontrolliert werden kann, so daß stabile Einflüsse auf das Entscheidungsverhalten vorhergesagt werden (Tversky/Kahneman 1981).

Die Erklärung von Framing-Effekten im Rahmen der „Prospect Theory" kann in mehrerer Hinsicht kritisiert werden. So muß *erstens* festgestellt werden, daß die Bestimmungsfaktoren der Referenzpunktsetzung und damit der zentrale Erklärungsfaktor der Theorie nicht eindeutig vorhergesagt werden kann. *Zweitens* wird die empirische Angemessenheit der Theorie durch experimentelle Ergebnisse beim sogenannten „Asian Disease Problem" (ADP) in Frage gestellt. Die hier ursprünglich beobachteten Formulierungseinflüsse werden als zentrale Bestätigung der „Prospect Theory" angesehen. Allerdings lassen sich diese Framing-Effekte in Replikationsstudien nur sehr instabil und keineswegs immer beobachten. Außerdem liegen Hinweise dafür vor, daß die beobachteten Einflüsse durch intervenierende Variablen vermittelt sind, die im Rahmen der „Prospect Theory" nicht prognostiziert werden können.

2.1 Theoretische Mängel der Erklärung

Bei der "Prospect Theory" wird angenommen, daß sich die mentale Repräsentation einer Problemstellung als Gewinn- oder Verlustsituation auf das Entscheidungsverhalten und speziell auf die Risikoeinstellung der Akteure auswirkt. Dabei ist von zentraler Bedeutung, worin die Akteure den Status quo und somit den Referenzpunkt der Entscheidungssituation sehen. Bei dessen Bestimmung konkurrieren unterschiedliche Determinanten, die häufig zu widersprüchlichen Prognosen führen können. So sind mit den Entscheidungsalternativen Ergebnisse oder Ergebnispotentiale einer bestimmten objektiven Qualität verbunden: Abgesehen von wirkungslosen Optionen beinhalten diese Ergebnisse immer Verbesserungen oder Verschlechterungen in Hinblick auf die Ausstattung mit positiv bewerteten „Gütern". Abgesehen von dieser objektiven Determinante des Referenzpunktes werden jedoch auch die Erwartungen der Akteure über mögliche Verbesserungen oder Verschlechterungen als Determinante des Frames angesehen (vgl. Jervis 1992). Es wird ebenfalls angenommen, daß Veränderungen des Status quo in der Vergangenheit die Qualität des Frames beeinflußt: Werden Verschlechterungen realisiert, so bewirkt dies für längere Zeit die Gültigkeit eines Verlust-Frames (McDermott 1992). Weiterhin wird die Qualität der Informationsdarstellung und die Verwendung unterschiedlicher sprachlicher Begriffe als bedeutsam angesehen: Eine positive oder negative Art der Informationsvermittlung erzeugt die entsprechende Situationsdefinition. Schon bei dieser unvollständigen Aufzählung der angenommenen Determinanten der Referenzpunktsetzung wird klar, daß häufig widersprüchliche Vorhersagen über den gerade gültigen Frame resultieren müssen. Es stellt sich somit die Frage, in welcher Art und Weise die unterschiedlichen Einflußfaktoren zusammenwirken. Diese Unklarheit im Zentrum der Framing-Hypothese läßt sich darauf zurückführen, daß die angesprochenen Determinanten des Referenzpunktes ausschließlich auf der Verallgemeinerung empirischer Beobachtungen basiert, während eine kohärente Theorie der Referenzpunktsetzung fehlt. Abgesehen von diesem Mangel in der theoretischen Bestimmtheit der Theorie muß ebenfalls die Frage gestellt werden, ob die angenommene Dichotomie von Gewinn- und Verlust-Frames als Erklärung der vorliegenden empirischen Phänomene hinreichend allgemein ist.

2.2 Zweifel an der empirischen Angemessenheit der Theorie

Die beim „Asian Disease Problem" (ADP) beobachteten Formulierungseffekte werden als wichtiger Beleg für die empirische Angemessenheit der „Prospect Theory" angesehen (Tversky/Kahneman 1981). Beim ADP müssen die Akteure zwischen einer sicheren und einer riskanten Alternative zur Bekämpfung einer fiktiven Krankheitsepidemie entscheiden. Die Problemstellung wird dabei zwei unterschiedlichen Gruppen von Befragten - es handelt sich um ein „Between Subjects Design" - entweder in einer positiven oder einer negativen Formulierungsversion vorgelegt. Bei der positiven Framing-Bedingung werden die Ergebnisse der beiden Wahlalternativen unter Verwendung des Begriffs „retten" präsentiert (200 von 600 bedrohten Menschen werden gerettet), während bei der negativen Darstellungsversion in jedem Fall der Begriff „sterben" herangezogen wird (400 von 600 bedrohten Menschen werden sterben). Obwohl die Formulierungsbedingungen logisch den gleichen Informationsgehalt haben, ergeben sich starke Unterschiede im Entscheidungsverhalten. Die Verläßlichkeit der vorliegenden Originalergebnisse wurde in einer Vielzahl von Replikationsstudien intensiv überprüft (als Überblick vgl. Stocké 1998). Dabei kann festgestellt werden, daß die Formulierungseffekte bei einigen Studien aus unbekannten Gründen nicht repliziert werden können (Kühberger 1995; Miller/Fagley 1991). Bei allen anderen Untersuchungen lassen sich signifikante Unterschiede im Entscheidungsverhalten zwischen den Formulierungsversionen feststellen, wobei die Stärke der Effekte jedoch in großem Ausmaß variiert. So schwankt der Anteil der Entscheidungsvarianz, der durch die Framing-Bedingungen erklärt werden kann, zwischen 30 Prozent bei einer Untersuchung von Sieck und Yates (1997) und 2% bei einer Studie von Kopp (1995).

Abgesehen von der Instabilität der Einflüsse liegen außerdem Belege dafür vor, daß die beobachteten Framing-Effekte durch die Wirksamkeit intervenierender Variablen vermittelt ist. So finden sich beispielsweise in einigen Studien Hinweise dafür, daß die Entstehung der Framing-Effekte durch die Vollständigkeit der jeweils dargestellten Entscheidungsinformation und die daraus resultierende Ergebnisunsicherheit der Entscheider beeinflußt wird (Kühberger 1995; Stocké 1998, 1999). Bei anderen Studien konnte weiterhin festgestellt werden, daß die Stärke der Framing-Effekte vom Inhalt des Entscheidungsgegenstandes abhängig ist (Zickar/Highhouse 1998). Als Ursache für diesen Einflußfaktor wird vermutet, daß die Akteure bei verschiedenen Entscheidungsgegenständen über ein jeweils variierendes Ausmaß an Hintergrundwissen verfügen und so die jeweils fehlenden Informationskomponenten mit unterschiedlicher Sicherheit ergänzen können (van der Pligt/van Schie 1990; van Schie/van der Pligt 1990). Bei der Entstehung von Framing-Effekten erweisen sich auch solche Faktoren als relevant, die als Operationalisierung der Entscheidungsmotivation und der kognitiven Beschränkungen der Akteure interpretiert werden können (Fagley/Miller 1987; Miller/Fagley 1991; Sieck/Yates 1997; Takemura 1993, 1992). Diese Schlußfolgerung wird auch dadurch gestützt, daß sich steigende Opportunitätskosten für eine falsche Entscheidung - es werden Erwartungswertunterschiede zwischen den Wahloptionen eingeführt - und individuelle Unterschiede im „Need for Cognition" als relevante Entstehungsbedingungen der Framing-Effekte erweisen (Smith/ Levin 1996). Es kann zusammenfassend festgestellt werden, daß eine ganze Reihe empirischer Ergebnisse für die Bedeutung zusätzlicher Randbedingungen bei der Entstehung von Framing-Effekten sprechen. Da die Wirksamkeit dieser Faktoren im Rahmen der „Prospect Theory" nicht erklärt werden kann, muß die empirische Angemessenheit oder zumindest die Vollständigkeit der Theorie prinzipiell in Frage gestellt werden. In den folgenden Abschnitten soll daher eine Typologie von Framing-Effekten sowie Theorien zu deren Erklärung dargestellt werden, in deren Rahmen die sich die vorliegenden Ergebnisse problemlos erklären lassen.

3.   Ambiguitätsbasierte Framing-Effekte

Ambiguitätsbasierte Framing-Effekte sind generell immer dann zu erwarten, wenn sich die Framing-Bedingungen auf die Verfügbarkeit oder wahrgenommene Verläßlichkeit der Entscheidungsinformationen auswirken. Die Existenz von Ergebnisambiguität beinhaltet allerdings nur eine notwendige, nicht aber hinreichende Bedingung für diese Art von Framing-Einflüssen. Zusätzlich müssen sich die resultierenden subjektiven Ergebniserwartungen zwischen den Framing-Bedingungen unterscheiden. Beide Voraussetzungen sind bei einer Vielzahl von Framing-Studien gleichzeitig erfüllt. So werden häufig Entscheidungsprobleme herangezogen, bei denen die Handlungsalternativen unterschiedlich bewertete Ergebnisaspekte beinhalten, wobei bei den Framing-Bedingungen jedoch entweder ausschließlich die positiven oder negativen Merkmale explizit dargestellt werden. Bei diesen Studien wird implizit angenommen, daß die Akteure die jeweils fehlenden Angaben - beispielsweise Komplementärwahrscheinlichkeiten für den Erfolg oder Mißerfolg einer Handlungsoption - problemlos ergänzen können. Diese Annahme muß jedoch angezweifelt werden, da die lokal verfügbare Informationsgrundlage eine solche Ergänzung keineswegs zwingend macht. Wenn sie dennoch stattfindet, muß dies eher als erklärungsbedürftiger Sachverhalt angesehen werden. Abgesehen vom Problem der fehlenden Informationskomponenten können sich auch andere, teilweise geringfügige Unterschiede im Entscheidungskontext auf die wahrgenommene Verläßlichkeit der Informationsbasis auswirken.

3.1 Ein Beispiel für ambiguitätsbasierte Framing-Effekte

Die skizzierte Bedeutsamkeit von Informationsmangel und Ambiguität für die Entstehung von Framing-Einflüssen kann durch eine Studie aus dem Bereich der Konsumforschung demonstriert werden. Die Ergebnisse zeigen, daß sich qualitativ unterschiedliche Produktbeschreibungen - bei dem Produkt handelt es sich um Hackfleisch - in starkem Ausmaß auf die Bewertungen potentieller Konsumenten auswirken (Levin 1987). Im Rahmen der positiven Framing-Bedingung wird das Hackfleisch durch einen Fleischanteil von 75 Prozent charakterisiert. Dagegen wird bei der negativen Art der Informationspräsentation nur der Fettgehalt des Produktes, nämlich 25 Prozent, angegeben. Bei beiden Formulierungsbedingungen sollen die Versuchspersonen die Eigenschaften und die Qualität des Produktes bewerten. Das Entscheidungsproblem wird bei positiver Formulierung wie folgt präsentiert (in Klammern die Angaben bei der negativen Darstellungsversion):

„In this brief survey we want to know what associations or thoughts come to mind when making consumer purchases. We will present you with pairs of possible associations. In each pair we want you to indicate by filling in one of the squares which item in the pair you are most apt to associate with a purcase of 75% lean (25% fat) ground beef and the extent to which you associate the purchase with that item rather than the other item in the pair".

Es zeigen sich signifikante Einflüsse der Formulierungsbedingungen auf die Bewertung des Produktes: Bei Verwendung der positiven Art der Informationsdarstellung ergeben sich immer vorteilhaftere Produktwahrnehmungen. Es kann angenommen werden, daß sich diese Einflüsse aus der selektiven Informationspräsentation und der resultierenden partiellen Ambiguität über die insgesamt vorliegende Produktzusammensetzung ergeben. Wird das Hackfleisch durch einen Fleischgehalt von 75 Prozent charakterisiert, so kann der subjektiv erwartete Fettanteil prinzipiell zwischen 25 und Null Prozent variieren. Eine noch größere Variation der subjektiven „Beliefs" ist dann möglich, wenn ausschließlich der Fettanteil explizit genannt wird: Bei dieser Framing-Bedingung kann der subjektiv wahrgenommene Fleischanteil alle Werte zwischen 75 und Null Prozent annehmen. Diese Unsicherheit über die jeweils ungenannten Inhalte des Hackfleischs kann darauf zurückgeführt werden, daß dieses nicht unbedingt nur aus zwei Komponenten bestehen muß.[2]

---

2   Es kann bei dem vorliegenden Beispiel nicht ausgeschlossen werden, daß auch der heuristikbasierte Mechanismus zur Entstehung der Framing-Effekte beiträgt. Demnach liegt bei

3.2   Theorien zur Erklärung ambiguitätsbasierter Framing-Effekte

Ambiguitätsbasierte Framing-Effekte entstehen unter der Bedingung von Informationsmangel und (partieller) Ambiguität, wobei sich die Entscheider subjektive Erwartungen über die Ausprägung der ungenannten Informationskomponenten ausbilden. Eine angemessene Erklärung macht daher im ersten Schritt eine möglichst weitgehende theoretische Rekonstruktion der subjektiven Akteurserwartungen notwendig. In einem zweiten Schritt lassen sich diese dann, im Rahmen einer SEU-Modellierung zur Prognose des Entscheidungsverhaltens heranziehen. Im folgenden werden solche Erklärungsansätze kurz skizziert, auf deren Basis Framing-Effekte als Resultat unterschiedlicher subjektiver Erwartungen unter der Bedingung von Informationsmangel erklärt werden (für eine ausführlichere Darstellung der Ansätze vgl. Stocké 1999: 43). Diese folgenden Theorien werden zum Teil explizit zu diesem Zweck vorgeschlagen, teilweise handelt es sich aber auch um Ansätze mit einem allgemeineren Erklärungsanspruch.

Das „Inferred Information Model": Im Rahmen des „Inferred Information Model" können Framing-Effekten dann erwartet werden, wenn für die Entscheider mehr als ein Ergebnisaspekt der Handlungsoptionen relevant ist und zumindest einer dieser Aspekte bei einer der Framing-Bedingungen unvollständig dargestellt wird (Johnson 1987; Levin et al. 1986). Das Entscheidungsverhalten wird bei der Theorie dadurch erklärt, daß Handlungsalternativen auf der Grundlage positiver oder negativer Assoziationen evaluiert werden. Eine solche Bewertung erfolgt potentiell auf der Grundlage aller Merkmale der Optionen, wobei diese Einzelurteile aufaddiert werden. Wenn nun Informationen über die Ausprägung einer Merkmalsdimension – beispielsweise der Fettgehalt von Hackfleisch - bei den Framing-Bedingungen nicht verfügbar sind, so wird deren Inhalt durch die Akteure ergänzt. Als Grundlage der hierbei notwendigen Schlußfolgerungen ziehen die Akteure ihr Hintergrundwissen über den Zusammenhang zwischen den unbekannten und verfügbaren Merkmalen eines Bewertungsgegenstandes heran. Gehen die Akteure in dieser Hinsicht von der Existenz einer hohen positiven Korrelation zwischen den Merkmalsdimensionen aus, so impliziert eine hohe Merkmalsausprägung auf der bekannten Dimension automatisch entsprechende Werte bezüglich der unbekannten Merkmale. Dem vorliegenden Modell entsprechend sollten Framing-Effekte vom ambiguitätsbasierten Typ dann auftreten, wenn das Hintergrundwissen der Akteure bei den Framing-Bedingungen zu

---

den Entscheidern keine genuine Unsicherheit über die Zusammensetzung des Produktes vor, vielmehr werden die ungenannten, aber prinzipiell als ergänzbar angesehenen Komplementärwerte wegen der Verwendung einer oberflächlichen Art der Informationsverarbeitung nicht berücksichtigt.

unterschiedlichen Schlußfolgerungen führt. Bezogen auf das oben dargestellte Hackfleisch-Beispiel bedeutet dies, daß die subjektive Repräsentation der beiden Framing-Bedingungen nur dann übereinstimmt, wenn eine perfekt negative Korrelation zwischen den verfügbaren und fehlenden Prozentangaben angenommen wird. Schon bei einer wahrgenommenen Korrelation, die auch nur minimal unter einem Wert von minus eins liegt, werden Unterschiede in den Bewertungsgrundlagen der Akteure zwischen den Framing-Bedingungen erwartet (Levin et al. 1986).

Die Bedeutung von Konversationsnormen als Erklärung für Framing-Effekte: Beim vorliegenden Ansatz zur Erklärung von Entscheidungsverhalten wird angenommen, daß jede Kommunikation durch vier sozial geteilte und normativ definierte Maximen strukturiert wird (Grice 1975). Dabei handelt es sich um die „Maxim of Quality", die „Maxim of Relation" und die „Maxim of Manner". Von besonderer Bedeutung für die Erklärung von Framing- Einflüssen ist jedoch die „Maxim of Quantity": Kommunikationsbeiträge sollen demnach so informativ wie nötig und so sparsam wie möglich sein. Aus dem sozial geteilten Charakter der Kommunikationsnormen ergibt sich die Annahme, daß diese gleichermaßen das Verhalten der Informationssender und das Verständnis der Informationsempfänger bestimmen. Auch in entscheidungstheoretischen Experimenten interpretieren die Interaktionspartner alle Kommunikationsbeiträge vor dem Hintergrund der im Alltag gültigen Kommunikationsnormen. Durch die Verwendung dieses Regelwissens bilden sich die Versuchspersonen Erwartungen über die intendierten Kommunikationsinhalte aus, gehen dabei über die in der Situation aktuell verfügbare Information hinaus und sind somit zur Bewältigung unterschiedlicher Formen von Informationsmangel in der Lage (Schwarz 1994). Vor dem Hintergrund der „Maxim of Quantity" sehen die Akteure somit auch bei Forschungskontakten die exakte Formulierung experimenteller Stimuli sowie alle Aspekte der gesamten Forschungssituation als bedeutungsvoll an: Diese Oberflächenphänomene - beispielsweise ob bei den Framing-Bedingungen Komplementärprozente explizit genannt werden oder nicht - werden der Intentionalität der Forscher zugeschrieben und daher grundsätzlich als informativ für die Interpretation der vorliegenden Evidenz angesehen (Schwarz 1994: 127). In Hinblick auf das obige Hackfleischbeispiel nehmen die Akteure demnach an, daß fehlende Prozentangaben über die Produktzusammensetzung als kompetenter und intentionaler Kommunikationsbeitrag aufgefaßt werden muß, durch den Unsicherheit über die Ausprägung des entsprechenden Entscheidungsparameters ausgedrückt werden soll. Framing-Effekte als Ergebnis von Informationsunsicherheit sollten dann nicht mehr auftreten, wenn die Hintergrundannahme über die Gültigkeit der Konversationsnormen entwertet wird, so daß die Unterschiede zwischen den Framing-Bedingungen nicht mehr als informativ angesehen werden. Dies ist beispielsweise dann der Fall, wenn angegeben wird, daß es sich bei dem aktuell vorliegenden Entscheidungsproblem nur um einen Pretest zur Entwicklung eines Experimentes handelt (Schwarz 1994: 142).

Die Theorie mentaler Modelle: Bei der Theorie mentaler Modelle wird untersucht, in welcher Weise die Akteure zu Schlußfolgerungen über unbekannte Eigenschaften der externen Realität in der Lage sind. Dabei ziehen die Akteure ihr Hintergrundwissen als Grundlage für ihr mentales Modell und damit zur Ausbildung subjektiver Erwartungen heran. Mentale Modelle sind gewissermaßen situational gültige Theorien über die Verhältnisse in der Handlungsumwelt, auf deren Grundlage Prognosen über den Inhalt fehlender Informationen möglich sind: Mentale Modelle einer Situation sind allerdings aus Gründen der beschränkten Akteursrationalität immer unvollständig und repräsentieren nur selektive und wechselnde Ausschnitte der Entscheidungsrealität. Der potentielle Einfluß unterschiedlicher Framing-Bedingungen kann darin gesehen werden, daß sich die hierbei vorliegende Selektivität in der Informationsdarstellung und die resultierende positive oder negative „Färbung" auf die mentalen Modelle der Akteure auswirken. Eine Revision dieser spontanen Situationsrepräsentation ist nur dann zu erwarten, wenn die Schlußfolgerungen des dominanten Modells mit den vorliegenden Daten oder alternativen Situationsmodellen in Widerspruch geraten. Unter dieser Bedingung suchen die Akteure aktiv nach mehr Information und damit nach einer vollständigeren Situationsrepräsentation, während sich ansonsten die Framing-Bedingungen vermittelt über die selektive mentale Repräsentation auf die „Beliefs" und damit auf das Entscheidungsverhalten der Akteure auswirken (Johnson-Laird 1986: 45).

Das Ambiguitätsmodell von Einhorn und Hogarth: Im Ambiguitätsmodell von Einhorn und Hogarth wird explizit die Entstehung von subjektiven Erwartungen unter der Bedingung unvollständiger oder unzuverlässiger Informationen erklärt (Einhorn/Hogarth 1985, 1987). Entsprechend steht die Frage im Mittelpunkt, durch welche Prozesse und auf welcher Grundlage die Akteure zu ihren entscheidungsrelevanten Überzeugungen und Erwartungen kommen. Die Entstehung subjektiver Wahrscheinlichkeiten wird im vorliegenden Modell durch den Prozeß der Ankersetzung und der anschließenden Korrektur der resultierenden Werte erklärt. Handelt es sich um eine Entscheidungssituation mit bestehender Ambiguität, so wird die plausibelste Wahrscheinlichkeit (p_A) als Ankerwert herangezogen. Im oben dargestellten Hackfleischbeispiel kann es sich hierbei um die ungenannten Komplementärwerte der Prozentangaben handeln. Ausgegend von dieser ersten Schätzung werden gleichzeitig aber Abweichungen in Richtung auf größere und kleinere Werte für möglich gehalten. Abweichungen nach unten werden durch den Parameter k_s und das größte Abweichungspotential nach oben durch den Parameter k_g erfaßt. Diese maximal für möglich gehaltene Streuung um den Ankerwert wird durch den Parameter Θ gewichtet, in dem sich das Ausmaß des Informationsmangels und die entsprechende Unsicherheit der Akteure ausdrückt. Die subjektive Wahrscheinlichkeit $S(p_A)$ ergibt sich insgesamt aus der Summe des Ankerwertes p_A und der gewichteten Differenz zwischen den für möglich gehaltenen Abweichungen. Durch den Parameter ß wird zusätzlich auch die Ambiguitätseinstellung der Akteure in das Modell eingeführt. Durch dieses Konzept wird die dispositionale oder situationsspezifische Tendenz der Entscheider erfaßt, sich verstärkt positive oder negative Abweichungen vom Ankerpunkt vorzustellen. Framing-Effekte des ambiguitätsbasierten Typus sind dann zu erwarten, wenn die Rekonstruktion der ungenannten Erfolgswahrscheinlichkeit bei einer Framing-Bedingung von der Ausprägung der explizit benannten Informationen bei einer anderen Framing-Bedingung abweicht. Hierfür ist erstens die Lage des Ankerpunktes relevant: Je stärker sich dieser an die Extremwerte der Wahrscheinlichkeitsverteilung annähert, desto weniger werden Abweichung in Richtung auf diese Extremwerte für möglich gehalten. Die fehlende Angabe über 75 Prozent Fleischanteil wird somit eher nach unten korrigiert. Die zweite Determinante der subjektiven Wahrscheinlichkeitsschätzung kann in der Ausprägung der Ambiguitätseinstellung ß gesehen werden: Je optimistischer die Akteure sind, desto eher erwarten die Akteure eine höhere Ausprägung der positiven und niedrigere Werte bei den negativen Produkteigenschaften, jeweils in Relation zum Ankerpunkt. Die genannten Determinanten wirken sich um so stärker auf die subjektiven Erwartungen der Akteure aus, wenn die Unsicherheit über die Informationsgrundlage zunimmt.

4.   Heuristikbasierte Framing-Effekte

Heuristikbasierte Framing-Effekte können immer dann erwartet werden, wenn sich die Framing-Bedingungen auf die Wahrscheinlichkeit für die Nutzung einfacher Entscheidungs- und Informationsverarbeitungsheuristiken auswirken. Bei der Verwendung solcher Heuristiken werden unterschiedliche, in jedem Fall jedoch leicht zugängliche Oberflächenmerkmale der Handlungsalternativen als heuristische Entscheidungskriterien herangezogen. Dabei ignorieren die Akteure entscheidungsrelevante Informationskomponenten, die nur mit höherem kognitivem Aufwand und damit nur bei der Verwendung einer elaborierteren Art der Informationsverarbeitung erschlossen werden können. Da bei einer heuristischen und elaborierten Art der Informationsverarbeitung unterschiedliche Aspekte der Handlungsalternativen entscheidungsrelevant werden können, muß mit entsprechenden Unterschieden im Entscheidungsverhalten gerechnet werden.
   Die Framing-Bedingungen können sich in zwei unterschiedlichen Arten auf die Wahrscheinlichkeit einer heuristischen Art der Entscheidungsfindung auswirken. So werden *erstens* die Handlungsalternativen im Rahmen der Framing-Bedingungen häufig in unterschiedlicher Art und Weise dargestellt. Die dabei jeweils resultierenden Oberflächenmerkmale der Optionen können

von den Akteuren als heuristische Selektionskriterien herangezogen werden. Es muß immer dann mit Framing-Effekten gerechnet werden, wenn sich deren Einfluß auf die Handlungswahlen zwischen den Framing-Bedingungen unterscheidet. *Zweitens* werden entscheidungsrelevante Informationen im Rahmen der Framing-Bedingungen oftmals in unterschiedlich komplexer Art und Weise dargestellt. Daraus resultieren entsprechend unterschiedliche Anforderungen an die kognitiven Verarbeitungsstrategien der Akteure. Übersteigen diese Ansprüche die Motivation oder die Fähigkeiten der Entscheider für eine elaborierte und damit vollständige Analyse der Entscheidungsgrundlagen, so muß mit heuristischen Strategien der Entscheidungsfindung gerechnet werden. Framing-Effekte sind dann zu erwarten, wenn aus diesem Grund bei den Darstellungsbedingungen verschiedene Verarbeitungsstrategien herangezogen werden und bei den Strategien gleichzeitig unterschiedliche Handlungswahlen resultieren. Insgesamt muß somit angenommen werden, daß bei der Prognose von Framing-Einflüssen die Qualität des Informationsverarbeitungsmodus von großer Bedeutung ist. Demnach beinhalten alle Determinanten des Verarbeitungsmodus potentiell Entstehungsbedingungen für heuristikbasierte Framing-Effekte.

Bei der Abgrenzung zwischen heuristik- und ambiguitätsbasierten Framing-Effekten ist das Kriterium der Informationsverfügbarkeit und die unterschiedliche Relevanz des Verarbeitungsmodus von zentraler Bedeutung. Beide Effekt-Typen lassen sich gleichermaßen auf die fehlende Berücksichtigung objektiv entscheidungsrelevanter Informationsbestandteile zurückführen. Beim ambiguitätsbasierten Effekt-Typ ist dies der Fall, da die betreffenden Informationen den Akteuren nicht verfügbar sind. Dagegen werden bei heuristikbasierten Framing-Effekten prinzipiell verfügbare Informationen in mehr oder weniger großem Umfang durch die Akteure „freiwillig" ignoriert. Das Ausmaß der hierbei zu erwartenden Ignoranz und die damit verbundene Stärke von Framing-Effekten lassen sich durch die Bestimmungsfaktoren der Informationsverarbeitungsmodi prognostizieren. Beim ambiguitätsbasierten Effekt-Typ ist dies dagegen nicht der Fall.

4.1   Ein Beispiel für heuristikbasierte Framing-Effekte

Bei einer Studie über das Entscheidungsverhalten im Bereich der Zeitverwendung lassen sich Framing-Effekte beobachten, die als Ergebnis einer Salienz-Heuristik interpretiert werden können (Paese 1995). Bei der Salienz-Heuristik handelt es sich um eine Daumenregel, die wie folgt formuliert werden kann: „Der erste Eindruck einer Handlungsoption ist der richtige". Die hier skizzierte theoretische Rekonstruktion der vorliegenden Ergebnisse ist auch auf eine Reihe anderer Studien übertragbar (beispielsweise: Ganzach et al 1997; Wilson et al. 1987). Im Rahmen der vorliegenden Problemstellung erwarten die Versuchspersonen am Anfang, daß sie eine Stunde an einem langweiligen

Experiment teilnehmen müssen. Bevor dieses Experiment durchgeführt wird, sollen die Akteure entscheiden, ob sie mit Sicherheit 40 Minuten teilnehmen oder anstelle dessen eine Lotterie spielen wollen. Bei dieser Lotterie besteht eine Chance von 1/3, daß die Entscheider sofort das Experiment verlassen dürfen. Dagegen muß mit einer Wahrscheinlichkeit von 2/3 die Aufgabe eine ganze Stunde durchgeführt werden. Bei den beiden Framing-Bedingungen wird entweder nur die Erfolgswahrscheinlichkeit oder aber ausschließlich die Wahrscheinlichkeit für einen negativen Ausgang der Lotterie dargestellt. Es zeigt sich, daß die sichere Alternative bei der negativen Formulierung als deutlich unattraktiver angesehen wird, verglichen mit den Präferenzen bei der positiven Darstellungsbedingung. Als Erklärung kann angenommen werden, daß die Akteure ausschließlich offensichtliche und ohne weitere Schlußfolgerungen zugängliche Entscheidungsinformationen heranziehen. Bei der positiven Formulierung sind für die sichere Handlungsoption ausschließlich wünschenswerte Konsequenzen sichtbar, während die riskante Option einen eher ambivalenten Eindruck vermittelt. Für die riskante Wahloption trifft dies auch bei der negativen Formulierungsbedingung zu. Dagegen werden hier für die sichere Alternative nur negative Konsequenzen explizit dargestellt. Die beobachteten Framing-Effekte können durch die unterschiedliche Sichtbarkeit positiver Ergebnisaspekte und die Verwendung einer Salienz-Heuristik erklärt werden. Demnach wird jene Handlungsoption gewählt, bei der die kognitiv leicht zugänglichen Konsequenzen am positivsten bewertet werden. Auch die Bedeutsamkeit von Ergebnisambiguität kann im vorliegenden Fall nicht a priori ausgeschlossen werden. Die Ergebnisse eines weiteren Experimentes belegen allerdings, daß die Stärke der beobachteten Framing-Einflüsse ansteigt, wenn sich die Entscheidung auf eine insgesamt kürzere Zeitdauer bezieht und somit die Kosten einer falschen Handlungsselektion sinken. Dieser Effekt kann als Einfluß der Entscheidermotivation und damit als Hinweis für die Wirksamkeit heuristischer Strategien der Informationsverarbeitung gewertet werden.

4.2   Theorien zur Erklärung heuristikbasierter Framing-Effekte

Es liegen eine Reihe von Framing-Theorien vor, bei denen Ursachen für Framing-Effekte angenommen werden, die sich dem heuristikbasierten Effekttyp zurechnen lassen. Dabei wird immer - mehr oder weniger explizit - angenommen, daß die Entscheider wegen mangelnder Motivation und/oder geringen kognitiven Fähigkeiten zur Verwendung einfacher Heuristiken als Entscheidungsregel neigen (für eine ausführliche Darstellung der hier nur skizzierten Theorien und weiterer Erklärungsansätze vgl. Stocké 1999: 64).

Die „Tie Breaker"-Hypothese: Mit der „Tie Breaker"-Hypothese wird eine sehr einfache Erklärung von Framing-Effekten vorgelegt. Demnach wirken sich die Framing-Bedingungen nur dann auf das Entscheidungsverhalten aus, wenn die Akteure zwischen den Wahloptionen indifferent sind. Bei vielen Problemstellungen im Bereich der Framing-Forschung beinhalten die Handlungsoptionen gleiche oder zumindest sehr ähnliche Ergebnisse: Bei der Selektion der „falschen" Option ergeben sich nur geringe Opportunitätskosten für die Akteure. So werden den Akteuren beim obigen Zeitbudget-Beispiel Handlungsoptionen mit gleichen Erwartungswerten und daher ähnlicher Attraktivität vorgegeben: Die Akteure sind daher häufig indifferent zwischen den Wahlalternativen. Unter dieser Bedingung - so die mehr oder weniger explizite Annahme - werden durch die Framing-Bedingungen heuristische „Cues" bereitgestellt, die als „Tie Breaker" herangezogen werden (Fagley/Miller 1987; Kopp 1995). Im Rahmen dieser Erklärungsskizze wird weiterhin als wichtig erachtet, daß die Akteure trotz fehlender Präferenz zu einer Entscheidung genötigt werden. Im Rahmen dieser Sichtweise werden Framing-Effekte generell auf den „Low Cost"-Charakter der Entscheidungssituationen und die Verfügbarkeit heuristischer Selektionskriterien zurückgeführt. Bei diesem Typ von Entscheidungen ergeben sich für die Akteure nur in geringem Ausmaß persönlich relevante Konsequenzen, so daß die Motivation für eine elaborierte und aufwendige Art der Entscheidungsfindung weitgehend fehlt (Kirchgässner/Pommerehne 1993).

Der Framing-Ansatz von Takemura: Beim Erklärungsansatz von Takemura handelt es sich mehr um eine Orientierungshypothese als um eine vollständige Theorie. Bei diesem Ansatz steht der Leitgedanke im Mittelpunkt, wonach die Elaboriertheit der Informationswahrnehmung und Informationsverarbeitung als grundlegende Entstehungsbedingung von Framing-Effekten angesehen werden muß. Aus den empirischen Arbeiten im Rahmen des Ansatzes ergibt sich eine operationale Definition des Begriffs der Elaboriertheit, wonach damit die Aufwendigkeit, Tiefe und Vollständigkeit der Informationswahrnehmung sowie der Informationsverarbeitung gemeint ist. Die Entstehung von Framing-Effekten beruht demnach auf der Verwendung einfacher und wenig elaborierter Heuristiken. Als Umsetzung der Elaboriertheitsdimension wird beim vorliegenden Ansatz beispielsweise eine öffentliche Begründungspflicht der jeweils getroffenen Entscheidung eingeführt (Takemura 1993). Unter dieser Bedingung erwarten die Akteure eine Bewertung ihres Entscheidungsverhaltens durch die soziale Umwelt, so daß verstärkt Konsequenzen für ihre soziale Anerkennung für möglich gehalten werden: Die Motivation für eine elaborierte Art der Entscheidungsfindung steigt. Im Rahmen des Erklärungsansatzes wird außerdem von der Wirksamkeit einer zweiten Determinante der Elaboriertheit und damit der Entstehung von Framing-Effekten ausgegangen. Es handelt sich hierbei um die Bedeutung von Zeitdruck als Operationalisierung für das Ausmaß bestehender kognitiver Beschränkungen (Takemura 1992). Steht mehr Zeit zur Wahrnehmung und Verarbeitung der entscheidungsrelevanten Informationen zur Verfügung, so steigt die Wahrscheinlichkeit einer elaborierten Informationsverarbeitung und es werden reduzierte Framing-Einflüsse erwartet. Die angenommenen Erklärungsfaktoren für die Entscheidungsrelevanz der Framing-Bedingungen können als Determinanten des Informationsverarbeitungsmodus interpretiert werden.

Die „Fuzzy Trace Theory“: Bei der „Fuzzy Trace Theory“ handelt es sich um einen Erklärungsansatz, bei dem die Tendenz der Akteure zum „Satisficing“ und damit zur Vereinfachung der Entscheidungsaufgabe im Mittelpunkt steht (Brainerd/Reyna 1990; Reyna/Brainerd 1995). Die Entscheider werden hier als „kognitive Geizkragen“ angesehen, deren Informationsverarbeitung auf dem „Least Effort“-Prinzip beruht. Bei der Befolgung dieses Prinzips wird der notwendige Aufwand für die Entscheidungsfindung durch die Verwendung von Heuristiken oder durch andere intuitive Entscheidungsprozesse auf ein Minimum beschränkt. Im Rahmen der Theorie wird angenommen, daß die Akteure im Normalfall nicht die Gesamtheit der verfügbaren Information als Entscheidungsgrundlage heranziehen. Vielmehr werden nur sehr reduzierte Kernelemente des verfügbaren Wissens im Kurzzeitgedächtnis bereitgehalten und bei der Problemlösung verwendet: Diese Kernelemente werden als „Gist“ bezeichnet. Dagegen fallen alle Detailinformationen den Vereinfachungsstrategien der Akteure zum Opfer und bleiben somit bei der Entscheidungsfindung unberücksichtigt. Dies gilt beispielsweise auch für quantitative Angaben über die zu erwartenden Handlungsergebnisse. Derartige Informationen werden nur in qualitativen und relationalen Kategorien wie „viel“, „einige“ oder „mehr als“ bei der Entscheidung berücksichtigt. Nicht nur die Informationswahrnehmung, sondern auch die Informationsverarbeitung folgt dem Prinzip der kognitiven Sparsamkeit und kann als intuitiv charakterisiert werden. Die Verwendung einer elaborierten und analytischen Art der Informationsverarbeitung wird im vorliegenden Erklärungsansatz dagegen als seltener, jedoch nicht ausgeschlossener Spezialfall angesehen.

Im obigen Zeitbudget-Experiment wird entweder eine Chance von 1/3 für einen positiven Ausgang oder ein 2/3 Risiko für einen negativen Ausgang angegeben. Im Rahmen der „Fuzzy Trace Theory“ wird in diesem Fall angenommen, daß die Entscheider als Vereinfachungsstrategie alle Zahlenangaben eliminieren und von einer rein qualitativen Repräsentation der Ergebnisse ausgehen: „Es besteht eine gewisse Chance für einen positiven Ausgang versus“ Es besteht ein gewisses Risiko für einen negativen Ausgang“. Auf der Grundlage dieser kognitiven Heuristik werden die gleichen Handlungsoptionen bei den Darstellungsvarianten als unterschiedlich attraktiv angesehen (Reyna/Ellis 1994).

5.   Schemabasierte Framing-Effekte

Bei der Entstehung schemabasierter Framing-Effekte wird angenommen, daß sich minimale Unterschiede zwischen den Framing-Bedingungen auf die Aktivierungswahrscheinlichkeit unterschiedlicher Arten von Schemata auswirken können. Eine solche Aktivierung erfolgt durch die Existenz signifikanter Symbole, die eng mit schematisch organisierten Gedächtnisinhalten bei den Akteuren verknüpft sind. In Hinblick auf die unterschiedlichen Inhalte der Schemata können drei Wirkungsweisen unterschieden werden: Die Bereitstellung von Zusatzwissen, die Aktivierung vorgefertigter Urteile und die fraglose Konzentration auf singuläre Ziele durch die Akteure. Diese Einflüsse beziehen sich immer auf ganze Klassen von Objekten, Personen oder Handlungssituationen. Werden Schemata durch die Framing-Bedingungen aktiviert, so können sich alle drei Schemainhalte auf das Entscheidungsverhalten auswirken. Da sich die Framing-Bedingungen häufig durch die Qualität der Informationsdarstellung unterscheiden, können sprachliche Symbole bei der Entstehung schemabasierter Framing-Effekte als besonders bedeutsam angesehen werden. So unterscheiden sich die Darstellungsvarianten potentiell darin, wie eindeutig eine stereotypisierte Gruppe benannt oder auf bestimmte Einstellungsgegenstände Bezug genommen wird. Weiterhin wirken sprachliche Begriffe als signifikante Symbole, durch die eine Verbindung zwischen der aktuellen Entscheidungssituation und gesellschaftlichen Institutionen hergestellt werden kann. Durch eine solche Verbindung wird dann die normative Einstellung der betreffenden Institution aktiviert und steuert potentiell die Zielorientierung der Akteure in der Entscheidungssituation. Durch Unterschiede im Kontext der Entscheidung können derartige Verbindungen auch unmittelbar mehr oder weniger hergestellt werden.

Ob jedoch die aktivierten Schemata handlungsrelevant werden und Framing-Einflüsse auf der Entscheidungsebene erwartet werden müssen, hängt vom Ausmaß der Kontrollanstrengungen der Akteure ab. In Übereinstimmung mit unterschiedlichen Modus-Theorien der Schemanutzung müssen in dieser Hinsicht verschiedene situationale und dispositionale Einflußfaktoren als relevant angesehen werden (vgl. beispielsweise: Fiske/Neuberg 1990). Demnach lassen sich die Entstehungsbedingungen schemabasierter Framing-Effekte nur dann vollständig prognostizieren, wenn gleichzeitig die Bestimmungsfaktoren der Schemaaktivierung und die Determinanten der Kontrollanstrengungen berücksichtigt werden.

5.1 Ein Beispiel für schemabasierte Framing-Effekte

In einer Studie von Ligthart und Lindenberg (1994) wird untersucht, welche Bedeutung die Zuschreibung verschiedener sozialer Rollen und die Existenz unterschiedlicher Beziehungstypen für die Tendenz zur Gewinnmaximierung haben. Im vorliegenden Experiment sollen die Versuchspersonen den Verkaufspreis eines Buches festlegen, wobei verschiedene Beziehungen zum potentiellen Käufer und unterschiedliche Rollen des Verkäufers vorgegeben werden. Die Beziehungsqualität wird dadurch variiert, indem es sich bei dem Käufer entweder um einen Fremden, einen Bekannten oder einen engen Freund des Verkäufers handelt. Gleichzeitig wird den Entscheidern entweder die Rolle eines Buchhändlers oder eines Studenten vorgegeben. Die Framing-Bedingungen ergeben sich aus der Kombination der unterschiedlich engen Beziehungstypen sowie den verschiedenen Rollenperspektiven der Akteure. Die Ergebnisse der Untersuchung zeigen, daß sich beide Experimentalbedingungen als Haupteffekt auf den jeweils geforderten Verkaufspreis auswirken. Es werden von den Versuchspersonen höhere Preise verlangt, wenn die Entscheidung aus der Perspektive eines professionellen Buchhändlers getroffen wird und wenn eine nur schwache soziale Beziehung zwischen den Transaktionspartnern vorliegt. Vor allem aber wird ein Interaktionseffekt zwischen den beiden Einflußdimensionen beobachtet. Demnach wirkt sich die Rollenperspektive um so stärker auf das ökonomische Gewinnstreben aus, je schwächer die bestehende Beziehung ist. Bei einer starken Solidaritätsbeziehung zu einem engen Freund erweist sich die Rollenorientierung als irrelevant für die Höhe des geforderten Verkaufspreises.

Die vorliegenden Ergebnisse können so interpretiert werden, daß mit steigender Intensität der Beziehungsqualität „guter Freund" die Solidaritätsnormen mit dem dominanten Ziel der Beziehungserhaltung immer zuverlässiger aktiviert werden: Ein Solidaritätsframe dominiert dann zunehmend stärker das Entscheidungsverhalten. Dagegen wirken sich die unterschiedlichen Rollenorientierungen potentiell als Störung für die wahrgenommene Passung des normativen Schemas in der jeweiligen Entscheidungssituation aus. Entsprechend wird die Passung eines Solidaritätsframes durch die Rollenvorgabe eines Buchhändlers reduziert, wobei dieser Einfluß mit abnehmender Aktivierungsstärke der normativen Orientierung zunehmend an Bedeutung gewinnt. Während bei einer Beziehung zu einem engen Freund die hohe Aktivierungsstärke des Solidaritätsframes kaum durch eine inkonsistente Rollenorientierung gestört wird, geht die Passung des normativen Schemas bei einer Beziehung zwischen einem Buchhändler und einem Fremden gegen Null. Unter dieser Bedingung steht dann die Zielsetzung einer Gewinnmaximierung im Mittelpunkt, so daß maximale Preisforderungen zu erwarten sind.

5.2   Theorien zur Erklärung schemabasierter Framing-Effekte

Im folgenden Abschnitt werden ausschließlich Ansätze skizziert, die speziell zur Erklärung von Framing-Effekten vorgeschlagen wurden. Dabei steht in jedem Fall die Wirksamkeit aktivierter Wissens- und Bewertungsschemata im Mittelpunkt der Ansätze. Abgesehen von diesen Theorien müssen auch allgemeinere Erklärungen als bedeutsam angesehen werden, die jedoch aus Platzmangel hier nicht dargestellt werden können. Dabei handelt es sich um bestimmte Versionen der Einstellungstheorie und speziell um das MODE-Model (Fazio 1990). Auch die Skripttheorie sowie das Konzept sozialer Normen müssen als allgemeine Ansätze zur Erklärung schemabasierter Framing-Effekte als bedeutsam angesehen werden (Abelson 1976; Popitz 1975; 1980; für eine ausführliche Darstellung der Theorien vgl. Stocké 1999: 81).

Die „Frame System Theory": In der „Frame System Theory" soll erklärt werden, in welcher Weise sich die Organisation des Wissens im Gedächtnis auf dessen Verwendung durch die Akteure auswirkt (Minsky 1990). Im Zentrum der Theorie steht hierbei die Annahme, daß Erfahrungswissen in der Form von kategorial organisierten Gedächtnisspuren repräsentiert ist. Diese Wissensstrukturen werden als Frames oder Rahmen bezeichnet. Ein Frame repräsentiert Wissen über Regelmäßigkeiten in der Handlungsumwelt der Akteure, aus dem sich Konsequenzen für die Wahrnehmungen, Erwartungen und Handlungen ergeben. Die Akteure verfügen beispielsweise über Erwartungen gegenüber Menschen (Personen-Rahmen), Erwartungen über die Struktur von Situationen (Bild-Rahmen) oder Erwartungen über den typischen Ablauf von Erzählungen (Geschichten-Rahmen) (Minsky 1990: 243). Diese Erwartungen basieren auf schematisch im Gedächtnis gespeicherten Erfahrungen über die typischen Eigenschaften von Personen-Gruppen, über die räumliche Struktur typischer Orte oder über den normalen Ablauf von Handlungen in Interaktionssituationen (Minsky 1990: 263).

Die Selektion eines Frames in einer spezifischen Situation wird durch sogenannte „Terminals" gesteuert. Diese Terminals beinhalten Kriterien über die typischen Anwendungsbedingungen der Frames und sind zusammen mit den Inhalten der Frames im Gedächtnis gespeichert. Es handelt sich hierbei um eine Art Prüfliste, auf deren Basis die Merkmale typischer Situationen, Personen oder sozialer Beziehungen als angemessene Anwendungsfälle der Frames definiert werden (Minsky 1977). Je mehr von diesen Eigenschaften im konkreten Einzelfall vorgefunden werden, desto eher erfolgt eine Frame-Aktivierung. Im oben geschilderten Experiment variiert das Ausmaß dieser Übereinstimmung mit der Nähe der jeweils eingeführten Beziehung zwischen den Interaktionspartnern. Die Inhalte der Terminal-Einträge definieren jedoch nicht nur die angemessenen Anwendungsbedingungen der Frames, sondern beinhalten gleichzeitig das Zusatzwissen, welches bei Akzeptanz des Frames in die betreffende Situation eingebracht wird (Minsky 1977). Beim vorliegenden Beispiel handelt es sich hierbei um das Wissen darüber, ob in der konkreten Situation die Orientierung an Solidaritätsnormen oder die Zielsetzung der Gewinnmaximierung als angemessen angesehen werden sollte. Framing-Effekte entstehen nach dieser Theorie immer dann, wenn die Merkmale der Framing-Bedingungen in unterschiedlichem Umfang mit den Terminaleinträgen schematischer Wissensstrukturen übereinstimmen.

Die „Image Theory": Im Rahmen der „Image Theory" soll ausdrücklich die Bedeutsamkeit der beschränkten Akteursrationalität für das zu erwartende Entscheidungsverhalten berücksichtigt werden. Zu diesem Zweck wird das theoretische Konzept der „Images" herangezogen. Hierbei handelt es sich um schematisch organisiertes Wissen zur Bewertung, Selektion und Überwachung der Leistungsfähigkeit von Handlungsalternativen. Images beinhalten demnach *erstens* idealisierte und teilweise auch bildhaft repräsentierte Vorstellungen darüber, worin die Akteure ihre obersten Werte sehen („Value Image"). *Zweitens* wird durch diese definiert, worin eine angemessene Zielsetzung in der aktuellen Situation gesehen werden muß („Trajectory Image"). Ein Image gibt *drittens* an, durch welche Merkmale der Prototyp eines guten und erfolgversprechenden Planes zur Umsetzung dieser Ziele gekennzeichnet ist („Strategic Image"). Der Inhalt der Images ergibt sich - wie bei allen Schemata - als Ergebnis vergangener Erfahrungen und Problemlösungsversuche. Die jeweils konkret vorliegenden Einzelziele oder Planalternativen werden in Hinblick auf die so vordefinierten Idealbilder bewertet (Beach 1990: 23).

Im Rahmen des vorliegenden Erklärungsansatzes wird generell angenommen, daß sich wechselnde Merkmale der Handlungssituation, vermittelt durch die Aktivierung unterschiedlicher Frames, auf das Entscheidungsverhalten auswirken. Eine solche Aktivierung führt entweder unmittelbar zur Verwendung habitualisierter Problemlösungen oder stellt Zusatzwissen über die Handlungssituation bereit. Entsprechend dieser Einflußmöglichkeiten lassen sich zwei Arten von Frames unterscheiden: Ein *genereller Frame* liegt dann vor, wenn die aktuelle Entscheidungssituation als Mitglied einer allgemeineren Kategorie typischer Handlungssituationen identifiziert werden kann. Eine solche Kategorisierung beruht auf unterschiedlichen, in der Situation verfügbaren „Features" und „Cues" (Beach/Mitchell 1990). Die Selektion eines generellen Frames entspricht dem Prozeß des „Prototype Matching" im Rahmen der allgemeinen Schematheorie. *Spezifische Frames* enthalten dagegen konkrete Szenarien über den wahrscheinlichen Fortgang der Ereignisse und die dabei zu erwartenden Ergebnisse. Während durch generelle Frames „nur" Zusatzwissen bereitgestellt wird, wirken sich spezifische Frames, vermittelt über die Kompatibilität der Handlungsoptionen mit den vorliegenden Images, direkt auf das Entscheidungsverhalten aus.

Das Modell der Frame-Selektion: Im Rahmen des Modells der Frame-Selektion (MdFS) wird der Rational-Choice Ansatz ebenfalls durch die Handlungsrelevanz schematischer Wissens- und Bewertungsstrukturen erweitert (Esser 1996, 2000).[3] Dabei werden die Prognosen der Theorie formal auf der Grundlage einer Erwartungsnutzenmodellierung abgeleitet. Der Inhalt eines Frames läßt sich durch zwei Komponenten definieren: Dem kognitiven Modell einer Situation und einem Informationsverarbeitungsmodus bestimmter Qualität. Das kognitive Modell, welches sich die Akteure von der Entscheidungssituation machen, enthält Informationen über die relative Bedeutsamkeit unterschiedlicher Situationselemente sowie deren angemessenen Interpretation. Außerdem wird definiert, welche Zielsetzungen die Akteure in der konkreten Entscheidungssituation als angemessen angesehen. In der Theorie wird angenommen, daß die Akteure bei der Ausgestaltung der Situationsmodelle häufig auf unterschiedliche Schemata zurückgreifen, wobei jedoch auch der Spezialfall einer schema-unabhängigen Situationsrepräsentation als Möglichkeit berücksichtigt wird. Bei der Selektion zwischen schemabasierten Situationsmodellen oder einer rein datenbasierten Situationswahrnehmung werden drei kognitive Bestimmungsfaktoren der Schemaaktivierung als bedeutsam angesehen. Dabei handelt es sich *erstens* um die Verfügbarkeit und damit Zugänglichkeit des Schemas im Gedächtnis der Akteure. Von besonderer Bedeutung ist die *zweite* Teildeterminante, durch die das Ausmaß der Schemapassung in der jeweiligen Situation erfaßt wird: Je deutlicher die Merkmale der Handlungssituation mit dem Prototyp einer Schemaanwendung übereinstimmen, desto eher wird diese „externe" Bedingung der Schemaaktivierung als erfüllt angesehen (Esser 2000). Als *dritte* Determinante wird die Existenz oder Abwesenheit von störenden Faktoren der Schemapassung als bedeutsam angesehen. Ein Situationsmodell wird dann als angemessen wahrgenommen, wenn alle drei Bedingungen der Schemaanwendung gleichzeitig erfüllt sind. Auf das oben dargestellte Beispiel bezogen bedeutet dies, daß die Solidaritätsnormen im Gedächtnis der Akteure gut verfügbar sein müssen, eine intensive Beziehung zwischen den Interaktionspartnern eine starke Normaktivierung garantiert und die aktuell vorliegende Rollenbeziehung keine Störung des Solidaritätsframes bewirkt. Die Theorie berücksichtigt neben den kognitiven Determinanten der Schemaaktivierung auch die relativen Anreize für bestimmte Arten der Situationsdefinition. Wird ein Situationsmodell akzeptiert, so impliziert dies eine spezifische Zielselektivität, eine bestimmte Art der Fakteninterpretation sowie die Konzentration auf eine eingeschränkte Menge an Situationselementen. Die entsprechend antizipierten

---

3   Das MdFS hat große Ähnlichkeiten mit dem „Discrimination Model" von Lindenberg, macht jedoch teilweise weitergehende Prognosen. Auf die Darstellung dieser Theorie wird daher an dieser Stelle verzichtet (vgl. Lindenberg 1989).

Handlungsergebnisse werden vor dem Hintergrund bestehender Knappheiten bewertet und gehen als motivationale Determinante in den Modellwahl-Prozeß ein.

Auch die zweite Teilkomponente eines Frames - die Verwendung unterschiedlich elaborierter Informationsverarbeitungsmodi - wird ebenfalls als Selektion zwischen Alternativen erklärt. Dabei entscheiden die Akteure darüber, zu welchem kognitiven Aufwand sie bei der Überprüfung der getroffenen Modell-Selektion bereit sind. Einerseits kann das spontan aktivierte mentale Modell - mit allen daran geknüpften Konsequenzen - unhinterfragt beibehalten werden. Das Verhalten folgt dann in einer unaufwendigen, automatischen und grundsätzlich fraglosen Art den Implikationen des aktuell gültigen Situationsmodells. Eine alternative Verarbeitungsstrategie besteht dagegen darin - vor dem Hintergrund einer potentiellen Ergebnisverbesserung - in eine intensivere und kognitiv aufwendigere Überprüfung der vorliegenden Situationsrepräsentation einzutreten. In diesem Fall werden die Einflüsse der aktivierten Schemata kontrolliert und es erfolgt die Suche nach einer vollständigeren, instrumentell rationaleren kognitiven Repräsentation der Entscheidungssituation. Die Gesamtbewertung eines elaborierteren Modus der Informationsverarbeitung ergibt sich aus dessen Verbesserungspotential, den Erfolgswahrscheinlichkeiten sowie den kognitiven und materiellen Kosten für die Durchführung eines aufwendigen Modus. Auch die kognitiven Determinanten der Schemaaktivierung wirken sich auf die Verarbeitungsintensität aus: Je zuverlässiger ein Situationsmodell aktiviert wird, desto geringer ist die Wahrscheinlichkeit einer bewußten Überprüfung.

Im Rahmen des MdFS werden Framing-Einflüsse generell dann erwartet, wenn sich instrumentell irrelevante Aspekte der Problemdarstellung oder des Entscheidungskontextes auf die wahrgenommene Anwendbarkeit eines spezifischen Schemas auswirken. Gleichzeitig müssen aber die Inhalte des Schemas im Gedächtnis der Akteure kognitiv stark verankert sein, und es müssen möglichst geringe Anreize für eine alternative Situationsdefinition vorliegen. Auch die Qualität des Verarbeitungsmodus wird als Entstehungsbedingung der Framing-Effekte angesehen: Es ist nur dann mit Einflüssen auf das Entscheidungsverhalten zu rechnen, wenn die Akteure einem unaufwendigen und wenig analytischen Informationsverarbeitungsmodus heranziehen.

6. Zusammenfassung und Diskussion

In der vorliegenden Untersuchung wird gezeigt, daß unter dem Framing-Begriff insgesamt sehr inhomogene Sachverhalte zusammengefaßt werden. Dies trifft für die vorliegenden Nominaldefinitionen und die verwendeten Operationalisierungen der Framing-Bedingungen genauso zu wie für die Ebe ne der theoretischen Erklärungsansätze. Durch diese Inhomogenität bleibt unklar, in welche Richtung der Rational-Choice Ansatz weiterentwickelt werden muß, so daß eine Erklärung der Framing-Effekte möglich wird. Ein weiteres zentrales Problem muß außerdem darin gesehen werden, daß der Forschungsbereich der Framing-Effekte derzeit durch die „Prospect Theory" als dominantes Paradigma beherrscht wird. Die theoretische und empirische Angemessenheit dieser Theorie muß stark in Frage gestellt werden. So muß bemängelt werden, daß die Reichweite der Theorie auf die Wirksamkeit von Gewinn- und Verlust-Frames für das Entscheidungsverhalten beschränkt ist. Selbst aber in diesem stark eingeschränkten Anwendungsbereich der Theorie kann unter vielen Bedingungen keine widerspruchsfreie Prognose der aktuell gültigen Situationsmodelle und damit über das zu erwartende Entscheidungsverhalten getroffen werden. Es kann weiterhin empirisch festgestellt werden, daß die dennoch prognostizierte Entscheidungsrelevanz von Framing-Bedingungen häufig durch intervenierende Variablen vermittelt werden, die im Rahmen der „Prospect Theory" als irrelevant angesehen werden und somit Anomalien des Ansatzes darstellen. Vor dem Hintergrund der festgestellten Defizite kann die derzeit bestehende Dominanz der „Prospect Theory" als Ansatz zur Erklärung von Framing-Effekten nicht als gerechtfertigt angesehen werden.

Im vorliegenden Beitrag wird statt dessen argumentiert, daß bei der Erklärung von Framing-Effekten zumindest drei Entstehungsprozesse der beobachteten Phänomene abgegrenzt werden müssen, die sich in jedem Fall deutlich von jenen in der „Prospect Theory" prognostizierten unterscheiden. Dabei handelt es sich *erstens* um Framing-Effekte, die als Ergebnis einfacher Heuristiken der Entscheidungsfindung unter der Verwendung oberflächlicher Modi der Informationsverarbeitung resultieren. Die Framing-Bedingungen stellen hierbei entweder heuristische „Cues" für die Bewertung der Entscheidungsoptionen bereit, oder wirken sich durch ihre unterschiedliche Komplexität auf die Elaboriertheit der Verarbeitungsmodi aus. Es wird *zweitens* argumentiert, daß sich Framing-Bedingungen auch daher auf das Entscheidungsverhalten auswirken können, weil sich diese auf die Verfügbarkeit und wahrgenommene Sicherheit der verfügbaren Entscheidungsinformation auswirken. Es handelt sich dann um Entscheidungen unter (partieller) Ambiguität, bei der sich die Akteure subjektive Erwartungen über den Inhalt der jeweils fehlenden Informationsbestandteile ausbilden müssen. Unterschiede in diesen subjektiven „Beliefs" zwischen den Framing-Bedingungen beeinflussen dann potentiell das Entscheidungsverhalten. Die *dritte* Form von Framing-Effekten beruht darauf, daß geringfügige Unterschiede zwischen den Framing-Bedingungen zu einer jeweils selektiven Aktivierung schematischer Wissens- und Bewertungsstrukturen führen können. Hierbei können sprachliche Unterschiede in der Informationsdarstellung oder wechselnde Merkmale des Entscheidungskontextes wirksam werden, die aus der Perspektive instrumenteller Rationalität irrelevant sein sollten. Das Entscheidungsverhalten unterscheidet sich dann zwischen den Framing-Bedingungen, wenn durch diesen Prozeß selektiv bestimmte Einstellungen, soziale Normen oder Rollenerwartungen kognitiv verfügbar werden. Bei diesen heuristik-, ambiguitäts- und schemabasierten Prozessen für die Wirksamkeit von Framing-Bedingungen handelt es sich keineswegs um sich gegenseitig ausschließende Alternativen. Entsprechend können konkrete Unterschiede zwischen den Framing-Bedingungen den Ausgangspunkt für einen oder gar für alle drei Einflußprozesse darstellen. Entsprechend konnte empirisch festgestellt werden, daß sich die Formulierungsunterschiede beim „Asian Disease Problem" vermittelt durch alle drei Prozesse auf das beobachtete Entscheidungsverhalten auswirken (Stocké 1999). Bei dieser klassischen Problemstellung der Framing-Forschung bewirkt die Struktur explizit päsentierter Erfolgs- und Mißerfolgswahrscheinlichkeiten bei einem Teil der Akteure substanzielle Unsicherheit über die insgesamt zu erwartenden Ergebnisse der Entscheidungsoptionen. Die dabei resultierenden subjektiven Erwartungen erklären im Sinne ambiguitätsbasierter Framing-Effekte einen bedeutenden Teil der Formulierungseinflüsse. Aber auch Akteure ohne Ergebnisambiguität werden durch die Framing-Bedingungen beeinflußt. Diese Einflüsse lassen sich im Sinne heuristikbasierter Framing-Einflüsse durch die Elaboriertheit der Informationsverarbeitungsmodi erklären. Im Rahmen einer multivariaten Analyse erweisen sich zusätzlich die bei den Formulierungsbedingungen verwendeten sprachlichen Symbole „retten" und „sterben" als dafür relevant, in welchem Umfang sich das Entscheidungsverhalten durch die Gerechtigkeitsnormen der Akteure erklären läßt. Mit welchen der drei Einflußprozessen bei einem konkreten Erklärungsproblem jeweils gerechnet werden muß, hängt jedenfalls von der Qualität der Unterschiede zwischen den Framing-Bedingungen ab.

Die Analyse der vorliegenden Framing-Theorien hat gezeigt, daß sich diese – abgesehen von der „Prospect Theory" zu den drei angesprochenen Gruppen zusammenfassen lassen. Auf der Grundlage dieser „Konvergenzthese" möchten wir schlußfolgern, daß im Bereich der Framing-Forschung gleichzeitig ein Überschuß und Mangel an theoretischer Fundierung vorliegt. Ein Überschuß muß daher festgestellt werden, da vielfach sehr ähnliche Grundmechanismen für die Entstehung von Framing-Einflüssen bei den verschiedenen theoretischen Ansätzen angegeben werden. Hierfür scheint auch eine zu geringe interdiziplinäre Orientierung der Beiträge aus der Ökonomie, der Psychologie und der Soziologie eine Rolle zu spielen. Dagegen muß daher ein Mangel an theoretischer Fundierung festgestellt werden, da viele der Erklärungsansätze nur vage formuliert sind und daher nur als Orientierungshypothesen angesehen werden können.[4] Insofern sollten für jeden der drei

---

4   Als Ausnahmen in dieser Hinsicht kann das Ambiguitätsmodell von Einhorn und Hogarth (1987) sowie das Modell der Frame-Selektion von Esser (2000) angesehen werden. Beide Modelle sind weitgehend ausformuliert und in gewissem Umfang formalisiert. Das Gleiche gilt auch für „Contingency"-Modelle der Entscheidungsfindung, auf deren Grundlage die exakten Bedingungen für die Abweichung der Akteure von einer vollständig rationa-

Einflußprozesse möglichst allgemeine und exakt formulierte theoretische Module erstellt werden, durch die – je nach der Qualität der vorliegenden Framing-Bedingungen – der Rational-Choice Ansatz modifiziert werden (für einen Vorschlag in dieser Hinsicht vgl. Stocké 1999). Hierbei müssen alle allgemeinen Ansätze zur Erklärung der Heuristiknutzung, der Ausbildung subjektiver Erwartungen und der Entscheidungsrelevanz kognitiver Schemata als relevant angesehen werden. Framing-Effekte lassen sich dann als spezielles Ergebnis allgemeiner Prinzipien menschlichen Handelns erfassen.

Literaturverzeichnis

Abell, Peter, 1992: Is Rational Choice Theory a Rational Choice of Theory. S. 183-206 in: Coleman, James S. und Thomas J. Fararo (Hrsg.): Rational Choice Theory. Advocacy and Critique. Newbury Park: Sage.

Abelson, Robert P., 1976: Script Processing in Attitude Formation and Decision Making. S. 33-45 in: Carroll, John S. und John W. Payne (Hrsg.): Cognition and Social Behavior. Hillsdale, N.J.: Lawrence Erlbaum.

Aretz, Hans-Jürgen, 1997: Ökonomischer Imperialismus? Homo Oeconomicus und soziologische Theorie. In: Zeitschrift für Soziologie, 26, 79-95.

Beach, Lee R., 1990: Image Theory: Decision Making in Personal and Organizational Contexts. Chichester: John Wiley.

Beach, Lee R. und Terence R. Mitchell, 1990: Image Theory: A Behavioral Theory of Decision Making in Organizations. S. 1-41 in: Staw, Barry M. und L. L. Cummings (Hrsg.): Research in Organizational Behavior, Vol. 12., Greenwich, CT: JAI-Press.

Bier, Vicki M. und Brad L. Connell, 1994: Ambiguity Seeking in Multi-Attribute Decisions: Effects of Optimism and Message Framing. In: Journal of Behavioral Decision Making, 7, 169-182.

Brainerd, Charles J. und Valerie F. Reyna, 1990: Gist is the Grist: Fuzzy-Trace Theory and the New Intuitionism. In: Developmental Review, 10, 3-47.

Christensen, Caryn; Paul Heckerling; Mary E. Mackesy-Amiti; Lionel M. Bernstein und Arthur S. Elstein, 1995: Pervasiveness of Framing Effects Among Physicians and Medical Students. In: Journal of Behavioral Decision Making, 8, 169-180.

Coleman, James S. und Thomas J. Fararo, (Hrsg.), 1992: Rational Choice Theory. Advocacy and Critique. Newbury Park: Sage.

De Dreu, Carsten K. W., 1996: Gain-Loss-Frame in Outcome-Interdependence: Does it Influence Equality or Equity Considerations? In: European Journal of Social Psychology, 26, 315-324.

De Dreu, Carsten K. W.; Peter J. D. Carnevale; Ben J. M. Emans und Evert Van De Vliert, 1994: Effects of Gain-Loss Frames in Negotiation: Loss Aversion, Mismatching, and Frame Adoption. In: Organizational Behavior and Human Decision Processes, 60, 90-107.

Edwards, Allen L., 1941: Rationalization in Recognition as a Result of a Political Frame of Reference. In: The Journal of Abnormal and Social Psychology, 36, 224-235.

---

len Arten der Handlungsselektion prognostiziert werden können (vgl. beispielsweise: Payne et al. 1993).

Einhorn, Hillel J. und Robin M. Hogarth, 1985: Ambiguity and Uncertainty in Probabilistic Inference. In: Psychological Review, 92, 433-461.

Einhorn, Hillel J. und Robin M Hogarth, 1987: Decision Making under Ambiguity. S. 41-66 in: *Hogarth, Robin M. und Melvin W. Reder* (Hrsg.): Rational Choice. The Contrast between Economics and Psychology. Chicago: University of Chicago Press.

Elliott, Catherine S.; Donald M. Hayward und Sebastian Canon, 1998: Institutional Framing: Some Experimental Evidence. In: Journal of Economic Behavior and Organization, 35, 455-464.

Esser, Hartmut, 1993: Response Set: Habit, Frame or Rational Choice? S. 293-314 in: Krebs, Dagmar und Peter Schmidt (Hrsg.): New Directions in Attitude Measurement. Berlin: De Gruyter.

Esser, Hartmut, 1996: Die Definition der Situation. In: Kölner Zeitschrift für Soziologie und Sozialpsychologie, 48, 1-34.

Esser, Hartmut, 2000: Kapitel 44: Die Selektion des Bezugsrahmens. In: Ders. Soziologie. Spezielle Grundlagen. Band 6: Sinn und Kultur. Frankfurt: Campus.

Fagley, Nancy S., 1993: A Note Concerning Reflection Effects versus Framing Effects. In: Psychological Bulletin, 113, 451-452.

Fagley, Nancy S. und Paul M. Miller, 1987: The Effects of Decision Framing on Choice of Risky vs Certain Options. In: Organizational Behavior and Human Decision Processes, 39, 264-277.

Fazio, Russell H., 1990: Multiple Processes by which Attitudes Guide Behavior: The Mode Model as an Integrative Framework. S. 75-109 in: *Zanna, Mark P.* (Hrsg.): Advances in Experimental Social Psychology, Vol. 23. San Diego: Academic Press.

Fiske, Susan T. und Steven L. Neuberg, 1990: A Continuum of Impression Formation, from Category-Based to Individuating Processes: Influences of Information and Motivation on Attention and Interpretation. In: Advances in Experimental Social Psychology, 23, 1-74.

Ganzach, Yoav; Yaacov Weber und Pinchas Ben Or, 1997: Message Framing and Buying Behavior: On the Difference Between Artifical and Natural Environment. In: Journal of Business Research, 40, 91-95.

Green, Donald P. und Ian Shapiro, 1994: Pathologies of Rational Choice Theory. A Critique of Applications in Political Science. New Haven: Yale University Press.

Grice, H. Paul, 1975: Logic and Conversation. S. 41-58 in: Cole, Peter und Jerry L. Morgan (Hrsg.): Syntax and Semantics, Vol. 3, Speech Acts. New York: Academic Press.

Hellman, Daryl A. und Neil O. Alper, 1993: Economics of Crime. Theory and Practice. Needham Heights: Ginn Press.

Jervis, Robert, 1992: Political Implication of Loss Aversion. In: Political Psychology, 13, 187-204.

Johnson-Laird, Philip N., 1986: Reasoning without Logic. S. 13-49 in: Myers, Terry, Keith Brown und Brendan McGonigle (Hrsg.): Reasoning and Discourse Processes. London: Academic Press.

Johnson, Richard D., 1987: Making Judgments when Information is Missing: Inferences, Biases, and Framing Effects. In: Acta Psychologica, 66, 69-82.

Kahneman, Daniel; Jack L. Knetsch und Richard Thaler, 1986: Fairness as a Constraint on Profit Seeking: Entitlements in the Market. In: American Economic Review, 76, 728-741.

Kalter, Frank, 1997: Wohnortwechsel in Deutschland. Ein Beitrag zur Migrationstheorie und zur empirischen Anwendung von Rational-Choice-Modellen. Opladen: Leske + Budrich.

Kirchgässner, Gebhard und Werner W Pommerehne, 1993: Low-Cost Decisions as a Challenge to Public Choice. In: Public Choice, 77, 107-115.

Kopp, Johannes, 1995: Zur Stabilität von Framing-Effekten bei Entscheidungssituationen - eine Replikation und Modifikation des „Asian disease problem" von Kahneman und Tversky. In: Zeitschrift für Sozialpsychologie, 26, 107-118.

Kühberger, Anton, 1995: The Framing of Decisions: A New Look at Old Problems. In: Organizational Behavior and Human Decision Processes, 62, 230-240.

Levin, Irwin P., 1987: Associative Effects of Information Framing. In: Bulletin of the Psychonomic Society, 25, 85-86.

Levin, Irwin P.; Richard D. Johnson; Patricia J. Deldin; Laura M. Carstens; Luanne J. Cressey und Charles R. Davis 1986: Framing Effects in Decisions with Competely and Incompeteley Described Alternatives. In: Organizational Behavior and Human Decision Processes, 38, 48-64.

Ligthart, Paul E. M. und Siegwart Lindenberg, 1994: Ethical Regulation of Economic Transactions: Solidarity Frame versus Gain-Maximization Frame. S. 1-17 in: Lewis, Alan und Karl-Erik Wärneryd (Hrsg.): Ethics and Economic Affairs. London: Routledge.

Lindenberg, Siegwart, 1989: Choice and Culture: The Behavioral Basis of Cultural Impact on Transactions. S. 175-200 in: Haferkamp, Hans (Hrsg.): Social Structure and Culture. Berlin: De Gruyter.

Mano, Haim, 1994: Risk-Taking, Framing-Effects, and Affect. In: Organizational Behavior and Human Decision Processes, 57, 38-58.

Marshall, Greg W.; John C. Mowen und Thomas H. Stone, 1995: Risk Taking in Sales-Force Selection Decisions: The Impact of Decision Frame and Time. In: Psychology and Marketing, 12, 265-285.

McDermott, Rose, 1992: Prospect Theory in International Relations: The Iranian Hostage Rescue Mission. In: Political Psychology, 13, 237-263.

Miller, Paul M. und Nancy S. Fagley, 1991: The Effects of Framing, Problem Variations, and Providing Rationale on Choice. In: Personality and Social Psychology Bulletin, 17, 517-522.

Minsky, Marvin, 1977: Frame-System Theory. S. 355-376. in: Johnson-Laird, P. N. und P. C. Wason (Hrsg.): Thinking. Readings in Cognitive Science. Cambridge: Cambridge University Press.

Minsky, Marvin, 1990: Mentopolis. Stuttgart: Klett-Cotta.

Opp, Karl-Dieter; Peter Voss und Christiane Gern, 1995: Origins of a Spontaneous Revolution: East Germany, 1989. Ann Arbor: University of Michigan Press.

Paese, Paul W., 1995: Effects of Framing on Actual Time Allocation Decisions. In: Organizational Behavior and Human Decision Processes, 61, 67-76.

Payne, John W.; James R. Bettman und Eric J. Johnson, 1993: The Adaptive Decision Maker. Cambridge: Cambridge University Press.

Petrinovich, Lewis und Patricia O'Neill, 1996: Influence of Wording and Framing Effects on Moral Intuitions. In: Ethology and Sociobiology, 17, 145-171.

Popitz, Heinrich, 1975: Der Begriff der sozialen Rolle als Element der soziologischen Theorie. Tübingen: Mohr (Siebeck).

Popitz, Heinrich, 1980: Die normative Konstruktion von Gesellschaft. Tübingen: Mohr (Siebeck).

Reyna, Valerie F. und Charles J. Brainerd, 1995: Fuzzy-Trace Theory: An Interim Synthesis. In: Learning and Individual Differences, 7, 1-75.

Reyna, Valerie F. und Susan C. Ellis, 1994: Fuzzy-Trace Theory and Framing Effects in Children's Risky Decision Making. In: Psychological Science, 5, 275-279.

Russo, J. E. und Paul J. H. Schoemaker, 1989: Decision Traps. Ten Barriers to Brilliant Decision-Making and How to Overcome them. New York: Doubleday/Currency.

Schnell, Rainer, 1997: Nonresponse in Bevölkerungsumfragen. Ausmaß, Entwicklung und Ursachen. Opladen: Leske + Budrich.

Schwarz, Norbert, 1994: Judgment in a Social Context: Biases, Shortcomings, and the Logic of Conversation. S. 123-162 in: *Zanna, Mark P.* (Hrsg.): Advances in Experimental Social Psychology, Vol. 26. San Diego: Academic Press.

Sieck, Winston und J. Frank Yates, 1997: Exposition Effects on Decision Making: Choice and Confidence in Choice. In: Organizational Behavior and Human Decision Processes, 70, 207-219.

Smith, Gerald E. und Thomas T. Nagle, 1995: Frames of Reference and Buyers´ Perception of Price and Value. In: California Management Review, 1, 98-116.

Smith, Stephen M. und Irwin P. Levin, 1996: Need for Cognition and Choice Framing Effects. In: Journal of Behavioral Decision Making, 9, 283-290.

Stocké, Volker, 1998: Framing oder Informationsknappheit? Zur Erklärung der Formulierungseffekte beim Asian-Disease-Problem. S. 197-218 in: Druwe, Ulrich und Volker Kunz (Hrsg.): Anomalien in der Handlungs- und Entscheidungstheorie. Opladen: Leske + Budrich.

Stocké, Volker, 1999: Form oder Inhalt? Die unterschiedlichen Ursachen für Framing-Effekte. Eine theoretische und empirische Untersuchung der Einflüsse der Informationsdarstellung am Beispiel des „Asian Disease Problem". Unveröffentlichte Dissertation: Universität Mannheim.

Takemura, Kazuhisa, 1992: Effect of Decision Time on Framing of Decision: A Case of Risky Choice Behavior. In: Psychologia, 35, 180-185.

Takemura, Kazuhisa, 1993: The Effects of Decision Frame and Decision Justification on Risky Choice. In: Japanese Psychological Research, 35, 36-40.

Tversky, Amos und Daniel Kahneman, 1981: The Framing of Decisions and the Psychology of Choice. In: Science, 211, 453-458.

Tversky, Amos und Daniel Kahneman, 1992: Advances in Prospect Theory: Cumulative Representation of Uncertainty. In: Journal of Risk and Uncertainty, 5, 297-323.

van der Pligt, Joop und Els C. M. van Schie, 1990: Frames of Reference, Judgment and Preference. In: European Review of Social Psychology, 1, 61-80.

van Schie, Els C. M. und Joop van der Pligt, 1990: Problem Representation, Frame Preference, and Risky Choice. In: Acta Psychologica, 75, 243-259.

Wakker, Peter und Amos Tversky, 1993: An Axiomatization of Cumulative Prospect Theory. In: Journal of Risk and Uncertainty, 7, 147-176.

Wilson, Dawn K.; Robert M. Kaplan und Lawrence J. Schneiderman, 1987: Framing of Decisions and Selections of Alternatives in Health Care. In: Social Behavior, 2, 51-59.

Zickar, Michael J. und Scott Highhouse, 1998: Looking Closer at the Effects of Framing on Risky Choice: An Item Response Theory Analysis. In: Organizational Behavior and Human Decision Prozesses, 75, 75-91.

Clubmitglieder, Zuckerbrot und Peitsche. Institutionen als dezentrale Kooperationsmechanismen

Bernhard Prosch und Sören Petermann

Zusammenfassung

In zahlreichen sozialen Situationen, beispielsweise in Partnerschaften, Kleingruppen und internationalen Beziehungen, ist kooperatives Handeln schwer zu erreichen, da die Akteure kurzfristige Anreize zu opportunistischem Verhalten haben. Dies kann ineffiziente Ergebnisse für die Beteiligten zur Folge haben. In unserem Beitrag wollen wir zeigen, wie durch den freiwilligen Zugang zu wechselseitig günstigen institutionellen Arrangements kooperatives Verhalten gefördert werden kann. Dazu verwenden wir glaubwürdige Verpflichtungen als kooperationsfördernde Mechanismen in Form von Versprechen und Drohungen. Die jüngste Entwicklung in der experimentellen Spieltheorie zeigt, daß Kooperation in problematischen sozialen Situationen durch Verpflichtungen entstehen kann, wenn spezifische Bedingungen und Regeln des Verpflichtungsmechanismus erfüllt sind. Wir untersuchen die Effekte von Verpflichtungen in der Dilemmasituation des Chicken-Games und testen diese anhand experimenteller Ergebnisse. Es läßt sich zeigen, unter welchen Bedingungen Versuchspersonen bindende Verpflichtungen eingehen und wann nicht. Entscheidend ist hierbei insbesondere die Glaubwürdigkeit von Versprechens- und Drohungsaspekten.

1. Einleitung: Kooperation und individuelle Anreize[1]

Soziale Dilemmasituationen lassen sich durch kooperative Verhaltensweisen der beteiligten Akteure meist effizient lösen. Grundlegend ist in solchen Fällen, daß die Beteiligten zumindest kurzfristig auf die Realisierung eigener Vorteile verzichten. Diese individuellen Anreize führen allerdings in zahlreichen Situationen zu Kooperationsproblemen: Auf ihren eigenen Vorteil bedacht, können die Akteure unkooperative Handlungen ausführen. Ineffizient wird dieses Verhalten dann, wenn in einer solchen Situation für die Beteiligten insgesamt gesehen ungünstigere Ergebnisse resultieren als in einer Situation mit wechselseitig kooperativem Verhalten.

Beispiele auf zahlreichen Gebieten belegen die Interdisziplinarität des Themas. Internationale politische Beziehungen weisen oft diese Problematik auf, und auch Verhalten in sozialen Kleingruppen, innerstaatliche soziale Prozesse oder Umweltprobleme können eine solche Gestalt annehmen. Ein einfaches Beispiel sind internationale Fischereiabkommen zu Fangquoten. Die Kooperation in Form der Quotierung läßt den Fanggründen ausreichende Möglichkeiten zur Regeneration, die für die beteiligten Fischfänger von lebensnotwendiger Bedeutung sind. Es bestehen aber Anreize für die Beteiligten, einseitig diese Quoten zu überschreiten. Folgen alle Akteure diesen Anreizen, droht ein Zusammenbrechen der Fanggründe.

Starke Zentralinstanzen können dazu beitragen, derartige ineffiziente Ergebnisse zu vermeiden. Vor dem Hintergrund der Erfahrungen im englischen Bürgerkrieg mit seinem gesetzlosen Chaos schlug Thomas Hobbes diese Lösung bereits vor fast 350 Jahren vor. Eine Zentralgewalt formuliert Rechts- und Kooperationsnormen und setzt diese mit Rückgriff auf ein Gewaltmonopol durch. Nach Hobbes (1965) ist dieser *Leviathan* die Voraussetzung dafür, daß in einer Gesellschaft die Früchte der Arbeitsteilung wachsen und ein höheres Kulturniveau erreicht werden kann.

Für diese - geradezu klassische - Lösung existieren allerdings auch Mängel. Die zentrale Überwachung und Verwaltung bindet ihrerseits Kräfte und begünstigt das Entstehen umfangreicher Bürokratien, während der Eigenverantwortlichkeit der Beteiligten und der Berücksichtigung lokaler Besonderheiten wenig Bedeutung zukommt. Eine dezentrale Schaffung kooperationsfördernder Strukturen muß daher den Beteiligten Mittel in die Hände geben, Konflikte durch selbständige Handlungen zu bewältigen. Mit der vorliegenden Arbeit wollen wir zeigen, wie der freiwillige Zugang zu Institutionen diese Probleme lösen kann und den beteiligten Akteuren hilft, effiziente kooperative Ergebnisse zu erreichen. Dazu konzentrieren wir unsere Untersuchung auf glaubwürdige Kooperationsversprechen. Spieltheoretische Überle-

---

[1] Für Hinweise und Verbesserungsvorschläge danken wir zwei anonymen Gutachtern unseres Beitrags.

108

gungen zur Ausgestaltung effizienter Versprechensarrangements unterstreichen die Bedeutung der Verpflichtungsregel: Das Kooperationsversprechen muss glaubwürdig und darf nicht einseitig ausbeutbar sein. Daten von Entscheidungsexperimenten dienen der Testung unserer Überlegungen.

2. Kooperation durch glaubwürdige Versprechen und Drohungen

Verschiedenste Handlungssituationen zeichnen sich dadurch aus, dass die Beteiligten durch kooperatives Handeln sehr gute Ergebnisse erreichen können. Diese werden allerdings nicht immer erreicht, da für die Akteure Anreize bestehen, eigene Interessen zu verfolgen. Ein paradigmatisches Beispiel einer solchen Situation ist das Gefangenendilemma. Hier schneiden die Akteure mit der individuell günstiger erscheinenden Strategie der Defektion schlechter ab als bei wechselseitiger Kooperation. Das Problem wechselseitiger Kooperation ist aber, daß die Beteiligten einen Anreiz haben, sich durch Defektion einseitig besser zu stellen.

Eine Verständigung beider Akteure darüber, gemeinsam zu kooperieren, stellt den Ansatzpunkt eines möglichen Auswegs aus diesem Dilemma dar. Voraussetzung ist allerdings eine *bindende* Vereinbarung beider Akteure, miteinander zu kooperieren. Schelling (1960: 22) weist auf die Vorteile von Selbstbindungsmaßnahmen hin. Obwohl derartige Maßnahmen die Handlungsfreiheit des Einzelnen einschränken, können sie das Erreichen günstigerer Ergebnisse fördern. Im Falle des Gefangenendilemmas kann dies heißen, daß sich die Akteure auf Kooperation verpflichten. Um dieses Versprechen glaubwürdig zu machen, geben sie ein Pfand. Dieses erhalten sie nur dann zurück, wenn sie die Verpflichtung einlösen, ansonsten droht der Verlust des Pfandes. Der Effekt des Pfandes ist nichts anderes als eine Veränderung der Ergebnis- oder Auszahlungsstruktur dergestalt, daß Defektion weniger attraktiv wird.

In der experimentalpsychologischen Literatur zu Entscheidungs- und Kooperationsspielen wurde mehrfach auf die Bedeutung von Versprechen und Drohungen hingewiesen. In ihrem klassischen Trucking-Game-Experiment belegen Deutsch & Krauss (1960) die Wirkung von Drohungsmöglichkeiten auf die Effizienz der erzielten Resultate. Verpflichtungen, Drohungen und Versprechen werden seither häufig als Variablen in Experimenten eingesetzt (vgl. Guyer/Rapoport 1970; Snijders 1996). Dabei stellt sich insbesondere die Glaubwürdigkeit als ausschlaggebender Faktor heraus (vgl. Tedeschi et al. 1980). Eine glaubwürdige Kooperationsverpflichtung durch Pfänder wäre in diesem Sinne eine dezentrale und freiwillige Etablierung einer Institution mit Sanktionsmöglichkeiten. Daß derartige Sanktionssysteme in Experimenten mit problematischen sozialen Situationen erfolgreich sind, zeigt Yamagishi (1988). Auf der Basis des Gefangenendilemmas belegen Raub & Keren (1993), daß eine Pfänderlösung sowohl das glaubwürdige Versprechen beinhalten muß, nach Inkrafttreten der Verpflichtung auch wirklich zu kooperieren, als auch die glaubwürdige Drohung, nicht zu kooperieren, wenn der Spielpartner die Verpflichtung nicht ebenfalls eingeht.

Diese theoretischen und empirischen Ergebnisse zeigen, daß dezentrale Kooperationsmechanismen auf der Basis freiwilliger Verpflichtungen funktionieren können. Eine Anwendung auf andere Basissituationen als die des meist verwendeten Gefangenendilemmas wäre wünschenswert, um die Erkenntnisse zu verallgemeinern. Im folgenden Kapitel wenden wir daher eine Verpflichtungslösung auf eine andere Dilemmasituation an: das Chicken - Game.

3. Anwendung von Pfänderlösungen auf das Chicken-Game

Das Chicken-Game

In experimentellen Spielen wurde das Chicken-Game neben dem klassischen Gefangenendilemma lange Zeit sicher am häufigsten verwendet (vgl. Rapoport et al. 1976: 151). In der Weltliteratur tritt die Spielstruktur sogar noch früher in Erscheinung als das Gefangenendilemma. Schelling (1966: 117) weist darauf hin, daß Homer in seiner *Ilias* mit dem Wagenrennen zwischen Antilochos und Menelaos bereits für das 8. Jahrhundert vor Christus ein Spiel mit Chicken-Game-Struktur beschreibt. Der Begriff des Chicken-Game geht zurück auf eine Mutprobe kalifornischer Teenager aus den 30er Jahren (vgl. Colman 1982: 98), wie sie in ähnlicher Form im US-Spielfilm *Denn sie wissen nicht, was sie tun* mit James Dean zu sehen ist. In der Literatur finden sich auch andere Bezeichnungen wie *Exploiter* und *Brinkmanship* (vgl. Krivohlavy 1974: 74). Abbildung 1 zeigt das Beispiel eines Chicken-Games - zur Vereinfachung mit Ziffern als Auszahlungen.

Wie beim Gefangenendilemma erreichen beide Beteiligten mit wechselseitiger Kooperation zwar ein relativ gutes Ergebnis (im abgebildeten Beispiel je 3 Punkte). Dieses Ergebnis ist aber nicht stabil. Kann ein Spieler nämlich davon ausgehen, daß der andere Akteur kooperiert, bestehen für ihn Anreize, nicht zu kooperieren (um statt 3 sogar 4 Punkte zu erhalten). Folgen beide Akteure diesem Gedankengang, landen sie beim schlechtmöglichsten Resultat für beide (je 1 Punkt). Anders als beim Gefangenendilemma ist es für einen Spieler daher besser, die eigene Kooperationswilligkeit ausnutzen zu lassen (2

Punkte), als durch wechselseitige Defektion zum schlechtesten Ergebnis ü-
berhaupt zu gelangen.

Abbildung 1: Chicken-Game

Akteur 2

		Kooperation	Defektion
Akteur 1	Kooperation	3;3	2;4
	Defektion	4;2	1;1

Es bestehen in dieser Hinsicht also deutliche strategische Unterschiede zum
Gefangenendilemma (vgl. auch Rapoport 1966: 137ff.). Klare Handlungsan-
weisungen mit effizienten Ergebnissen liegen für die Beteiligten daher nicht
nahe, weshalb das Chicken-Game ebenfalls zu den Dilemmaspielen oder
sozialen Fallen gezählt wird. Stabile Ergebnisse im Sinne von Nash-
Gleichgewichten stellen lediglich die asymmetrischen Auszahlungen dar, die
sich ergeben, wenn ein Spieler kooperiert und der andere nicht. Darüber hinaus besteht ein Gleichgewicht in gemischten Strategien (vgl. auch Rasmusen
1989: 73f.), das allerdings nicht effizient und für praktische Zwecke nicht
leicht handhabbar ist.

Pfänderlösungen

Das Chicken-Game wird im folgenden erweitert und zum Bestandteil eines
umfangreichen Spiels mit mehreren Entscheidungsstufen gemacht. Um den
Beteiligten die Möglichkeit einer Selbstverpflichtung zu gewähren, wird vor
das eigentliche Chicken-Game die Verpflichtungsentscheidung geschaltet. Im
ersten Zug besteht für beide Akteure die Möglichkeit, sich mittels eines Pfandes auf Kooperation festzulegen oder dies nicht zu tun. Anschließend werden
sie über das wechselseitige Verhalten im ersten Zug informiert, ehe sie unabhängig voneinander über die ursprünglichen Chicken-Game-Alternativen
Kooperation und Defektion entscheiden müssen. Nach diesem zweiten Zug
erfolgt die Auszahlung der Ergebnisse.
   In bezug auf die Gültigkeit der Verpflichtungen werden folgende Regeln
eingeführt: *Das Kooperationsversprechen* ist glaubwürdig, wenn der Wert des
Pfandes ausreichend groß ist, um den Anreiz auszugleichen, von der verspro-
chenen Kooperation abzuweichen. Das Pfand muß also größer sein als die

111

Differenz zwischen den Payoffs für wechselseitige Kooperation und einseitige Defektion. Im o.g. Beispiel muß der Wert des Pfands mehr als einen Punkt betragen. Wir wählen den nächsten ganzzahligen Wert von 2 Punkten. Dieses Pfand verliert ein Akteur, wenn er das Kooperationsversprechen bricht. Ein verlorenes Pfand soll zur Kompensation dem anderen Akteur übertragen werden. Die *Drohung* ist glaubwürdig, wenn ein Akteur nur dann zur Kooperation verpflichtet ist, wenn auch der andere Spieler die Verpflichtung eingeht. Eine einseitige Verpflichtung muß ausgeschlossen sein, da sie vom anderen Spieler ausgenutzt werden kann. Erreicht wird dies durch die Regelung, daß die Verpflichtung auf Beiderseitigkeit beruht. Sie gilt also nur, wenn beide Akteure einwilligen. Stimmt mindestens ein Akteur der Verpflichtung nicht zu, hat sie keine Gültigkeit, und die Beteiligten spielen das ursprüngliche Chicken-Game ohne jede Veränderung. Damit wird auch das von Raub & Keren (1993) für Pfänderspiele betonte *Maximin-Kriterium* erfüllt: Ein Akteur, der die Verpflichtung eingeht, um wechselseitige Kooperation zu ermöglichen, schneidet nicht schlechter ab als im ursprünglichen Chicken-Game. Trifft er auf einen anderen Spieler, der sich ebenfalls verpflichtet, so erhält er mindestens 3 Punkte. Trifft er auf einen Spieler, der sich nicht verpflichtet, steht er ganz ungebunden vor dem ursprünglichen Chicken - Game.

Raub & Keren (1993) zeigen, daß der Verpflichtungsmechanismus nur bei reaktiven Strategien stabil sein kann, die den zweiten Zug vom Verhalten des Spielpartners im ersten Zug abhängig machen. Das Versprechen ist glaubwürdig, wenn diese Strategien ein Gleichgewicht bilden. Die Drohung ist glaubwürdig, wenn sie ein teilspielperfektes Gleichgewicht bilden. In spieltheoretischer Terminologie gesprochen, ist dies im Chicken-Pfänderspiel der Fall, wenn die reaktiven Strategien vorsehen, das Versprechen einzugehen und nur bei wechselseitiger Verpflichtung auch zu kooperieren. In allen anderen Teilspielen müssen sie die gemischte Chicken-Gleichgewichtsstrategie vorsehen.

Schelling (1960: 123) weist darauf hin, daß Versprechen und Drohungen Verhaltensanreize in Konfliktsituationen verändern können. Regelungen mit Pfändern sind insofern „*techniques for structuring incentives to assure compliance*" (Schelling 1984: 202). Wie im o.g. Beispiel die Anreize verändert werden, verdeutlicht Abbildung 2. Sie zeigt das modifizierte Chicken-Teilspiel, vor dem zwei Akteure stehen, die beide die Verpflichtung eingegangen sind. Durch den Transfer eines verlorenen Pfandes kehren sich die Ergebnisse bei einseitiger Defektion im Vergleich zum ursprünglichen Chicken-Game um: Nun erhält der kooperierende Akteur 4 Punkte und der defektierende nur 2. Kooperation ist damit in jedem Fall die günstigere Handlungsalternative geworden. Nach wechselseitiger Verpflichtung ist Kooperation damit stark dominante Teilspielstrategie. In allen anderen Teilspielen, in denen die Verpflichtung regelentsprechend nicht in Kraft tritt, wird das unmodifizierte Chicken-Game wie in Abbildung 1 gespielt.[2]

Abbildung 2: Modifizierung des Chicken-Game nach wechselseitiger Kooperationsverpflichtung

Akteur 2

		Kooperation	Defektion
Akteur 1	Kooperation	3;3	4;2
	Defektion	2;4	1;1

Erweiterung der Verpflichtungslösung

Theoretische Überlegungen zeigen, dass die Signalisierung von Kooperationsbereitschaft im Pfänderspiel in gewisser Hinsicht *doch* mit einem Risiko verbunden ist. Eine Ablehnung der Verpflichtungslösung signalisiert dem Spielpartner nämlich eine Ablehnung des kooperativen Ergebnisses von je 3 Punkten. Durch die Antwort auf die Verpflichtungsfrage wird nichtkooperativen Akteuren die Möglichkeit gegeben, ihr Vorhaben gewissermaßen anzukündigen. Anders als im Gefangenendilemma kann dies Wirkung auf andere Spieler haben, da das Ausgebeutetwerden in einer asymmetrischen Auszahlung (hier 2 Punkte) bessere Ergebnisse erbringt als wechselseitige Defektion (1 Punkt). Versuchspersonen, die sich nicht verpflichteten und gegen Akteure defektieren, die zur Verpflichtung bereit waren, folgten damit der für das Chicken-Game in der Literatur als vorteilhaft beschriebenen *reputation of toughness* (vgl. Ward 1987: 23). Der verpflichtungsbereite Spieler erwirbt diese Reputation nicht und hätte daher gute Gründe, im folgenden Chicken-Game in der Tat einseitig zu kooperieren (vgl. zu Reputation in sozialen Interaktionen Raub/Weesie 1990). Auch die mit 29% nicht gerade unbedeutende Anzahl von Versuchspersonen, die nicht zur Verpflichtung bereit waren, könnte damit erklärt werden.

Um diesen Nachteil des Verpflichtungsmechanismus zu beseitigen, müßte der Drohungsaspekt gestärkt werden. Die Verpflichtungsformel müßte also erweitert werden. Sie sollte zweierlei beinhalten. Einerseits gilt weiterhin die Verpflichtung, zu kooperieren, wenn der Spielpartner sich ebenfalls dazu

---

2   Für eine Übersicht der Teilspiele vgl. die extensive Form des Pfänderspiels im Anhang.

verpflichtet. Andererseits sollte sie aber auch die Verpflichtung einschließen, zu defektieren, wenn der Spielpartner sich nicht verpflichtet. Diese Defektionsfestlegung schreckt Akteure ab, die versuchen könnten, mit der beschriebenen *reputation of toughness* verpflichtungsbereite Spieler auszubeuten. Die neue Verpflichtungsregel bindet einen Spieler, der sie eingeht, mit Unterstützung des Pfands also vollständig für das anschließende Chicken-Game. Eine Ablehnung der Selbstverpflichtung bringt nun sogar eher ungünstige Ergebnisse. Die Anreize, die Verpflichtung einzugehen, werden also erhöht, und die Anreize, die Verpflichtung auszunutzen, beseitigt.

Diese theoretisch zufriedenstellende Modifikation weist in der Forschungspraxis allerdings erhebliche Nachteile auf. Die für die Anforderungen experimenteller Überprüfungen ohnehin schon wenig übersichtliche Pfänderkonstruktion erfährt durch die Erweiterung einen abermaligen Zuwachs an Komplexität. Pretests mit dem neuen Verpflichtungsmechanismus zeigten uns folglich, wie wichtig aber auch schwierig es ist, den Versuchspersonen eine möglichst einfache und prägnante Darstellung der Pfänderkonstruktion vorzulegen.

Dies gelang uns schließlich mit der Schaffung einer im Vergleich zur o.g. Formulierung einprägsamen Institution: dem *Club Zuckerbrot und Peitsche*. Den Verpflichtungsmechanismus übersetzten wir dahingehend, daß die Versuchspersonen dem Club beitreten können, in dem Clubregeln zu befolgen sind. Clubmitglieder verpflichten sich zu folgenden Clubregeln:

1. *Zuckerbrot*: Clubmitglieder kooperieren untereinander in jedem Falle. Trifft ein Mitglied auf ein anderes, wählt es also den kooperativen Zug.

2. *Peitsche*: Clubmitglieder defektieren allerdings gegen Nichtmitglieder ebenfalls immer. Trifft ein Mitglied auf ein Nichtmitglied, wählt es also den defektiven Zug.

Um der Verpflichtung Bindungswirkung zu verleihen, wird ein Pfand von 2 Punkten erhoben. Es wird zurückgegeben, wenn die Clubregeln eingehalten werden. Hält ein Mitglied die Clubregeln nicht ein, verliert es sein Pfand. Dies bekommt dann der Partner zur Entschädigung gutgeschrieben. Mit dieser Insitution in Form des *Clubs Zuckerbrot und Peitsche* erschien es uns möglich, die theoretischen Ausführungen zum Chicken-Verpflichtungsmechanismus zu testen. Im folgenden Abschnitt stellen wir unsere Hypothesen vor.

Forschungshypothesen

Ziel der empirischen Arbeit war es für uns, die Akzeptanz und die Wirkung dieser neuen Verpflichtungsinstitution in Form des Clubs experimentell zu testen. Wie oben gezeigt, ist es aus theoretischer Sicht individuell vorteilhaft, in den Club einzutreten. Geschieht dies, ist es ebenfalls vorteilhaft, die Clubregeln einzuhalten. Diesen theoretischen Aussagen folgend, formulierten wir folgende Hypothesen:

Zunächst ist zu erwarten, daß die Verpflichtungsinstitution angenommen und genutzt wird, die Versuchspersonen dem Club also beitreten:

Hypothese 1a: Die Anzahl der Personen, die dem Club beitreten, ist größer als die Anzahl derer, die dies verweigern.

Diese Hypothese läßt sich noch verschärfen durch einen Vergleich mit dem Verhalten der Versuchspersonen im ursprünglichen Chicken-Game. Wenn der Club ein größeres Maß an kooperativem Verhalten fördern soll, müßten auch mehr Personen dem Club beitreten als im ursprünglichen Chicken kooperierten:

Hypothese 1b: Die Anzahl der Personen, die dem Club beitreten, ist größer als die Anzahl derer, die im Chicken-Game kooperieren.

Die Institution des Clubs kann nur dann kooperationsfördernd sein, wenn Clubmitglieder die Clubregeln auch befolgen. Wie oben gezeigt, ist es individuell vorteilhaft, dies zu tun. Dies führt zu folgenden Hypothesen über das Verhalten von Clubmitgliedern:

Hypothese 2: Treffen Clubmitglieder auf andere Clubmitglieder, so ist die Anzahl der Clubmitglieder, die kooperieren, größer als die Anzahl derer, die defektieren.

Hypothese 3: Treffen Clubmitglieder auf Nichtmitglieder, so ist die Anzahl der Clubmitglieder, die defektieren, größer als die Anzahl derer, die kooperieren.

Design und Durchführung des Experiments werden im folgenden Kapitel vorgestellt.

4. Design des Experiments: Freiwillige und Kartenspieler

Aufgrund von Budgetbeschränkungen standen uns nicht die bei experimentellen Spielen üblichen materiellen Anreize zur Verfügung (vgl. Krivohlavy 1974: 98) Wir wählten daher ein Setting, an dem Versuchspersonen ohne materielle Anreize freiwillig teilnehmen. Wir wählten dazu Ereignisse mit regem Publikumsverkehr an der Universität aus: den Tag der offenen Tür und den Studieninformationstag. Diese Veranstaltungen führen interessierte Besucherinnen und Besucher in die Universität, um dort meist Schnuppervorlesungen und Studienberatungen beizuwohnen. Als eine Besonderheit boten wir ein *Sozialwissenschaftliches Spiel* an, bei dem Interessierte ihre Fähigkeiten zeigen und das Testergebnis mit nach Hause nehmen konnten. Eingebettet in dieses Spiel waren das Chicken-Game mit seiner Verpflichtungserweiterung sowie ein Wissensteil. Ziel sollte es für die Versuchspersonen sein, im gesamten Spiel so viele Punkte wie möglich zu sammeln. Es wurde angekündigt, daß das Spiel aus mehreren Teilen besteht. Die genaue Anzahl der Teile wurde allerdings nicht mitgeteilt, um nicht Endspielverhalten in Form von Alles-oder-nichts-Entscheidungen zu provozieren.

Das Setting des Experiments sah wie folgt aus: Jede Versuchsperson wurde in einen Raum gebeten und erhielt einen Sitzplatz. Die Spielanweisungen und Antwortbögen wurden in schriftlicher Form ausgehändigt. Im ersten Teil ging es um ein Chicken-Game mit der in Abbildung 1 dargestellten Form. Eine *Auszahlung* erfolgte also in Punkten. Der zweite Teil bestand aus der Verpflichtungslösung des *Clubs Zuckerbrot und Peitsche*, wobei dementsprechend zunächst über die Mitgliedschaft und dann über das Verhalten im anschließenden Chicken-Teilspiel zu entscheiden war. Um mit einer Entscheidung zwischen Kooperation und Defektion mit dementsprechenden Begriffen kein sozial erwünschtes Verhalten zu provozieren, wurde das Chicken-Game als Kartenspiel mit der Alternative einer grünen resp. einer blauen Karte geschildert. Den Versuchspersonen wurde mitgeteilt, daß ihr Spielpartner in einem Nebenraum sitzt. Zu jedem einzelnen Entscheidungsschritt verließen daher die Versuchsleiter den Raum, um die Entscheidung dieses anderen Spielers zu erfahren und der Versuchsperson mitzuteilen. Der Spielpartner im Nebenraum existierte in Wirklichkeit nicht. Er wurde ersetzt durch eine *Computer-Strategie*, die ihre Entscheidungen entsprechend der theoretischen Vorgaben quasi *rational* fällte. Nach jedem Teil des Spiels erhielten die Versuchspersonen Punkte, die am Schluß als Gesamtergebnis ausgewiesen und kommentiert wurden.

Dieses Design entsprach den finanziellen Restriktionen, denen wir unterworfen waren. Es erschloß uns zudem die Möglichkeit, Versuchspersonen aus einer anderen Gruppe als bei Verhaltensexperimenten meist üblich, zu rekrutieren. Nicht Studierende der Universität, sondern vor allem Schülerinnen und Schüler der gymnasialen Oberstufe nahmen an unseren Experimenten teil. Dieser Umstand schloß die ansonsten vorhandene Gefahr aus, daß die Versuchspersonen in Lehrveranstaltungen oder der Literatur mit der zu testenden Problematik bereits in Berührung gekommen sind.

Auch ohne finanzielle Entlohnung erwies sich die Motivation der Versuchspersonen als wenig problematisch. Durch die freiwillige Teilnahme erschienen ohnehin interessierte Personen zu den Experimenten. Dementsprechend zeigten sich die Teilnehmerinnen und Teilnehmer sehr interessiert an ihrem Gesamtergebnis. Oft verglichen Versuchspersonen untereinander - insbesondere in Freundesgruppen - nach dem Spiel ihre Ergebnisse. Anstelle

116

materieller Anreize schienen also intrinsische und soziale Vergleichsanreize zu wirken. Das Engagement der Versuchspersonen und die Resultate des Experiments geben keine drängenden Hinweise darauf, daß die Motivation der Teilnehmerinnen und Teilnehmer nicht ausreichend groß gewesen sein könnte.

5. Ergebnisse: Clubmitgliedschaft und clubkonformes Verhalten

Die Experimente wurden zu mehreren Zeitpunkten in Leipzig und Nürnberg unter vergleichbaren Rahmenbedingungen durchgeführt. Insgesamt nahmen 344 Versuchspersonen teil. Diese bildeten eine relativ homogene Gruppe, da es sich fast ausschließlich um Schüler der gymnasialen Oberstufe handelte. Mit 76% wiesen die meisten Versuchspersonen ein Alter von 16 bis 18 Jahren auf. 13% waren jünger und ein Zehntel älter. Auffallend viele Versuchspersonen waren weiblichen Geschlechts. Nur 26% waren männlich.

Im ersten Teil des Experiments, dem reinen Chicken-Game, kommt es wie erwartet nicht zu allgemeiner Kooperation. Knapp 62% aller Versuchspersonen wählen den kooperativen, 38% den defektiven Zug. Diese Zahlen sind nicht weit von einer theoretisch erwartbaren Verteilung entfernt.[3] Auch wenn das Ausmaß an Kooperation bedeutend höher ausfällt als bei vergleichbaren Experimenten mit dem Gefangenendilemma (vgl. z.B. Raub & Keren 1993) - was aufgrund der Spielstruktur nicht überrascht - läßt sich das Ziel, den Anteil kooperativen Verhaltens zu steigern, also gut begründen.

Hypothesentest

274 Versuchspersonen entschieden sich für eine Clubmitgliedschaft. Das sind fast 80% der Gesamtzahl von 344 Teilnehmerinnen und Teilnehmern. Vergleicht man diese Anteile von Mitgliedschaft und Nichtmitgliedschaft mit einer Zufallsverteilung, ergibt sich ein Chi^2-Wert von über 120. Dies bestätigt Hypothese 1a über die Akzeptanz der Verpflichtungslösung. Wenn die Pfänderinstitution des Clubs ein größeres Maß an kooperativem Verhalten fördern soll, müßten auch mehr Personen dem Club beitreten, als im ursprünglichen Chicken kooperierten.

---

3 Eine im spieltheoretischen Sinne reine Nash-Gleichgewichtsanalyse hätte für das Chicken-Game mit den Auszahlungen entsprechend Abbildung 1 einen Kooperationsanteil von 50% erwarten lassen.

Entscheidungsstufe	N	Entscheidung	Absolute Häufigk.	relative Häufigk.	Chi²	DF
Chicken-Game	344	Kooperation	213	61,9%		
		Defektion	131	38,1%		
Club-Mitgliedschaft	344	Mitglied	274	79,7%	120,98***	1
		Nichtmitglied	70	20,3%		
Club-Mitgliedschaft: Vergleich zur Chicken-Game-Verteilung	344	Mitglied	274	79,7%	45,87***	1
		Nichtmitglied	70	20,3%		
Chicken-Game unter Club-Mitgliedern	274	Kooperation	266	97,1%	242,93***	1
		Defektion	8	2,9%		
Chicken-Game, wenn ein Clubmitglied auf ein Nichtmitglied trifft	274	Kooperation	30	10,9%	167,14***	1
		Defektion	244	89,1%		

Zweiseitiges Signifikanzniveau: * $p < 0,05$; ** $p < 0,01$; *** $p < 0,001$

Ein Vergleich der Kooperationsrate im ursprünglichen Chicken-Game (62%) mit der Mitgliedschaftsrate (80%), mit einem Chi²-Wert von über 45 bestätigt auch Hypothese 1b. Eine weitere Voraussetzung für einen Zuwachs kooperativen Verhaltens im Vergleich zum ursprünglichen Chicken-Game ist, daß Mitglieder die Clubregeln beachten, d.h. untereinander kooperieren. Tatsächlich kooperierten 97% der Clubmitglieder, wenn sie auf andere Clubmitglieder trafen. Dies bestätigt Hypothese 2. Der zweite Teil der Clubregeln betrifft das Verhalten gegenüber Nichtmitgliedern. Hier kooperierten nur knapp 11%, während 89% defektierten und damit die Clubregeln in der Tat einhielten. Auch Hypothese 3 läßt sich daher bestätigen (vgl. zusammenfassend Abbildung 3).

Sämtliche formulierten Hypothesen über die Akzeptanz und kooperationsfördernde Wirkung des Verpflichtungsmechanismus lassen sich also auf einem Signifikanzniveau von 99,9% bestätigen. Die experimentellen Ergebnisse lassen sich daher auf der Basis der theoretischen Vorgaben gut interpretieren. Rein forschungspraktisch schließt dies die Gültigkeit alternativer Interpretationsmöglichkeiten nicht aus. Im folgenden Abschnitt werden daher einige alternative Erklärungen der Ergebnisse betrachtet.

Alternativerklärungen: Handlungssicherheit, Lerneffekte und Spielertypen

Die im vorigen Abschnitt dargestellten Befunde lassen durchaus auch alternative Erklärungen und kritische Anmerkungen zu. So ist es möglich, die Beziehung zwischen den theoretischen Faktoren und der Annahme der Verpflichtungslösung durch die Versuchspersonen grundsätzlich in Frage zu stellen. Derartige Thesen könnten darauf abzielen, daß der signifikante Unterschied zwischen Annahme und Ablehnung des Clubs nicht durch die Gestaltung der Clubregeln gemäß theoretischer Vorgaben zustande kam, sondern durch die Wirkung dritter Faktoren. Auf zwei mögliche Alternativeinflüsse möchten wir näher eingehen: auf das Bedürfnis nach Handlungssicherheit und auf die Bedeutung von Lerneffekten.

Ein kritischer Einwand gegen die obige Interpretation der Daten könnte besagen, daß für das Chicken-Game keinerlei klare Handlungsanweisung vorliegt, so daß Versuchspersonen jede Art von Institution annehmen, die Handlungssicherheit verspricht. Ein derartiger Faktor könnte also das *Bedürfnis nach Handlungssicherheit* und damit die grundsätzliche Attraktivität der Institution des Clubs innerhalb des experimentellen Settings sein. Zur Überprüfung dieser Alternativerklärung legten wir den Versuchspersonen einen Club vor, der sich bezüglich der Clubregeln nicht vom oben erläuterten Club unterschied. Die einzige Differenz bestand in der Einführung von Transaktionskosten in Form eines Mitgliedsbeitrags. Dieser betrug 2 Punkte und wurde im Falle einer Mitgliedschaft in diesem *Club Zuckerbrot und Peitsche - Exklusiv* vom Punktekonto der Versuchsperson abgezogen und nicht wieder zurückgebucht.

Der theoretischen Analyse zufolge wird eine Mitgliedschaft durch diese Transaktionskosten völlig unattraktiv, da ein Mitglied nur einen Gewinn von maximal 2 Punkten erwarten kann - gegen andere Mitglieder sogar nur einen Punkt.

Der Alternativerklärung durch das Bedürfnis nach Handlungssicherheit zufolge dürfte allerdings kein Unterschied bezüglich der Mitgliedschaft in beiden Clubs herrschen, da durch die Transaktionskosten die Bindungswirkung durch Pfänder unangetastet bleibt. Die experimentellen Ergebnisse widerlegen diese Alternativerklärung (vgl. Abbildung 4). Traten 80% der Versuchspersonen in den kostenfreien Club ein, so waren es beim *Club Zuckerbrot und Peitsche Exklusiv* lediglich 35% (dieser Unterschied bewirkt einen Chi^2-Wert von über 400). Dieser stark signifikante Unterschied läßt sich bestätigen, wenn die Versuchspersonen anschließend gefragt werden, ob sie die Schaffung einer der Verpflichtungsinstitutionen befürworten und wenn ja, welcher. 21% der Befragten wollen keinen Club, nur 2% den Club Exklusiv, und 77% befürworten die Schaffung des kostenfreien Clubs. Im Vergleich zu einer zufallsgenerierten Gleichverteilung ergibt dies einen stark signifikanten

Überhang zugunsten des kostenfreien Clubs (mit einem Chi^2-Wert von über 100).

Abbildung 4: Akzeptanz der beiden Clubs

Variable	N	Entscheidung	absolute Häufigk.	Relative Häufigk.	Chi^2	DF
Mitgliedschaft im Club Exklusiv im Vergleich zur Mitgliedschaft im Club Gratis	344	Mitglied Nichtmitglied	121 223	35,2% 64,8%	419,85***	1
Freie Clubwahl	152	Exklusiv Gratis Kein Club	3 117 32	2,0% 77,0% 21,0%	108,30***	1

Zweiseitiges Signifikanzniveau: * p < 0,05; ** p < 0,01; *** p < 0,001

Eine weitere kritische Anmerkung könnte auf *die Bedeutung von Lerneffekten* abzielen. Die Versuchspersonen erkennen also nicht im Sinne der theoretischen Vorgaben die Vorzüge des Clubs, sondern lernen anhand des Umgangs mit dem zuerst vorgestellten Club. In diesem Zusammenhang wäre die Reihenfolge der Präsentation der beiden Clubs von Bedeutung. So wäre es denkbar, daß die Versuchspersonen erst nach der Erfahrung mit einem Club die Vorzüge und Nachteile des anderen Clubs einschätzen können. Sollte dies zutreffen, müßten sich die Beitrittsraten für die beiden Clubs stark verändern, wenn die Reihenfolge der Präsentation umgedreht wird.

Um dies zu überprüfen, erhielt ein Teil der Versuchspersonen den Club Exklusiv vor dem Gratis-Club vorgelegt und ein anderer Teil den Club Exklusiv erst *nach* dem Gratis-Club. Wird erst der Gratis-Club vorgelegt, treten knapp 81% ein. Ist die Reihenfolge anders herum, werden über 79% Mitglieder (vgl. Abbildung 5) Es zeigt sich also, daß die Reihenfolge keinen Effekt auf die Beitrittsrate des Gratis-Clubs ausübt. Ein Chi^2-Test ergibt ein dementsprechend nicht signifikantes Ergebnis. Ein Lerneffekt der dargestellten Art ist also nicht nachzuweisen.

Ferner ist ein Zusammenhang zwischen dem Verhalten im ursprünglich gespielten Chicken-Game und im Pfänderspiel denkbar. So ist denkbar, daß es Personen gibt, die sich nicht entsprechend der obigen theoretischen Überlegungen verhalten, sondern im Chicken-Game grundsätzlich kooperieren - und dementsprechend auch den Club wegen seiner kooperationsfördernden Wirkung annehmen. Neben solchen kooperationsfreudigen Akteuren sind Versuchspersonen denkbar, die es vorziehen, im Chicken-Game zu defektieren und auch den Club abzulehnen.

Variable		Reihenfolge der Clubs		Reihen gesamt
		Erst Club Exklusiv	erst Club Gratis	
Entscheidung im Club Gratis	Nichtmitglied	56 20,7%	14 19,2%	70 20,3%
	Mitglied	215 78,8%	59 80,8%	274 79,7%
Spalten gesamt		271 78,8%	73 21,2%	344 100,0%
Teststatistik	Wert	Signifikanz		
Chi^2	0,08	0,78		
Cramer's V	0,01	0,78		

Derartige Verhaltensweisen könnten beispielsweise mit der Existenz unterschiedlicher *Spielertypen* erklärt werden. Ein Effekt wäre, daß Personen mit kooperativer Grundeinstellung demnach grundsätzlich anders spielen müßten als Personen mit eher kompetitiver oder kompromißloser Ausrichtung. Meßbar wäre dies an einem Zusammenhang des Verhaltens im ursprünglichen Chicken-Game mit dem Verhalten im Pfänderspiel.

Abbildung 6 zeigt Testergebnisse zu dieser Alternativerklärung in Form von logistischen Regressionsrechnungen mit der Clubmitgliedschaft und den Entscheidungen im Pfänderspiel als abhängigen Variablen. Es zeigt sich, daß die Mitgliedschaft im Club (Gratis) nicht wesentlich mit der Entscheidung im ursprünglichen Chicken-Game zusammenhängt (erste Datenspalte). Zwar entscheiden sich Akteure, die im Chicken-Game kooperieren, häufiger für die Clubmitgliedschaft als Defekteure, signifikant ist der Zusammenhang aber nicht.

Weitere Rechnungen belegen, daß auch das Verhalten im Pfänderspiel, d.h. nach der Entscheidung für oder gegen eine Clubmitgliedschaft, nicht vom Verhalten im Chicken-Game abhängt. Die zweite Datenspalte in Abbildung 6 listet die Regressionsdaten auf für die abhängige Variable „Pfänderspielentscheidung für den Fall, daß der Spielpartner Clubmitglied ist". Auch hier zeigt sich wieder eine negative Tendenz: Wer im ursprünglichen Chicken defektierte, wird auch hier eher defektieren. Oder umgekehrt: Im Chicken-Game kooperationsfreudige Akteure kooperieren auch im Pfänderspiel häufiger. Signifikant ist der Effekt allerdings wieder nicht. Das gilt ebenso für die Entscheidung für den Fall, daß der Partner kein Mitglied ist (dritte Datenspalte).

121

Variable	Mitgliedschaft im Club Gratis (1= Mitglied)	Entscheidung im Pfänder- spiel, wenn Partner Mitglied (1= Kooperation)	Entscheidung im Pfänderspiel, wenn Partner kein Mitglied (1= Kooperation)
Konstante (17-jährige, kooperierende, weibliche Mitglieder)	1,72 (0,24)***	3,66 (0,60)***	- 2,34 (0,32)***
Chicken-Game (1=Defektion)	- 0,29 (0,32)	- 0,92 (0,75)	- 0,11 (0,50)
Mitgliedschaft Gratis-Club (1= kein Mitglied)		- 3,10 (0,71)***	2,45 (0,50)***
Interaktionseffekt Chicken vs. Mitgliedschaft		0,13 (0,96)	- 0,55 (0,77)
Geschlecht	- 0,70 (0,11)*	0,16 (0,51)	0,55 (0,39)
Alter	- 0,07 (0,24)	0,15 (0,16)	0,11 (0,12)
-2 log likelihood	249,57	132,85	197,29
Chi^2	5,64	51,88	43,42
DF	3	5	5
$McFadden-R^2$	0,02	0,28	0,18
N	255	255	255

Zweiseitiges Signifikanzniveau: * $p < 0,05$; ** $p < 0,01$; *** $p < 0,001$
B-Koeffizienten, Standardfehler in Klammern

Entscheidungen im ursprünglichen Chicken-Game haben unseren Daten zufolge also keinen Einfluß auf das Verhalten im Pfänderspiel. Dies gilt ebenso
für die verwendeten demographischen Daten. Die Datenspalten zwei und drei
belegen allerdings erneut, daß stark signifikante Zusammenhänge zwischen
Clubmitgliedschaft und Pfänderspiel-Entscheidungen bestehen. Dies wiederum bestätigt die obigen theoretischen Überlegungen.

6.   Diskussion: Kooperation durch Institutionen

Institutionen mit freiwilligen Kooperationsverpflichtungen können Kooperation schaffen und auch absichern. Mit der dargestellten Verpflichtungsinstitution werden die Handlungsabsichten der Beteiligten transparenter und die
Problematik der zugrundeliegenden Dilemmasituation gelöst. Durch zusätzliche Daten und Variationen im experimentellen Design konnten einige Alter-
nativerklärungen als nicht zutreffend dargestellt werden. Diesbezüglich

verbleiben allerdings ebenso Aufgaben für weitere Forschungsarbeiten wie beim Bedarf nach Testung alternativer Szenarien, etwa anderer Institutionen und anderer zugrundeliegender Dilemmasituationen.

Es bestätigt sich, wie wichtig es für eine Verpflichtungsinstitution ist, daß Versprechen und Drohung glaubwürdig sind. Doch die dritte zentrale Variable, das Maximin-Kriterium, können wir nicht ganz bestätigen. Zwar können Clubmitglieder im Normalfall ein Ergebnis erwarten, das sogar besser ist als das Mindestergebnis kooperativen Handelns im ursprünglichen Chicken-Game. Durch die Clubregel, gegen Nichtmitglieder zu defektieren, sind sie aber potentiell verwundbar. Gegen ein *irrationales* Nichtmitglied, das ebenfalls defektiert, ist das ungünstigste Chicken-Game-Ergebnis möglich: beide Akteure würden je 1 Punkt erhalten, womit das Mitglied schlechter abschneidet als im ursprünglichen Chicken-Game mit einer Maximin-Strategie gesichert werden könnte, d.h. 2 Punkte. Die Clubmitgliedschaft ist also mit einem Risiko verbunden, das dem Maximin-Kriterium widerspricht. Die Institution des *Clubs Zuckerbrot und Peitsche* wird von den Versuchspersonen dennoch angenommen, was vermuten läßt, daß wir es hier mit einer Eigenheit des Chicken-Game zu tun haben (vgl. Abschnitt 2.2).

Unsere Ergebnisse zeigen, wie der freiwillige Zugang zu einer günstig gestalteten Institution Kooperation schaffen und absichern kann. Dazu existieren zahlreiche Anwendungsbeispiele aus dem Bereich der Sozialwissenschaften, insbesondere aus dem Bereich der politischen und der Wirtschafts- und Organisationssoziologie. So weist Williamson (1985) darauf hin, daß Pfändergeben ein gängiges Mittel zur Sicherung und Effektivierung ökonomischer Beziehungen ist.Beispiele sind wechselseitige Lizenzierungen, Verfahren beim Transfer von Immobilien (Raub&Keren 1993 : 45) und die Gestaltung innerbetrieblicher Beziehungen (Abraham&Prosch 1991).

Anwendungsmöglichkeiten für Chicken-Pfänderspiele finden sich bei Fischfang- und Umweltproblemen (Taylor 1987: 43ff.) und vor allem bei internationalen Konflikten. Chicken-Games und Verpflichtungsspiele werden beispielsweise für die Cuba-Krise von 1962 (Howard 1971: 181), den Ausbruch des Ersten Weltkriegs (Snyder 1971: 91-92) und insbesondere die *Balance of Power* zwischen den Atommächten (Schelling 1960: 239) diskutiert. Auch für die Rekonstruktion des Kosovo-Kriegs im Jahr 1999 lassen sich Chicken-Game-Erweiterungen sinnvoll einsetzen (Prosch&Petermann 1999, Prosch 1999).

Die spezifische Gestalt des Clubs mit seinen unterschiedlichen Handlungsnormen in bezug auf Mitglieder und Nichtmitglieder verspricht weitere Anwendungsmöglichkeiten. Forschungsarbeiten zu stark abgrenzbaren sozialen Gruppen wie Sekten, Gangs (Whyte 1965) und Diamantenhändlern (Ben-Porath 1980) belegen die Bedeutung eng umrissener Verhaltenscodizes und ihrer Effekte auf Kooperation und Zusammenhalt der Gruppe.

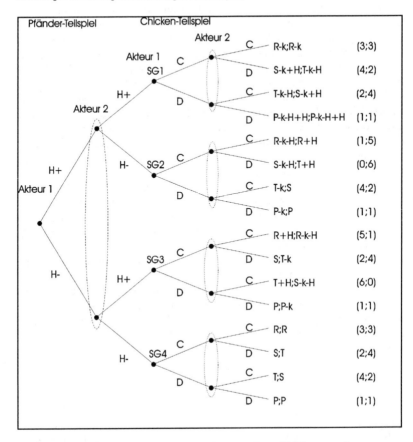

Die am Ende des Spielbaums aufgeführten Payoff-Werte weisen zuerst die Payoffs von Spieler 1 und anschließend die von Spieler 2 aus. Aus Vereinfachungsgründen sind sowohl bei den Handlungsalternativen (bzw. Teilspielstrategien) als auch bei den Payoffs Indizes für Spieler 1 bzw. Spieler 2 weggelassen worden. Die Abkürzungen stehen für folgende Variablen, Werte bzw. (im Falle unseres Entscheidungsexperiments mit den Clubs) Punkteauszahlungen:

Handlungsalternativen:			
Pfand geben	H+		
kein Pfand geben	H-		
Kooperation	C		
Defektion	D		
Auszahlungen:		Club gratis (in Klammern)	Club exklusiv (nicht aufgeführt)
Temptation	T	4	4
Reward	R	3	3
Sucker's Payoff	S	2	2
Punishment	P	1	1
Transaktionskosten	K	0	2
Pfand	H	2	2
Chicken-Teilspiele	SG		
Informationset	Kastenformen		

Das Pfänderspiel besteht aus zwei Teilspielen: dem Pfänder-Teilspiel und dem anschließenden Chicken-Teilspiel. Im Pfänder-Teilspiel entscheiden die beiden Akteure simultan, ob sie ein Pfand zur Verfügung stellen oder nicht. In unserem Experiment ist das Pfändergeben operationalisiert als Clubbeitritt. Diese Entscheidungen werden bekanntgegeben, so daß jeder Spieler darüber informiert ist, in welcher der folgenden vier möglichen Teilspielsituationen sich beide Akteure dann befinden. Die Spieler entscheiden sich dort abermals simultan zwischen Kooperation und Defektion.

Im Text betonten wir die Bedeutung eines glaubwürdigen Pfands. Das Pfand muss den Defektionsanreiz im Chicken-Teilspiel kompensieren. Es muss daher gelten: $H > T-R$. Abbildung 7 zeigt unter der Bedingung fehlender Transaktionskosten des Pfänderarrangements (im Experiment operationalisiert als Club gratis) folgendes: Im ersten Chicken-Teilspiel (SG1) ist für Akteur 1 und Akteur 2 jeweils C dominante Teilspiel-Strategie. Es ergibt sich folglich ein Teilspiel-Gleichgewicht in (C;C) mit den Auszahlungen (R-k;R-k). Diese Auszahlungen liegen höher als in Teilspiel SG 4 (wo quasi ein unverändertes Chicken-Game gespielt wird), wenn die Akteure dort in Ermangelung dominanter ihre gemischten Teilspiel-Gleichgewichtsstrategien wählen (vgl. zur Ermittlung gemischter Gleichgewichtsstrategien Rasmusen 1989). In den Teilspielen SG2 und SG3 hat jeweils ein Akteur D als dominante Teilspielstrategie. Für seinen Spielpartner ist jeweils C beste Antwort, woraus sich asymmetrische Teilspielgleichgewichte in (D;C) für SG 2 und (C;D) für SG 3 ergeben.

Für Akteur 1 sind die daraus resultierenden Payoffs in SG1 und SG 2 größer als in SG3 und SG4. Für Akteur 1 ist es also günstiger, das Pfand zu geben als es zu verweigern. Ähnliches gilt für Akteur 2: Für ihn sind die Payoffs in SG1 und SG 3 größer als in SG2 und SG4. Für Akteur 2 ist es also ebenfalls günstiger, das Pfand zu geben. Es resultiert ein Gleichgewichtspfad mit den Superspielstrategien (H+,C; H+,C)[4].

Werden Transaktionskosten für die Pfänderinstitution eingeführt (in unserem Experiment operationalisiert als Mitgliedsbeitrag für den Club exklusiv), ändert sich die Anreizstruktur innerhalb der Teilspiele nicht. In allen Teilspielen nach Pfändergeben eines Akteurs fallen für diesen allerdings Kosten an. Ein Vergleich der Teilspielergebnisse unter den o.g. Bedingungen ergibt folgendes: Akteur 1 schneidet nun wegen der Transaktionskosten in den Teilspielen SG3 und SG4 besser ab als in SG1 und SG2. Dementsprechend sind für Akteur 2 die Payoffs in den Teilspielen SG2 und SG4 besser als in SG1 und SG3. Diesmal ergibt sich ein Gleichgewichtspfad mit den Superspielstrategien (H-,M; H-,M)[5]. Pfändergeben ist also bei den verwendeten Transaktionskosten nicht sinnvoll. Es läßt sich demnach zeigen, daß ein Pfänderarrangement durch Transaktionskosten verhindert werden kann. Entscheidend dafür ist die Größe der auftretenden Transaktionskosten. Sobald diese den Payoff der kooperativen Lösung (also R-k in SG1) derart vermindern, daß er geringer ist als der Payoff im Gleichgewicht gemischter Strategien in SG 4, ist Pfändergeben ineffizient.

Literatur

Abraham, Martin und Bernhard Prosch, 1991: Arbeitsbeziehungen und selektive Anreize am Beispiel der Carl-Zeiss-Stiftung. S. 195-211 in: Reinhard Wittenberg (Hrsg.): Person - Situation - Institution - Kultur. Berlin: Duncker & Humblot.

Baldwin, David A., 1971: Thinking about Threats. In: Journal of Conflict Resolution, 15, 71-78.

Becker, Howard S., 1960: Notes on the Concept of Commitment. In: American Journal of Sociology, 66, 12-40.

Ben-Porath, Yoram, 1980: The F-Connection: Families, Friends, and Firms in the Organization of Exchange. In: Population and Development Review, 6, 1-30.

Colman, Andrew, 1982: Game Theory and Experimental Games. Oxford u.a.: Pergamon Press.

---

4   Bei entsprechender Spezifizierung der Verhaltensanweisungen in den (hier irrelevanten) Teilspielen SG2 bis SG4 ist dieses Gleichgewicht teilspielperfekt.

5   Mit M als gemischter (Teilspiel-) Gleichgewichtsstrategie des ursprünglichen Chicken-Games.

Deutsch, Morton und Robert M. Krauss, 1960: The Effect of Threat upon Interpersonal Bargaining. In: Journal of Abnormal and Social Psychology, 61, 181-189.

Guyer, Melvin J. und Anatol Rapoport, 1970: Threat in a Two-Person Game. In: Journal of Experimental Social Psychology, 6, 11-25.

Hardin, Garretts, 1968: The Tragedy of the Commons. In: Science, 162, 1243-1248.

Hobbes, Thomas, 1965: Leviathan. Reinbek: Rowohlt.

Horai, Joann und James T. Tedeschi, 1969: Effects of Credibility and Magnitude of Punishment on Compliance to Threats. In: Journal of Personality and Social Psychology, 12, 164-169.

Howard, Nigel, 1971: Paradoxes of Rationality: Theory of Metagames and Political Behavior. Cambridge und London: MIT Press.

Krampen, Günter, Johann Viebig und Wolfgang Walter, 1982: Entwicklung einer Skala zur Erfassung dreier Aspekte von sozialem Vertrauen. In: Diagnostica, 28, 242-247.

Krivohlavy, Jaro, 1974: Zwischenmenschliche Konflikte und experimentelle Spiele. Bern, Stuttgart und Wien: Huber.

Lück, Helmut E., 1975: Prosoziales Verhalten - Empirische Untersuchungen zur Hilfeleistung. Köln: Kiepenheuer & Witsch.

Prosch, Bernhard, 1999: Krieg gegen Vertreibungen - Strategisches Handeln im Kosovo-Konflikt, AWR-Bulletin - Vierteljahrsschrift für Flüchtlingsfragen, 37, 55-61.

Prosch, Bernhard, 2000: Kooperation durch die Schaffung von Institutionen, S. 93-114 in: Regina Metze, Kurt Mühler und Karl-Dieter Opp (Hrsg.): Normen und Institutionen – Entstehung und Wirkungen, Leipzig: Universitätsverlag.

Prosch, Bernhard und Sören Petermann, 1999: An Analysis of the Conflict in Kosovo Based on Game Theory, ms Universität Erlangen-Nürnberg, (Paper zum Gerhard-Wurzbacher-Symposion „Peace and Development in Europe" in Nürnberg)

Rapoport, Anatol, 1966: Two-Person Game Theory. Ann Arbor: University of Michigan Press.

Rapoport, Anatol, Melvin J. Guyer und David G. Gordon, 1976: The 2x2 Game. Ann Arbor: University of Michigan Press.

Rasmusen, Eric, 1989: Games and Information - An Introduction to Game Theory. Cambridge: University Press.

Raub, Werner und Gideon Keren, 1993: Hostages as a Commitment Device. In: Journal of Economic Behavior and Organization, 21, 43-67.

Raub, Werner und Jeroen Weesie, 1990: Reputation and Efficiency in Social Interactions: An Example of Network Effects. In: American Journal of Sociology, 96, 626-654.

Rotter, Julian B., 1967: A new Scale for the Measurement of Interpersonal Trust. In: American Psychologist, 26, 443-452.

Schelling, Thomas, 1960: The Strategy of Conflict. Cambridge: Harvard University Press.

Schelling, Thomas, 1966: Arms and Influence. New Haven: Yale University Press.

Schelling, Thomas, 1984: Choice and Consequence, Cambridge und London: Harvard University Press.

Snijders, Chris, 1996: Trust and Commitment. Amsterdam: Thesis Publishers.

Snyder, Glenn H., 1971: „Prisoner's Dilemma" and „Chicken" Models in International Politics. In: International Studies Quarterly, 15, 66-103.

Taylor, Michael, 1987: The Possibility of Cooperation. Cambridge und New York: Cambridge University Press.

Tedeschi, James T., Malkis, Farrell S., Gaes, Gerald G. und Barbara Quigley-Fernandez, 1980: First Impressions, Norms, and Reactions to Threats. In: Human Relations, 33, 647-657.

Yamagishi, Toshio, 1988: Seriousness of Social Dilemmas and the Provision of a Sanctioning System. In: Social Psychology Quarterly, 51, 32-42.

Ward, Hugh, 1987: The Risk for a Reputation of Toughness: Strategy in Public Goods Provision Problems Modelled by Chicken Supergames. In: British Journal of Political Sciences, 17, 23-52.

Whyte, William F., 1965: Street Corner Society. Chicago: University of Chicago Press.

Williamson, Oliver E., 1985: The Economic Institutions of Capitalism. New York: Free Press.

Die Bildung von Regelpräferenzen. Institutionenpolitische Entscheidungen im Schatten der Zukunft

Thomas Bräuninger[1]

1. Institutionenpolitik als unvollständiger Vertragsabschluss
2. Die Bildung von Regelpräferenzen
3. Präferenzbildung im Schatten der Zukunft
4. Anwendung: Regeln einer Internationalen Organisation

Zusammenfassung

Entscheidungsregeln legen fest, wie kollektive Entscheidungen in politischen Gremien getroffen werden. Auf der konstitutionellen Ebene setzt die Einrichtung solcher Regeln eine Einigung von Akteuren voraus, die im Allgemeinen unterschiedliche Präferenzen über die institutionenpolitischen Optionen haben. In der empirisch-analytischen Literatur wurde bislang der Konfiguration von Regelpräferenzen bei der Institutionenwahl wenig Aufmerksamkeit geschenkt. Im Beitrag wird hingegen berücksichtigt, dass die Akteure im Allgemeinen bezüglich zukünftiger Konfliktsituationen, zukünftiger Randbedingungen der Regelanwendung und zukünftiger Interessen der Akteure zwar unsichere, aber hinreichend konkrete Erwartungen haben. Es wird ein Modell entwickelt, das die Bildung von Regelpräferenzen unter diesen Annahmen beschreibt. Eine Anwendung des Modells erfolgt am Beispiel der Einrichtung der Entscheidungsregeln für die Internationale Meeresbodenbehörde. Die Ergebnisse zeigen, dass den unterschiedlichen Präferenzen, welche die Staatendelegierten hinsichtlich der Regelwahl äußerten, offenbar sehr spezifische Erwartungen über die Zukunft sowie die Wirkungen der Regeln zugrunde liegen.

---

1 Ich bedanke mich bei den anonymen Gutachtern für ihre ausführlichen und äußerst hilfreichen Hinweise.

1. Institutionenpolitik als unvollständiger Vertragsabschluss

Kollektive Entscheidungsregeln legen fest, wie Gruppen von Akteuren ihre unterschiedlichen Vorstellungen über die Ausgestaltung bestimmter Ereignisse zusammenfassen. Der Begriff „kollektiv" bezieht sich dabei auf zwei Eigenschaften: Zum einen handelt es sich um kollektive Entscheidungen, das heißt, sie werden von einer Gruppe von Akteuren gemeinsam getroffen, zum anderen um kollektivierte Entscheidungen, die für eine Adressatengruppe verbindlich sind (Sartori 1992: 212). Versteht man unter Politik die Allokation von Werten in Zwangsverbänden, dann bildet die Herbeiführung und Durchsetzung kollektiv(iert)er Entscheidungen eine der Hauptaufgaben politischer Systeme (Easton 1965). Allerdings ist die zeitlich vorausgehende Frage, nach welchen Regeln die kollektive Entscheidungsfindung von statten gehen soll, alles andere als einfach zu beantworten.

Ein Grund dafür liegt in den Inkonsistenzen, mit denen Regeln stets behaftet sind. So besagt Arrows (1951) sogenanntes Unmöglichkeitstheorem, dass jede Aggregationsregel zumindest eine der fünf notwendig erscheinenden Anforderungen der Ordnung, des unbeschränkten Definitionsbereiches, des Pareto-Prinzips, des Ausschlusses der Diktatur und der Unabhängigkeit von irrelevanten Alternativen verletzt (Kern und Nida-Rümelin 1994: 35). Selbst wenn man sich also auf die Notwendigkeit der Arrowschen Anforderungen einigen könnte, muss davon ausgegangen werden, dass jede vorgefundene Entscheidungsregel eine dieser Bedingungen nicht erfüllt. Aus normativer Sicht kann es deshalb keine „optimalen" Regeln geben.

In folgenden Beitrag soll hingegen die empirische Wendung der Fragestellung behandelt werden: Wie werden Regeln für die Entscheidungsfindung – angesichts der Unmöglichkeit optimaler Regeln – *tatsächlich* ausgewählt? Eine solche institutionenpolitische Entscheidung erfordert von den beteiligten Akteuren, die mehr oder weniger bekannten Vor- und Nachteile verschiedener Arrangements abwägen zu müssen. Sie mündet in spezifische Abmachungen hinsichtlich des Wahlsystems, der Besetzung von Gremien, der Vergabe von Initiativrechten, der Mehrheitskriterien etc. zu einem Zeitpunkt, welcher der kollektiven Entscheidungsfindung über konkrete Politikinhalte vorausgeht. Eine zielgerichtete institutionenpolitische Entscheidung erfordert von den Akteuren, sich Gedanken über wahrscheinliche Interessenkonflikte machen zu müssen, die zukünftigen Randbedingungen und möglichen Wirkungen dieser Regeln abzuschätzen. Aus der Sicht des zielorientiert und rational handelnden Akteurs sind instrumentelle Entscheidungen über Institutionen deshalb prinzipiell schwieriger zu treffen als Entscheidungen über inhaltlichpolitische Themen, die einen unmittelbaren Bezug zu ihren Interessen und Zielen haben.

In der Vergangenheit wurde in nur wenigen empirischen Studien der Unterschied zwischen Entscheidungen über Gegenstände mit direkten (Politikinhalte) und indirekten (Regeln) Folgen aufgezeigt und problematisiert (Gilligan und Krehbiel 1989; 1995; Lohmann und O'Halloran 1994). Bezüglich der Analyseebene verbleiben die meisten Ansätze auf der Ebene legislativer Entscheidungen über Politikinhalte und lassen die Fragen unberücksichtigt, die sich aus den besonderen Bedingungen institutionenpolitischer Entscheidungen über Regeln ergeben können. Zwar weist beispielsweise der Begriff des „shadow of the future" (Axelrod und Keohane 1993: 91) auf die Bedeutung der Dauerhaftigkeit von institutionellen Regeln hin, die kooperative Strategien fördern kann. Jedoch wird selten thematisiert, welche Bedeutung dem Unterschied von sachbezogenen und instrumentellen Vereinbarungen mit direkten beziehungsweise indirekten inhaltlichen Folgen in Entscheidungssituationen zukommt.

Aus theoretischer Perspektive sind demnach zwei Arten von Phänomenen zu erklären, nämlich die *Bildung von Präferenzen* auf einer ersten Stufe, die als ein interner Prozess eines jeden Akteurs verstanden werden kann, sowie die *Aggregation von Präferenzen* auf einer zweiten Stufe, die sich als ein Problem kollektiven Handelns darstellt. Im Mittelpunkt des vorliegenden Beitrags steht die Frage der ersten Stufe: Wie beurteilen die Akteure die einzelnen Regeloptionen aus der Menge alternativer institutioneller Arrangements, das heißt, wie bestimmen sich ihre individuellen Präferenzprofile über alternative Regeln? Dazu wird die Einrichtung von Regeln als eine instrumentelle Entscheidung aufgefasst. Akteure haben kein Interesse an Regeln als solchen, vielmehr entspringt ihr abgeleitetes Interesse an Regeln den erwarteten Wirkungen dieser Regeln. Entsprechend werden solche Entscheidungsregeln präferiert, von denen zu erwarten ist, dass sie die Durchsetzung der eigenen Vorstellungen garantieren oder zumindest wahrscheinlich machen. Dies schließt weder aus, dass bei der Beurteilung der Wirkungen von institutionellen Arrangements ausschließlich egoistisch-rationale Orientierungen vorliegen, noch, dass bei der späteren, konstitutionellen Auswahl von Regeln kollektive Handlungsorientierungen eine Rolle spielen. Vielmehr wird von der Annahme ausgegangen, dass Institutionen hinsichtlich ihrer Wirkungen beurteilt werden (Bräuninger und König 1999).

Im folgenden Abschnitt wird zunächst die Konzeption der Bildung von Regelpräferenzen dargestellt. Anschließend werden zwei extreme Annahmen diskutiert, mit denen die Transformation von Präferenzen über Politikinhalte zu Präferenzen über Institutionen erklärt werden kann. Nach der ersten Annahme richten die Akteure ihre Bewertung von Regeln an konkreten Vorstellungen über zukünftige Konfliktsituationen aus, nach der zweiten Annahme stehen sie der Zukunft ahnungslos gegenüber. Der vierte Abschnitt ist der empirischen Anwendung des Modells gewidmet. Für das Fallbeispiel der

Verhandlungen zur Einrichtung der Internationalen Meeresbodenbehörde werden abgeleitete und empirisch erhobene Regelpräferenzen der Verhandlungsteilnehmer einander gegenübergestellt.

2. Die Bildung von Regelpräferenzen

In der gemeinwohlorientierten Demokratietheorie dienen Entscheidungsregeln der Annäherung an „richtige" Entscheidungen, da Abgeordnete individuelle Interessen zurückstellen und nach der Verwirklichung eines gemeinsamen Ziels streben würden:

„Wenn man in der Volksversammlung ein Gesetz einbringt, fragt man genaugenommen nicht danach, ob die Bürger die Vorlage annehmen oder ablehnen, sondern ob diese ihrem Gemeinwillen entspricht oder nicht; jeder gibt mit seiner Stimme seine Meinung darüber ab, und aus der Auszählung der Stimmen geht die Kundgebung des Gemeinwillens hervor. Wenn also die meiner Meinung entgegengesetzte siegt, beweist dies nichts anderes, als daß, was ich für den Gemeinwillen hielt, es nicht war" (Rousseau 1986 [1762]: 116 f.)

Unterschiedliche Meinungen der Akteure verweisen hier nicht auf unterschiedliche Ziele, sondern unterschiedliche Fähigkeiten, die für die Zielerreichung richtigen Urteile zu treffen. Entsprechend könnte die Einrichtung ausdifferenzierter Abstimmungsregeln, wie eine Stimmengewichtung in Richter- oder Ärztegremien, mit den unterschiedlichen Irrtumswahrscheinlichkeiten der Entscheider begründet werden (Nitzan und Paroush 1985). Im Gegensatz zu dieser normativen Fragestellung – welche Regel unter welchen Umständen vorzuziehen sei – wurde dem empirischen Erklärungsproblem – welchen Mechanismen die konstitutionelle Regelwahl im Bereich des Politischen realiter folgt – bislang wenig Aufmerksamkeit geschenkt. So wird im Forschungsbereich internationale Beziehungen in Privilegien für einzelne Staaten, beispielsweise den Sitz- und Vetorechten der ständigen Mitglieder des UN-Sicherheitsrates, oftmals ein Ausdruck von historisch gewachsenen Machtverhältnissen gesehen (Waltz 1979). In dieser Sichtweise sind die Regelpräferenzen der Akteure nicht von Belang, da die Institutionenherausbildung von strukturellen Rahmenbedingungen, nicht jedoch einer expliziten, konstitutionellen Entscheidung der betroffenen Akteure abhängig ist.
Aber auch in vertragsökonomischen Ansätzen, die nicht von ausschließlich gemeinsamen Interessen der Akteure oder einer hegemonial geprägten konstitutionellen Entscheidungssituation ausgehen, kommt der Konfiguration der Regelpräferenzen keine wesentliche Bedeutung zu. Nach Buchanan und Tullock (1962) wissen die Akteure zwar, welcher Art die zu treffenden Ent-

scheidungen sein werden und welche unterschiedlichen Präferenzen bezüglich der Entscheidungskonsequenzen möglich sind; sie wissen jedoch nicht, welche dieser Präferenzen ihre eigenen sein werden:

„[T]he individual is *uncertain* as to what his own precise role will be in any one of the whole chain of later collective choices that will actually have to be made. For this reason he is considered not to have a particular and distinguishable interest separate and apart from his fellows. [... By] presupposition, he is unable to predict the role that he will be playing in the actual collective decision-making process at any particular time in the future" (Buchanan und Tullock 1962: 78).

In der Folge werden die Beteiligten nicht die Einrichtung von Regeln befürworten, die bestimmte Gruppen bevorzugen, da sie nicht wissen können, ob sie selbst einmal einer dieser Gruppen angehören werden. Vielmehr gewinnen solche Regeln die Zustimmung der Akteure, die für einen durchschnittlichen Akteur, dessen Präferenzen als zufällig verteilt eingeschätzt werden müssen, zufriedenstellend sind. Das unterstellte niedrige Informationsniveau einer solchen konstitutionellen Entscheidungssituation wird mit der Metapher des „Schleiers des Nicht-Wissens" umschrieben.[2]

Diese Charakterisierung trifft offensichtlich regelmäßig nicht zu, da sich bestimmte gesellschaftlich relevante Zuordnungen wie nach Geschlecht oder Zugehörigkeit zu ethnischen Minderheiten nicht verändern, so dass die konstitutionellen Akteure oftmals sehr konkrete Erwartungen hinsichtlich ihrer zukünftigen Präferenzen haben müssen (Mueller 1989: 433; Brennan und Buchanan 1985: 140; Streit und Voigt 1997: 234). Kirchgässner (1994: 325) argumentiert, drei Umstände ließen dennoch die Betrachtung konstitutioneller Entscheidungssituationen hinter der Folie eines dichten Schleiers gerechtfertigt erscheinen: Eine konsensuelle Wahl von Regeln sei insbesondere dann zu beobachten, wenn die zukünftigen Wirkungen der Regeln relativ unabhängig von den Positionen der Akteure sind, wenn die Akteure für nachkommende Generationen entscheiden, oder wenn die Zeitspanne zwischen Regeleinrichtung und Anwendung so groß ist, dass die Beteiligten nur wenig oder keine persönlichen Interessen haben.

Im Allgemeinen weist die Zuschreibung eines Schleiers deshalb weniger auf Ungewissheit, als vielmehr eine Ignoranz der Akteure gegenüber ihren zukünftigen Zielen oder aber einer Irrelevanz der Zukunft für die Akteure hin. Eine „realistische" Darstellung der Präferenzbildung sollte hingegen zweierlei berücksichtigen: Zum einen sind sich die Akteure sowohl bezüglich der zu-

---

2   Diese Theorie der Verfassungswahl kann auch normativ als Aufforderung an die konstitutionellen Akteure gedeutet werden, bei Verfassungsentscheidungen von ihren momentanen Interessen abzusehen und sich bewußt hinter einen Schleier des Nicht-Wissens zu stellen. Da im vorliegenden Beitrag die Wahl von Regeln *erklärt* werden soll, ist an dieser Stelle nur die positive Theoriekomponente von Interesse.

künftigen Randbedingungen der Regelanwendung als auch der zukünftigen Interessen der Akteure nie vollkommen sicher. Zum anderen ist davon auszugehen, dass Akteure zumindest hinreichend konkrete Erwartungen über zukünftige Konfliktsituationen haben, was mit der Annahme gleichverteilter Präferenzen nicht in Einklang zu bringen ist. Im Folgenden sollen beide Aspekte berücksichtigt werden, indem die Regelwahl als eine Entscheidung unter Risiko betrachtet wird. Die Bewertung einer Entscheidungsregel lässt sich dann bemessen als ein Erwartungsnutzen über wahrscheinliche Politikentscheidungen bei riskanten *Policy*-Präferenzen und riskanten Randbedingungen.[3]

In einer allgemeinen Formulierung lässt sich für einen beliebigen Akteur i – etwa ein Delegierter einer verfassunggebenden Versammlung – aus der Menge der konstitutionellen Akteure K, der erwartete Nutzen $EU_i(\mathrm{I})$ aus einer der möglichen Institutionen $\mathrm{I} \in J$ angeben als (vgl. Bräuninger 2000: 176):

$$EU_i(\mathrm{I}) = \int_0^\infty \delta_i^t \int_\Theta u_i\left(o^i\left(\mathrm{I},\theta\right)\right) f_t^i(\theta)\, d\theta dt. \tag{1}$$

Dabei bezeichnet Θ die Menge aller denkbaren Randbedingungen und $f_t^i(\theta)$ die Wahrscheinlichkeit, mit der Akteur i annimmt, dass die Randbedingung θ zum Zeitpunkt t in der Zukunft gegeben sein wird. Der Wert $o^i(\mathrm{I},\theta)$ steht für die inhaltliche Entscheidung, die das Gremium aus Sicht von i bei gegebener Randbedingung θ und bei Geltung der Institution I trifft; der Nutzen dieser inhaltlichen Entscheidung bemisst der Akteur mittels seiner Nutzenfunktion u_i, wobei im Weiteren unterstellt wird, dass die individuellen kardinalen Nutzenwerte interpersonell vergleichbar sind. Mit der Integration über die Zeit t wird der Dauerhaftigkeit der Institutionenwirkung Rechnung getragen, so dass bei der Institutionenwahl beispielsweise heutige Vorteile gegen zukünftige Nachteile abzuwägen sind. Die Gewichte δ_i beschreiben dieses Abwägen der Entscheider zwischen Gewinnen zu den einzelnen Zeitpunkten und damit ihren Zeithorizont.[4] Die beschränkte Unsicherheit der konstitutionellen Entscheidungssituation ist demnach dadurch charakterisiert, dass die Akteure zwar die zukünftigen Randbedingungen nicht kennen, dafür aber die Menge der möglichen Randbedingungen und die Wahrscheinlichkeiten, mit denen diese in der Zukunft gegeben sind.

---

3   Da die Akteurserwartungen über die Zukunft subjektiver Natur sind, handelt es sich natürlich um subjektive Erwartungsnutzen „SEU". Im folgenden wird aus Darstellungs- und Notationsgründen auf eine Differenzierung verzichtet und von Erwartungsnutzen (*expected utilities, EU*) gesprochen.

4   Im hier dargestellten Diskontierungsmodell wird von einer additiven intertemporalen Wertfunktion ausgegangen (vgl. Eisenführ und Weber 1994, 280-93). Für den Diskontierungsparameter soll $\delta > 0$ gelten, so dass sich eine abnehmende Bedeutung der Erwartungsnutzen im Zeitverlauf ergibt.

Unter der Annahme, dass rationale Akteure versuchen, ihren Erwartungsnutzen aus dieser Lotterie zu maximieren, so, als sei dies der Nutzen aus sicheren Alternativen, lassen sich die konstitutionellen Präferenzen über Regelalternativen bestimmen. Jeder Akteur wird gerade für die Einrichtung derjenigen Regel eintreten, die ihm den höchsten Nutzen verspricht, die Regel mit dem zweithöchsten Erwartungsnutzen an zweiter Stelle präferieren und so weiter. Etwas vereinfachend kann der Erwartungsnutzen eines Akteurs aus der Einrichtung und Anwendung einer Entscheidungsregel also interpretiert werden als der Mittelwert seiner Nutzen aus allen möglichen Politikinhalten, gewichtet mit der jeweiligen Wahrscheinlichkeit, dass ein Politikinhalt das Ergebnis eines (konkreten) kollektiven Entscheidungsproblems bildet. Nicht näher spezifiziert bleiben an dieser Stelle vier Parameter: Zum einen existieren prinzipiell unendlich viele, unterschiedliche institutionelle Arrangements in der Alternativenmenge J. Allerdings werden die konstitutionellen Akteure bei ihrer Entscheidung kaum alle möglichen Regeln als „echte" Alternativen bedenken und umgekehrt bestimmte „Fokalpunkte" (Schelling 1960: 111) von Regeln eher als Alternativen wahrnehmen. So ist eine Art Drei-Klassen-Wahlrecht mit Privilegien für beitragsleistende Staaten in der internationalen Politik gängig (Internationaler Währungsfond), in modernen repräsentativen Demokratien jedoch als Wahlsystem kaum akzeptabel.

Zum anderen reflektieren die Nutzenkalküle u_i die individuellen Bewertungen von Ereignissen zum Zeitpunkt der Institutioneneinrichtung. Diese müssen nicht notwendig mit den Bewertungen in konkreten (inhaltlichen) Entscheidungssituationen übereinstimmen. Die Theorie des *integrative bargaining* in der internationalen Politik (Youngs 1989) unterstellt beispielsweise, dass Gerechtigkeitsvorstellungen stärker in konstitutionellen als in alltäglichen Entscheidungssituationen zum Tragen kommen. In der Folge fließt neben individuellen Gewinnen auch deren ausgewogene Verteilung in die Bewertung des Akteurs zum Zeitpunkt der Institutioneneinrichtung ein.

Weiterhin ist nicht angegeben, welche Randbedingungen – beispielsweise welche Konfliktgegenstände – die Akteure für möglich halten und für wie wahrscheinlich diese eingeschätzt werden, das heißt, welche Erwartungen die Akteure über die Menge Θ und die Wahrscheinlichkeiten $f_t^i(\theta)$ haben. Entsprechendes gilt für den Zeithorizont, da die Erwartungen der Akteure an die Dauerhaftigkeit und zeitliche Bedeutung der Institution sowohl lang- als auch kurzfristig sein können.

Schließlich bleibt unbestimmt, welche Ergebnisse $o^i(I,\theta)$ bei gegebenen Randbedingungen und institutionellem Arrangement resultieren. Im Allgemeinen können die konstitutionellen Akteure durchaus verschiedene, richtige oder falsche Vorstellungen darüber besitzen, wie die Institution I in der Situation θ wirkt und welche inhaltlichen Entscheidungen dann getroffen werden.

3. Präferenzbildung im Schatten der Zukunft

Für eine Anwendung des allgemeinen Modells der Präferenzableitung müssen demnach vier wesentliche Parameter des Kalküls näher spezifiziert werden, nämlich die Menge möglicher Regeln, die Form des Akteursnutzens, die erwarteten Randbedingungen und die erwarteten Wirkungen von Regeln. Zur Abschätzung der Regelwirkungen wird zunächst ein Modell von Entscheidungen *unter* Regeln eingeführt.

3.1 Entscheidungen unter Regeln

Für die Modellierung von Entscheidungen über Politik wird auf ein legislatives Agenda-Setzer-Modell zurückgegriffen, in dem sich kollektive Entscheidungen als teilspielperfekte Gleichgewichte eines legislativen Entscheidungsprozesses ergeben (Romer und Rosenthal 1978; Tsebelis 1994; Krehbiel 1996; König und Bräuninger 1997). Gegeben seien dazu ein ein- oder mehrdimensionaler Politikraum $\Omega \subseteq \mathbf{R}^k$, eine Akteursmenge $N=\{1,...,n\}$ sowie die Präferenzen der Akteure über Alternativen des Politikraums. Akteurspräferenzen seien durch eingipflige und symmetrische Nutzenfunktionen w_i beschrieben, die daraus abgeleiteten Idealpunkte werden mit x^*_i bezeichnet. Akteur i präferiert demnach genau dann eine Alternative y gegenüber einer zweiten Alternative z, wenn $\| y-x^*_i \| < \| z-x^*_i \|$. Eine Institution oder Entscheidungsregel I sei durch die Spielform $\Gamma_I = (N, S_i, \Omega \mid i \in N)$ gegeben. Sie legt die Handlungsalternativen $s_i \in S_i$ der Spieler i fest, insbesondere welche Spieler als Agenda-Setzer Vorschläge einbringen dürfen, ob und wer Vorschläge inwieweit verändern darf, welche Mehrheiten für eine verbindliche Entscheidung notwendig sind und schließlich welches Ereignis im Falle einer Nichtentscheidung eintritt. Entscheidungsregel und Randbedingungen zusammen definieren dann eine konkrete Entscheidungssituation, das heißt ein Spiel in extensiver Form Γ_{I^0}, in dem die Spieler vollständige und perfekte Informationen besitzen. Als Ergebnis einer Entscheidungssituation werden die teilspielperfekten Gleichgewichte des Spieles betrachtet (Osborne und Rubinstein 1994: 97), wobei garantiert ist, dass mindestens ein Gleichgewichtspunkt existiert.[5]

---

5 Die formale Annahme ist, daß jeder Spieler die vorherigen Züge kennt und bei seiner Entscheidung bedenkt. Dann besitzt jedes Spiel in extensiver Form wenigstens eine Gleichgewichtsstrategie (Selten 1965), welche in eindimensionalen Politikräumen sogar eindeutig sind. Im beschriebenen Agenda-Setzer-Modell wird, entsprechend Arrows Theorem, die Gleichgewichtslösung bzw. die Verhinderung zyklischer Präferenzfolgen nur um den „Preis" erreicht, dass die Bedingungen der Unabhängigkeit von irrelevanten Alternativen (wg. der Auswahlfunktion des Agenda-Setzers) und des unbeschränkten Definitionsbereiches (wg. der Eingipfligkeit der Präferenzen) verletzt werden. Dessen ungeachtet stellt in vielen politischen Entscheidungssituationen die Konzeption von Akteurspräferen-

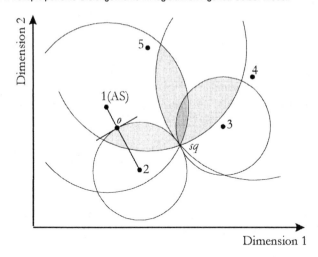

Dimension 1

In Abbildung 1 ist beispielhaft die teilspielperfekte Gleichgewichtslösung für eine Abstimmungssituation dargestellt, in der ein Gremium mit fünf Akteuren 1 bis 5 kollektive Entscheidungen in einem zweidimensionalen Politikraum trifft. Die Idealpunkte der Gremiumsmitglieder sind durch Punkte gekennzeichnet, die zirkulären Indifferenzkurven durch den Status quo zeigen die Zustimmungsmengen für eine Status quo-Änderung an. Weiterhin soll Akteur 1 über ausschließliche Agenda-Setzungsrechte (AS) verfügen. Entscheidungen sind demnach möglich, wenn eine einfache Mehrheit, das heißt drei der fünf Gremiumsmitglieder dem Vorschlag des Agenda-Setzers zustimmen. Kommt keine solche Mehrheit zustande oder verzichtet der Agenda-Setzer auf eine Einbringung, dann bleibt der Status quo (*sq*) bestehen.

Der Agenda-Setzer wird nur solche Vorschläge einbringen, die für ihn eine Verbesserung gegenüber dem Status quo darstellen. Darüber hinaus wird er die Politik vorschlagen, die seiner Idealposition möglichst nahe kommt und die Zustimmung einer einfachen Mehrheit, also von mindestens zwei weiteren Gremiumsmitgliedern, findet. Im Beispiel existieren mit den in hellem bzw. dunklem Grau ausgelegten Mengen eine Vielzahl von Punkten, die von drei bzw. vier der fünf Mitglieder gegenüber dem Status quo vorgezogen werden, also mehrheitsfähig sind. Akteur 1 schlägt gerade die Alternative vor, die ihn unter allen mehrheitsfähigen am besten stellt (*o*). Mit der Besserstellung von 1, 2 und 5 ist die Alternative *o* mehrheitsfähig und löst den bisherigen Status

---

zen als eingipflig und die Postulierung eines Agenda-Setzers eine plausible Beschreibung der empirischen Gegebenheiten dar.

quo ab. Wesentlich für die Handlungsfähigkeit des Agenda-Setzer ist demnach der Status quo, da je nach dessen Lage die Menge der mehrheitsfähigen Alternativen unterschiedlich ausfällt.

Die Bildung von Erwartungen über die Wirkungen von Entscheidungsregeln in der Zukunft setzt die Vorhersage kollektiver Entscheidungen unter unterschiedlichen Randbedingungen voraus. Im dargestellten legislativen Agenda-Setzer-Modell unterscheiden sich zukünftige Randbedingungen durch unterschiedliche Verteilungen der Idealpunkte der beteiligten Akteure sowie unterschiedliche Lagen des Status quo. Die Funktion

$$o : \begin{cases} J \times \Omega^{n+1} \to \Omega \\ (\mathrm{I}, x_1^*, ..., x_n^*, sq) \to \{x \in \Omega \mid x \text{ ist teilspielperfektes Gleichgewicht von } \Gamma_{\mathrm{I}} \} \end{cases} \quad (2)$$

ordnet entsprechend jeder Konfiguration von Entscheidungsregel, Idealpositionen und Lage des Status quo diejenige Politikalternative zu, die als Lösung des konkreten Entscheidungsproblems durch das Konzept des teilspielperfekten Gleichgewichts erhalten wird.

3.2   Präferenzen über Regeln

Institutionenpolitische Entscheidungen sind Vorentscheidungen über die Zukunft. Wenn Institutionen nach ihren Wirkungen beurteilt werden, dann sind keine sicheren Entscheidungen über Institutionen denkbar. Umgekehrt werden Institutionen nicht für eine Zukunft eingerichtet, der die Akteure ahnungslos oder ignorant gegenüberstehen. Kennzeichen konstitutioneller Entscheidungssituationen ist deshalb, dass die Akteure weder über sicheres Wissen hinsichtlich der Zukunft verfügen noch durch Unwissenheit gekennzeichnet sind. Unter dieser „beschränkten Unsicherheit" (Dietl 1993: 27) treffen die konstitutionellen Akteure bei hinreichend konkreten Erwartungen bezüglich zukünftiger Entscheidungssituationen ihre Wahl über Regeln.

Damit hängen die individuellen Regelpräferenzen der Akteure von ihren Erwartungen über drei Komponenten ab: erstens den Wirkungen von Regeln in der Zukunft, zweitens der Lage des Status quo und drittens der Konfiguration der zukünftigen Akteurspräferenzen. Bezüglich der ersten Komponente wird angenommen, dass die konstitutionellen Akteure von einem Entscheidungsprozess unter Regeln ausgehen, der sich durch das eingeführte legislative Agenda-Setzer-Modell beschreiben lässt. Damit haben alle Beteiligten auch identische Auffassungen über die Wirkung von Regeln, was eine vertretbare Annahme ist, da konstitutionelle Akteure für gewöhnlich erfahrene Politiker oder Diplomaten sind:

Annahme 1 (Entscheidungsregeln): Die Abschätzung der Ergebnisse kollektiver Entscheidungsprozesse durch die konstitutionellen Akteure lässt sich mittels des legislativen Agenda - Setzer - Modells beschreiben. Insbesondere besitzen die konstitutionellen Akteure identische Erwartungen hinsichtlich der Wirkung von Regeln.

Die zweite Komponente der konstitutionellen Entscheidungssituation ist ebenso durch beschränkte Unsicherheit gekennzeichnet. Da die Akteure die genauen Umstände zukünftiger Entscheidungssituation nicht kennen können, vermögen sie nur Vermutungen über die zukünftige Lage des Status quo anzustellen. Hinsichtlich des zukünftigen Status quo wird deshalb die Annahme getroffen, dass die Akteure lediglich Wahrscheinlichkeiten für dessen Lage angeben können. Die Annahme bezüglich der dritten Komponente ist, dass die Akteure allerdings sehr konkrete Erwartungen hinsichtlich ihrer zukünftigen Politikvorstellungen besitzen: Sie schätzen die zukünftigen durch die aktuellen Politikvorstellungen ab, die ihnen als beste Approximation der Zukunft dienen.

Allerdings muss sich jeder konstitutionelle Akteur nicht nur Gedanken über seine eigene Zukunft machen, sondern – da der Ausgang der Kollektiventscheidung nicht von ihm allein abhängt – über die aller Beteiligten. Und da die Erwartungsbildung unter anderem auf dem partikularen Wissen über die Gegenwart beruht, müssen die Akteurserwartungen nicht notwendig identisch sein. Akteur A kann mehr Information über seine momentane Situation besitzen als Akteur B und wird daher besser in der Lage sein, seine zukünftigen Vorstellungen und Ziele abzuschätzen, als dies Akteur B zu tun vermag. Auch hiervon wird im Folgenden abgesehen; nach der oben eingeführten Annahme interpersonell vergleichbarer individueller Nutzen kann vielmehr davon ausgegangen werden, dass jeder Akteur von jedem anderen weiß, wie dessen Nutzenfunktion aussieht. Alle Akteure verfügen dann über ein gemeinsames Wissen hinsichtlich ihrer Politikvorstellungen (der eigenen und die der anderen) sowie über eine gemeinsame Erwartung bezüglich ihrer Politikvorstellungen in der Zukunft. Zwei weitere Annahmen sind:

Annahme 2 (Status quo): Die konstitutionellen Akteure besitzen identische Erwartungen hinsichtlich der zukünftigen Lage des Status quo.

Annahme 3 (Akteurspräferenzen): Die konstitutionellen Akteure schätzen die zukünftigen Politikvorstellungen der regelunterworfenen Akteure durch deren aktuelle Politikvorstellungen ab. Insbesondere besitzen die konstitutionellen Akteure identische Erwartungen hinsichtlich der zukünftigen Politikvorstellungen der regelunterworfenen Akteure.

In der allgemeinen Formulierung ergibt sich der Erwartungsnutzen $EU_i(I)$ des konstitutionellen Akteurs $i \in K$ aus einer Institution I entsprechend dem erwarten Nutzen aus den Ereignissen, die vermittels der Institution in einer unsicheren Zukunft realisiert werden:

$$EU_i(I) = \int_0^\infty \delta_i^t \int_\Theta u_i \left(o^i\left(I, \theta\right)\right) f_t^i(\theta)\, d\theta dt \, . \tag{3}$$

Die Akteure berücksichtigen lediglich die inhaltlichen Konsequenzen von Entscheidungen unter Regeln, nicht jedoch die damit verbundenen Entscheidungskosten, Auswirkungen durch fehlende Legitimität bestimmter Regeln etc. Nach der obigen Annahme ist die Menge aller denkbaren Randbedingungen Θ durch die Menge aller möglichen Lagen von Idealpositionen der regelunterworfenen Akteure und aller möglichen Lagen des Status quo gegeben, das heißt durch alle beliebigen $\theta = (s_1, s_2, ..., s_n, s_{sq}) \in \Omega^{n+1}$. Die Wahrscheinlichkeit, dass eine Randbedingung θ zum Zeitpunkt t tatsächlich eintritt, bedenkt der Akteur i mit der Verteilungsfunktion f_t^i:

$$f_t^i = f_{1,t}^i \times ... \times f_{n,t}^i \times f_{sq,t}^i \, . \tag{4}$$

Damit ergibt sich nach Einsetzen in (3):

$$EU_i(I) = \int_0^\infty \delta_i^t \int_\Omega ... \int_\Omega u_i \left(o^i\left(I, s_1, ..., s_n, s_{sq}\right)\right) f_{1,t}^i(s_1) ... f_{n,t}^i(s_n) f_{sq,t}^i(s_{sq}) ds_1 ... ds_n ds_{sq} dt \tag{5}$$

Der Erwartungsnutzen hängt nach der allgemeinen Darstellung nicht nur von unterschiedlichen Randbedingungen ab, sondern auch von den mitunter unterschiedlichen Vorstellungen der Akteure, wie wahrscheinlich diese Randbedingungen sind. Nach den Annahmen 1 bis 3 haben die konstitutionellen Akteure jedoch identische Erwartungen hinsichtlich der Wirkungen von Regeln sowie der Wahrscheinlichkeit einzelner Randbedingungen, das heißt:

$$o^i = o^{i'}, \; f_t^i = f_t^{i'} \qquad \forall i, i' \in K \, . \tag{6}$$

Insbesondere schätzen sie nach Annahme 3 die zukünftigen Idealpositionen der regelunterworfenen Akteure $v \in N$ durch deren gegenwärtige Idealpositionen x^*_v ab:

$$f^i_{v,t}(s_v) = \begin{cases} 1 & s_v = x^*_v \\ 0 & \text{sonst} \end{cases} \quad \text{mit} \int f^i_{v,t}(s_v)ds_v = 1 \quad \forall i \in K, v \in N, t \in (0,\infty) \qquad (7)$$

Dies überführt Gleichung (5) in:

$$EU_i(\text{I}) = \int_0^\infty \int_\Omega u_i \left(o \big(\text{I}, x^*_1, \ldots, x^*_n, s_{sq} \big) \right) \delta^t_i \, f_{sq,t}(s_{sq}) ds_{sq} dt \qquad (8)$$

Etwas vereinfachend kann der Erwartungsnutzen eines Akteurs aus der Einrichtung und Anwendung einer Entscheidungsregel damit interpretiert werden als sein langfristiger Nutzen aus möglichen Entscheidungen, die unter dem Risiko unterschiedlicher Status quo-Lagen in der Zukunft getroffen werden. Geht man von der letzten Gleichung aus, nimmt also an, dass die Akteure identische Erwartungen hinsichtlich zukünftiger Entscheidungssituationen haben, dann unterscheiden sich die Bewertungen der Akteure hinsichtlich einer Institution gerade aufgrund der unterschiedlichen (gegenwärtigen) Politikpositionen x^*_i. Den Akteuren werden also konkrete Erwartungen hinsichtlich ihrer zukünftigen Positionen unterstellt, wenn sie diese durch ihre gegenwärtigen Positionen als „beste Approximation" abschätzen. Daraus folgt insbesondere, dass die Akteure für gewöhnlich unterschiedliche Regelpräferenzen aufweisen und in einer zweiten Stufe ihre unterschiedlichen Vorstellungen aggregieren müssen.

Welche Implikationen für die Regelpräferenzen der Akteure hätte im Gegensatz zum vorgestellten Approximationsmodell die Buchanan und Tullocksche Annahme über einen dichten Schleier des Nicht-Wissens? Dies ist nicht unmittelbar ersichtlich, da die Annahme eines Schleiers des Nicht-Wissens keine Vorstellungen der Akteure über die Wahrscheinlichkeit einzelner zukünftiger Entscheidungssituationen zuläßt. Dagegen kann eingewendet werden, dass Akteure dessen ungeachtet Ereignissen stets subjektive Wahrscheinlichkeiten zuzuordnen vermögen, was eine Entscheidungssituation unter Ungewißheit in eine Situation unter Risiko (bei subjektiven Wahrscheinlichkeiten) überführt. Entsprechend wäre etwa nach der Laplace-Regel von gleich wahrscheinlichen Interessen und Randbedingungen beziehungsweise einer Gleichverteilung von Akteurspositionen und Status quo-Lagen auszugehen:

$$f^i_v(s_v) \equiv const., \quad f^i_{sq}(s_v) \equiv const. \quad \forall i \in K, v \in N \qquad (9)$$

und der Zeithorizont der Akteure wäre als identisch zu betrachten. Geht man weiterhin davon aus, dass die Herausbildung von Regelpräferenzen nicht durch weitere akteursspezifische Faktoren bestimmt wird, dann ergeben sich identische Regelpräferenzen aller konstitutionellen Akteure:

$$EU_i(\mathrm{I}) = EU_{i'}(\mathrm{I}) \qquad \forall i, i' \in K. \tag{10}$$

Widerstreitende Interessen bei und andauernde Verhandlungen über die Festlegung von Regeln sollte es demnach nicht geben. Abbildung 2 verdeutlicht die Unterschiede der beiden Konzeptionen konstitutioneller Entscheidungssituationen. Nach dem ersten Ansatz dienen die aktuellen inhaltlichen Positionen x^*_v der Akteure v zugleich als Abschätzung der zukünftigen Politikvorstellungen. Dies mündet, wie Abbildung 2a zeigt, in die Annahme einer Punkt-Wahrscheinlichkeitsverteilung über der aktuellen Position des Akteurs. Nach dem zweiten Ansatz schätzen die Akteure zukünftige Positionen durch eine Gleichverteilung ab (Abbildung 2b).

Damit ist allerdings nicht ausgeschlossen, dass die Akteure auch andere Erwartungen gegenüber der Zukunft haben oder sich hinsichtlich ihrer Vorstellungen über die Zukunft voneinander unterscheiden. Individuelle Erwartungen können sich auf spezifisch veränderte Interessen von Akteuren beziehen (Abbildung 2c), wenn beispielsweise den Staatendelegierten in internationalen Verhandlungen offensichtlich erscheint, dass ein Schwellenland wie China oder Indonesien zwar momentan die typischen Interessen eines Entwicklungslandes aufweist, in naher Zukunft jedoch Positionen eines entwickelten Staaten formulieren wird. Erwartungen können sich aber auch auf konkrete, wenngleich mit größerer Unsicherheit behaftete Interessen beziehen. Nach Abbildung 2d ist die Abschätzung der zukünftigen Position von Akteur v schwierig, da zum Zeitpunkt der konstitutionellen Verhandlungen nicht abzusehen ist, ob dieser zukünftig eher eine linke oder rechte Position vertreten wird. Liegen entsprechende Informationen zu den Erwartungen der Beteiligten über zukünftige Interessen- und Konfliktkonstellationen vor, dann sollten diese eine bessere Vorhersage beziehungsweise Erklärung von geäußerten Regelpräferenzen erlauben.

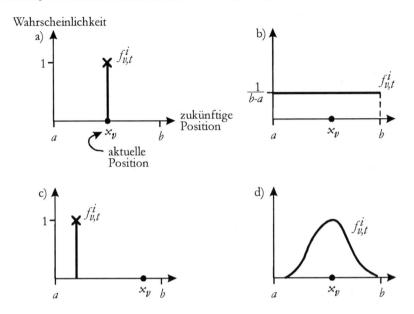

Zusammenfassend bedeutet dies, dass erstens bei identischen, aber unspezifischen Annahmen der Akteure über ihre Position in der Zukunft Konsens über institutionelle Optionen bestehen sollte. Unterschiedliche Regelpräferenzen weisen die Akteure für gewöhnlich auf, wenn spezifische Erwartungen über zukünftige Positionen bestehen. Zweitens können dabei unterschiedliche Erwartungen den Dissens über institutionelle Optionen verstärken oder auch schwächen.

4. Anwendung: Regeln einer Internationalen Organisation

Die Internationale Meeresbodenbehörde (International Seabed Authority, ISA) mit Sitz in Kingston, Jamaika verwaltet seit 1994 die Ressourcen des staatsfreien Raumes des Tiefseebodens. Mit einer Beteiligung von mittlerweile über 180 Staaten übt die internationale Organisation faktisch Souveränitätsrechte über den Tiefseeboden aus. Die Behörde vergibt Lizenzen an private

143

und staatliche Unternehmen zum Abbau von Tiefseemineralien, erhebt dafür Gebühren und Gewinnabgaben und verteilt diese Einnahmen an die Staatengemeinschaft. Angesichts der prinzipiellen terrestrischen Knappheit an metallischen Rohstoffen war die Frage, wer über die Nutzung der Ressourcen entscheiden darf, ein wesentliches Streitthema der Dritten Seerechtskonferenz der Vereinten Nationen (1975-82), welche die Meeresbodenfrage im Rahmen der UN-Seerechtskonvention zu lösen versuchte.

In der Forschung wurde die rechtliche, politische und wirtschaftliche Dimension der Verrechtlichung des Tiefseebodens und seiner Ressourcen eingehend behandelt. Selten diskutiert wurde jedoch die zentrale Frage, mit welchen Abstimmungsregeln die zukünftige Ressourcennutzung gesteuert werden soll, das heißt, welche Mechanismen für die zukünftige Lösung offener Streitfragen bereitgestellt werden. So unterstreicht Friedheim (1993: 256) die Frage nach den Regeleigenschaften, die letztlich alle anderen Konflikte zusammenfasse: „[...] whoever controlled its [der Behörde, T.B.] decisions essentially controlled the effort to mine the deep seabed. This was clearly understood by the politically experienced national delegations". Dabei bestand schon zu Beginn der Verhandlungen Einigung darüber, dass die Behörde mit (Voll-) Versammlung, exekutivem Rat und supranationalem Generalsekretariat dem Standardmodell internationaler Organisationen entsprechend sollte. Streitfrage unter den Staaten war vielmehr, ob das Plenarorgan, die Versammlung aller Staaten oder der für Tagesgeschäfte eingerichtete, kleinere Rat Zentrum der Politikentwicklung sein sollte. Strittig war ebenso, nach welchen Prinzipien die Mitglieder des Rates bestimmt werden sollten und welche Abstimmungsregeln in Versammlung bzw. Rat anzulegen seien.

In Tabelle 1 sind die empirisch erhobenen Staatenpräferenzen zu drei inhaltlichen (Politikvorstellungen) sowie zu vier konstitutionellen (Regelpräferenzen) Themen angegeben. Akteursvorstellungen wurden als eingipflige, separable Präferenzen über den eindimensionalen Dimensionen konzipiert und mittels einer Inhaltsanalyse der offiziellen Konferenzdokumente sowie anschließender Skalierung bestimmt (vgl. Friedheim 1993). Tabelle 1 führt in den Spalten die Anzahl der Staaten mit einer Idealposition an der entsprechenden Stelle auf.

Tabelle 1: Erhobene Politikvorstellungen und Regelpräferenzen der Staaten

	Anzahl der Staaten									
	Idealpositionen									
	(schwach reguliert)								(stark reguliert)	
	1	2	3	4	5	6	7	8	9	10
Inhaltliche Themen										
P1. Produktionsmenge										
N=134; m=7,3; d=1,8	2	6	4	4	2	2	4	107	3	0
P2. Produktionsabgaben										
N=125; m=9,3; d=2,0	3	2	1	1	1	0	3	5	5	104
P3. Einnahmenverteilung										
N=54; m=4,5; d=2,6	2	3	29	1	3	4	1	0	10	1
Institutionelle Themen										
R1. Hauptorgan der Behörde	2	1	2	0	1	1	0	3	6	107
N=123; m=9,4; d=1,7										
R2. Mehrheitskriterium in	1	0	2	0	0	5	0	0	0	0
Versammlung										
N=8; m=4,6; d=2,0										
R3. Vorrechte im Rat	0	0	0	1	5	10	87	14	1	0
N=118; m=6,9; d=0,7										
R4. Mehrheitskriterium im Rat	2	0	1	0	0	5	0	1	0	1
N=10; m=5,3; d=2,9										

Anmerkung: Positionen sind aus Darstellungsgründen auf ganzzahlige Werte gerundet.
Abkürzungen: m – Mittelwert, d – Standardabweichung.
Quelle: UN Law of the Sea-Projekt; eigene Berechnungen.

Für das Problem der Tiefseebodennutzung können drei inhaltliche Themen theoretisch abgeleitet und empirisch auch beobachtet werden (Bräuninger 2000: 80 f.): Das erste Thema (Produktionsmenge) bezieht sich auf die Frage nach dem Grad der Limitierung des Tiefseebergbaus. Mögliche Ausgestaltungen erstrecken sich zwischen den beiden extremen Optionen eines freien Abbaus von Ressourcen einerseits (Position 1) und eines Abbauverbots andererseits (Position 10). Ein zweiter Gegenstand (Produktionsabgaben) bezieht sich auf die Höhe der Zahlungen, die Tiefseebergbau-Unternehmen an die internationale Organisation zu leisten haben. Zahlungen können prinzipiell zwischen den zwei extremen Alternativen „keine Gewinne" (Position 1) und „alle Gewinne" (Position 10) variieren. Beim dritten Thema (Einnahmenverteilung) wird die Verteilung von Kompensationszahlungen und Gewinnausschüttungen geregelt. Im Falle einer Verteilung ohne Berücksichtigung sozialer und ökonomischer Bedingungen werden Gewinne gleichmäßig an alle Staaten verteilt (Position 1). Sollen gerade diejenigen Staaten von den Tiefseeressourcen profitieren, die nicht unmittelbar am Tiefseebergbau beteiligt sind, dann werden insbesondere Entwicklungsländer bei der Gewinnausschüttung berücksichtigt, da diese aufgrund fehlender Investitions- und technologischer Möglichkeiten keinen Tiefseebergbau betreiben können (Position 10).

Bei den institutionellen Themen konnten aus den Äußerungen der Verhandlungspartner vier Streitfragen identifiziert werden. Der erste Gegenstand bezieht sich auf die Frage, ob entweder der Rat (Position 1) oder aber die Versammlung (Position 10) das wichtigste Entscheidungsorgan der Behörde sein soll, in welchem die wesentliche Politikentwicklung angesiedelt ist, beziehungsweise in welchem Machtverhältnis die beiden Organen zueinander stehen sollen (Positionen 2 bis 9). Die Festlegung des Mehrheitskriteriums in der Versammlung war ein zweiter regelungsbedürftiger Gegenstand aus dem institutionellen Problemkreis. Hier sind alle denkbaren Mehrheitshürden zwischen Einstimmigkeit (Position 1) und einfacher Mehrheit (Position 10) möglich. Allerdings liegen hier nur Äußerungen von acht Staaten vor, die zumeist ein Zweidrittel-Mehrheitskriterium befürworten. Bezüglich des kleineren Rates war zu entscheiden, ob im Rat bestimmte, insbesondere die entwickelten, aber zahlenmäßig schwächeren Staaten besonders repräsentiert sein sollen (Position 1), oder ob die Sitze ohne Vorrechte, etwa nach einem Rotationsprinzip, zu verteilen sind (Position 10). Schließlich war für den Rat das Mehrheitskriterium festzulegen, das wiederum zwischen Einstimmigkeit (Position 1) und einfacher Mehrheit (Position 10) variiert.

In den Verhandlungen der Konferenz wurde die Anwendung spezifischer Regeln für *jedes* der drei inhaltlichen Themen diskutiert. Es ist deshalb davon auszugehen, dass die Staaten die Lösung des Nutzungsproblems in der Einigung über drei separable und *unverbundene* Gegenstände sahen. Im Folgenden werden deshalb die Regelpräferenzen der Staaten für *jeden* der drei (eindimensionalen) inhaltlichen Themen bestimmt. Für die Ableitung der Regelpräferenzen müssen noch drei Parameter festgelegt werden und zwar die Menge alternativer Regeln, die genaue Form der konstitutionellen Nutzenfunktionen sowie die (geteilten) Vorstellungen der Akteure über die zukünftige Lage des Status quo.

Ausgehend von den vier institutionellen Themen werden die zwölf alternativen Verfahrens- und Entscheidungsregeln in die Analyse einbezogen, von denen anzunehmen ist, dass sie den Staatendelegierten als mögliche Lösungen des institutionenpolitischen Problems zur Verfügung standen:

$$J = \{ \text{VeM, VdM, VvM, VE, R}^g\text{eM, R}^g\text{dM,}$$

$$\text{R}^g\text{vM, R}^g\text{E, RueM, R}^u\text{dM, R}^u\text{vM, R}^u\text{E} \}. \tag{11}$$

Die zwölf Regeln unterscheiden sich hinsichtlich dreier Kriterien, nämlich: dem Entscheidungsträger (Versammlung (V) oder Rat (R)); der Höhe des Mehrheitskriteriums (einfache Mehrheit (eM), Zweidrittel-Mehrheit (dM), Dreiviertel-Mehrheit (vM) oder Einstimmigkeit (E)); sowie der Sitzverteilung im Rat, bei der zwischen gleichen Chancen für alle Staaten (g) und einer Überrepräsentation der entwickelten Staaten (u) unterschieden wird. Nach der letzten Option erhalten die wichtigsten Konsumenten, Investoren und Land produzenten jeweils vier Sitze, sechs Sitze sollten ausschließlich Entwicklungsländern zustehen und die verbleibenden 18 Sitze aus der Mitte der Versammlung vergeben werden, so dass eine ausgewogene geographische Sitzverteilung im gesamten Rat gewährleistet ist (Bräuninger und König 1999).[6]

Die konstitutionellen Nutzenfunktionen der Akteure sollen identisch und von der einfachen eingipfligen und symmetrischen Form $u_i(x)=1-|x^*_i-x|/9$ sein und damit Werte zwischen 0 (niedrig) und 1 (hoch) annehmen. Da keine konkreten Informationen über die Lage des Status quo in einer zukünftigen Konfliktsituation vorliegen, wird davon ausgegangen, dass auch die Delegierten keine spezifischen Vorstellungen besitzen. Bezüglich des Status quo wird entsprechend eine Gleichverteilung möglicher Status quo-Lagen unterstellt, das heißt, es ist $f_{sq,t}(x)=1/9$. Dann ergibt sich nach Gleichung (8) der erwartete Nutzen aus der Institution I$\in J$ zu[7]:

$$EU_i(\text{I}) = \int_1^{10} \left(1-\frac{1}{9}\Big| x^*_i - o\big(\text{I}, x^*_1, \ldots, x^*_n, s_{sq}\big)\Big| \right) \frac{1}{9} ds_{sq} \qquad (12)$$

Beispielsweise verfügen bezüglich des ersten Themas (Produktionsmenge) die Akteure mit der Idealpositionen bei acht über die mediane Position in der Versammlung. Unter der einfachen Mehrheitsregel in der Versammlung (I=VeM) muss jeder Agenda-Setzer seine Vorschläge an diesen Akteuren ausrichten: Nimmt der Agenda-Setzer etwa eine Position bei sieben ein, so kann er bei allen Status quo-Lagen links von sieben seine Idealposition vorschlagen und die medianen Akteure werden dem zustimmen. Umgekehrt muss er bei Status quo-Lagen rechts von acht mitunter Kompromisse anbieten, die den Medianakteuren eine Zustimmung möglich machen, während ein Status quo zwischen sieben und acht überhaupt nicht verändert werden kann. Liegt dann beispielsweise das Ergebnis einer solchen Entscheidungssituation bei $o=7$, dann ergibt sich für einen Medianakteur mit Idealposition bei $x^*_i=8$ ein Nutzen von $u_i=1-(8-7)/9=8/9$ und für den Agenda-Setzer ($x^*_i=7$) ein maximaler Nutzen von $u_i=1-(7-7)/9=1$. Zur Berechnung des Erwartungsnutzens $EU_i(\text{I})$ muss schließlich noch in Rechnung gestellt werden, dass alle Akteure

---

6   Die Zuteilung spezifischer Agenda-Setzungsrechte wurde im Verlaufe der Verhandlungen nicht näher diskutiert und wird deshalb hier nicht berücksichtigt. Unter den einzelnen Entscheidungsregeln sollen alle Beteiligten gleichermaßen Vorschläge einbringen dürfen.

7   Da sich die Akteurserwartungen nicht in zeitlicher Perspektive unterscheiden, kommt der absoluten Größe von δ keine Bedeutung zu. Setzt man $\delta_i = e^{-1}$, dann gilt:

$$\int_0^{\infty} e^{-t} dt = 1.$$

als Agenda-Setzer in Frage kommen und alle Status quo-Lagen mit gleicher Auftrittswahrscheinlichkeit möglich sind.

Tabelle 2 gibt Durchschnittswerte sowie Standardabweichungen der Erwartungsnutzen der 148 Staaten bezüglich der zwölf Entscheidungsregeln an. Die Mittelwerte der Erwartungsnutzen geben einen ersten Hinweis darauf, wie die Staaten die unterschiedlichen Optionen bewerten. Zwei Entwicklungslinien treten deutlich hervor: Zum einen verringert sich der durchschnittliche Erwartungsnutzen, den die 148 Staaten den zwölf Regeln zuordnen, mit steigender Inklusivität der Regeln, das heißt von der einfachen Mehrheitsregel zur Einstimmigkeit. Zum anderen fallen die Werte, vergleicht man Regeln ohne und mit Vorrechten für bestimmte Staaten. Entsprechend ist, zumindest für die ersten beiden Themen, der durchschnittliche Erwartungsnutzen der einfachen Mehrheitsregel in der Versammlung am höchsten, während Einstimmigkeit die niedrigsten Werte aufweist.

Tabelle 2: Erwartungsnutzen aus Regeln

		V				R''				R''			
		eM	dM	vM	E	eM	dM	vM	E	eM	dM	vM	E
P1 Produktions-	m	0,856	0,856	0,855	0,695	0,856	0,855	0,850	0,737	0,836	0,830	0,809	0,695
menge	d	0,122	0,122	0,119	0,040	0,122	0,120	0,111	0,040	0,100	0,089	0,063	0,042
N=134													
P2.Produktions-	m	0,881	0,881	0,881	0,560	0,881	0,881	0,878	0,661	0,852	0,851	0,839	0,560
abgaben	d	0,126	0,126	0,126	0,070	0,127	0,127	0,124	0,053	0,110	0,108	0,098	0,071
N=125													
P3.Einnahmen-	m	0,837	0,844	0,846	0,712	0,838	0,843	0,845	0,734	0,836	0,842	0,844	0,719
verteilung	d	0,093	0,097	0,097	0,053	0,094	0,096	0,098	0,060	0,093	0,096	0,096	0,055
N=54													
Gesamt''	m	0,263	0,263	0,263	0,201	0,263	0,263	0,261	0,221	0,256	0,255	0,249	0,206
N=148	d	0,089	0,089	0,089	0,065	0,089	0,089	0,087	0,070	0,085	0,084	0,080	0,065

a. Interessegewichtete Summe von P1 bis P3, wobei für Staaten ohne Positionsäußerung ein Interesse von Null angenommen wird.

Abkürzungen: m – Mittelwert, d – Standardabweichung.

Quelle: eigene Berechnungen.

Weiterhin weisen Regeln mit höherer Inklusivität im Allgemeinen eine geringere Varianz der Nutzen auf, und es verringern sich die Unterschiede zwischen den Staaten, wenn von Regeln mit gleichen zu Regeln mit ungleichen Repräsentationschancen gewechselt wird. Minimal sind die Unterschiede im Rat bei besonderer Repräsentation bestimmter Staatengruppen. Das bedeutet, dass gerade die Zuweisung von Privilegien, hier verwirklicht durch eine Überrepräsentation von entwickelten Staaten im Rat, die Unterschiede in den Erwartungsnutzen der Staaten verringert und damit zum Ausgleich der unterschiedlichen Interessen beiträgt.

Geben die prognostizierten Regelpräferenzen ein realistisches Bild der tatsächlichen Präferenzstruktur? Zur Beurteilung, ob die Vorhersage der Regelpräferenzen der Staaten richtig ist, müssen die abgeleiteten den tatsächlich geäußerten Regelpräferenzen gegenübergestellt werden. Trotz der heftigen Kontroversen, welche die Frage nach der Organisationsstruktur, den Rechten und internen Entscheidungsverfahren auslöste, liegen, wie Tabelle 1 zeigt, nicht für alle Delegierten Äußerungen zu ihren präferierten Regeloptionen vor. Lediglich für das erste und dritte institutionenpolitische Problem kann hinreichend zuverlässig die Qualität des Modells der Bildung von Regelpräferenzen bemessen werden.

Tabelle 3 zeigt die Verteilung von erhobenen und abgeleiteten Regelpräferenzen zu diesen beiden Themen, wobei die abgeleiteten Erwartungsnutzen über Regeln wie folgt zu trichotomen Variablen zusammengefasst wurden: Ein Akteur präferiert die Versammlung als Hauptorgan der Behörde (10), wenn sein erwarteter Gesamtnutzen für eine der vier Abstimmungsregeln in der Versammlung maximiert wird, er präferiert hingegen den Rat (1), wenn sein Gesamtnutzen bei einer der acht Abstimmungsregeln im Rat maximiert wird und ist indifferent (5/6), falls beide Werte identisch sind. Entsprechend wird zur Bestimmung der Präferenz für oder gegen Vorrechte im Rat unterschieden. Nach Tabelle 3 besteht ein positiver Zusammenhang zwischen geäußerten und aus dem Modell abgeleiteten Regelpräferenzen, der in Tau-b-Werten von 0,25 für die Frage nach dem Hauptorgan der Behörde und 0,29 für die Frage nach gleichen Rechten oder Vorrechten im Rat zum Ausdruck kommt. Insbesondere kann damit das vertragstheoretische Nullmodell verworfen werden, nach dem die unterschiedlichen Politikvorstellungen der Akteure keine Bedeutung für die Bildung von Regelpräferenzen auf der konstitutionellen Ebene haben. Es gibt vielmehr gute Gründe, anzunehmen, dass Regelentscheidungen nicht hinter einem dichten Schleier des Nicht-Wissens und unter Ausschluss partikularer Interessen stattfinden. Vielmehr macht sich das Für und Wider einzelne institutionelle Arrangements an der Erwartung konkreter Entscheidungen fest, die in der Zukunft zu treffen sind. Im Fallbeispiel bietet hingegen die vorgestellte Konzeption einer Ableitung von konstitutionellen Regelpräferenzen aus einerseits den erwarteten Wirkungen von Regeln und andererseits den erwarteten inhaltlichen Politikvorstellungen der Akteure eine realistischere Abbildung der Konfliktstruktur im Verhandlungssystem.

Tabelle 3: Abgeleitete und erhobene Regelpräferenzen

a) Hauptorgan der Behörde (R1)

		Abgeleitete Regelpräferenzen		
Erhobene Regelpräferenzen		Rat		Versammlung
		1	5/6	10
Rat	1	2		0
	2	1		0
	3	2		0
	4	0		0
	5	1		0
	6	0		1
	7	0		0
	8	1		2
	9	3	1	2
Versammlung	10	9	33	54

N=123; Tau-b=0,25

b) Vorrechte im Rat (R3)

		Abgeleitete Regelpräferenzen		
Erhobene Regelpräferenzen		spezielle Staaten		keine Vorrechte
		1	5/6	10
spezielle Staaten	1	0	0	0
	2	0	0	0
	3	0	0	0
	4	1	0	0
	5	5	0	0
	6	3	0	7
	7	3	0	84
	8	1	0	13
	9	1	0	0
keine Vorrechte	10	0	0	0

N=118; Tau-b=0,29

Anmerkung: Erhobene Regelpräferenzen sind aus Darstellungsgründen auf ganzzahlige Werte gerundet.

Literaturverzeichnis

Arrow, Kenneth J. (1951) *Social Choice and Individual Values*. New York: John Wiley.

Axelrod, Robert und Robert O. Keohane (1993) *Achieving Cooperation under Anarchy: Strategies and Institutions*, in David A. Baldwin (Hrsg.) *Neorealism and Neoliberalism. The Contemporary Debate*, pp. 85-115. New York: Columbia University Press [zuerst: *World Politics* 38 (1985): 226-54].

Bräuninger, Thomas (2000) *Internationale Institutionenpolitik. Die Wahl von Entscheidungsregeln für die Meeresbodenbehörde*. Frankfurt: Campus.

Bräuninger, Thomas und Thomas König (1999) *Die Einrichtung von Abstimmungsregeln zur Nutzung globaler Gemeinschaftsgüter. Das Beispiel der Meeresbodenbehörde*, in Karl-Ernst Schenk, Dieter Schmidtchen, Manfred E. Streit und Viktor Vanberg (Hrsg.), *Globalisierung der Wirtschaft und Rechtsordnung: Zur Neuen Institutionenökonomik internationaler Transaktionen* [Jahrbuch für Neue Politische Ökonomie, Bd. 18]. Tübingen: J.C.B. Mohr (Paul Siebeck): 132-59.

Brennan, Geoffrey und James M. Buchanan (1985) *The Reason of Rules: Constitutional Political Economy*. Cambridge: Cambridge University Press.

Buchanan, James M. und Gordon Tullock (1962) *The Calculus of Consent: Logical Foundations of Constitutional Democracy*. Ann Arbor: University of Michigan Press.

Dietl, Helmut (1993) *Institutionen und Zeit*. Tübingen: J. C. B. Mohr.

Easton, David (1965) *A Systems Analysis of Political Life*. New York: John Wiley.

Eisenführ, Franz und Martin Weber (1994) *Rationales Entscheiden*, 2. Aufl. Berlin: Springer.

Friedheim, Robert L. (1993) *Negotiating the New Ocean Regime*. Columbia, SC: University of South Carolina Press.

Gilligan, Thomas W. und Keith Krehbiel (1989) *Collective Choice without Procedural Commitment*, in Peter C. Ordeshook (Hrsg.), *Models of Strategic Choice in Politics*. Ann Arbor: University of Michigan Press: 295-314.

Gilligan, Thomas W. und Keith Krehbiel (1995) *The Gains from Exchange Hypothesis of Legislative Organization*, in Kenneth A. Shepsle und Barry R. Weingast (Hrsg.), *Positive Theories of Congressional Institutions*. Ann Arbor: University of Michigan Press: 37-70.

Kern, Lucian und Julian Nida-Rümelin (1994) *Logik kollektiver Entscheidungen*. München: Oldenbourg.

Kirchgässner, Gebhard (1994) 'Constitutional Economics and Its Relevance for the Evolution of Rules', *Kyklos* 47: 321-39.

König, Thomas und Thomas Bräuninger (1997) 'Wie wichtig sind die Länder für die Politik der Bundesregierung bei Einspruchs- und Zustimmungsgesetzen?', *Zeitschrift für Parlamentsfragen* 28: 605-28.

Krehbiel, Keith (1996) Institutional and Partisan Sources of Gridlock. A Theory of Divided and Unified Government, *Journal of Theoretical Politics* 8: 7-40.

Lohmann, Susanne und Sharyn O'Halloran (1994) Divided Government and U.S. Trade Policy: Theory and Evidence, *International Organization* 48: 595-632.

Mueller, Dennis C. (1989) *Public Choice II*. Cambridge: Cambridge University Press.

Nitzan, Shmuel und Jacob Paroush (1985) *Collective Decision Making: An Economic Outlook*. Cambridge: Cambridge University Press.

Osborne, Martin J. und Ariel Rubinstein (1994) *A Course in Game Theory*. Cambridge, Mass.: MIT Press.

Richter, Rudolf und Eirik Furubotn (1996) *Neue Institutionenökonomik. Eine Einführung und kritische Würdigung*. Tübingen: J. C. B. Mohr.

Romer, Thomas und Howard Rosenthal (1978) 'Political Resource Allocation, Controlled Agendas, and the Status Quo', *Public Choice* 33: 27-45.

Rousseau, Jean-Jacques (1986 [1762]) *Vom Gesellschaftsvertrag. Oder Grundsätze des Staatsrechts.* Stuttgart: Reclam [*Du contrat social; ou principles du droit politique.* Amsterdam: Marc Michel Rey].

Sartori, Giovanni (1992) *Demokratietheorie.* Darmstadt: Wissenschaftliche Buchgesellschaft.

Schelling, Thomas C. (1960) *The Strategy of Conflict.* Cambridge, Mass.: Harvard University Press.

Selten, Reinhard (1965) Spieltheoretische Behandlung des Oligopolmodells mit Nachfrageträgheit, *Zeitschrift für die gesamte Staatswissenschaft* 12: 301-24.

Streit, Manfred E. und Stefan Voigt (1997) *Toward Ever Closer Union - Or Ever Larger? Or Both?,* in Dieter Schmidtchen und Robert Cooter (Hrsg.) *Constitutional Law and Economics of the European Union,* pp. 223-47. Cheltenham: Elgar.

Tsebelis, George (1994) The Power of the European Parliament as a Conditional Agenda Setter, *American Political Science Review* 88: 128-42.

Waltz, Kenneth N. (1979) *Theory of International Politics.* New York, NY: McGraw-Hill.

Young, Oran R. (1989) *International Cooperation. Building Regimes for Natural Resources and the Environment.* Ithaca, NY: Cornell University Press.

Trade Coalitions and the Balance of Power

Han Dorussen

Abstract

A multi-country model of trade and conflict is outlined and comparative static results for the efficiency of trade on the security of countries are explored. Security is defined as concerns about relative positions in the international system. In existing research on trade and conflict, two assumptions prevail: (i) an implicit reliance on two-country models, and (ii) modeling security as an issue of relative gains. A multi-country model shows how both assumptions are intertwined and reveals the limits of arguments based on two-country models. Behavioral predictions in the multi-country models are shown to depend on alignment decisions and alliance stability. In particular, the model analyzes excluding trade, a situation where countries agree to increase trade with allies and, at the same time, to limit trade with a common adversary. It is shown that excluding trade only helps allies to improve their security when alliance trade is sufficiently efficient. Smaller allies suffer most of the security costs resulting from inefficient trade or violation of the trade embargo with the adversary. A further contribution of the model is that it provides a clear distinction between economic *conflict* and economic *warfare*.

1.   Trade, Relative Gains and Conflict

What, if any, is the relation between trade and conflict? In general, economists study trade in terms of efficiency and in isolation from competition between countries in security affairs. Political scientists have been more concerned about the effects of the distribution of gains from trade on security

But their attempts to study this problem have predominantly been from a two-country perspective. To study the economic relations between allies in connection with economic relations with adversaries involves both a multi-country perspective as well as a focus on security.

The notion that governments form (and break) alliances to increase their security is one of the oldest in the theory of international relations. In the study of international conflict, balancing of power has traditionally been a central notion. Governments, however, also form coalitions around trade preferences; for example, customs unions and regional trade pacts. To describe such a group of states with preferential trade policies, we will use the term *trade coalition*. The distinguishing feature of a trade coalition is that trade among members is encouraged, while trade with nonmembers is limited. Given more than two countries, we can reword the relationship between trade and conflict as the following question: what is the relationship between trade coalitions and the balance of power?

The relation between trade and conflict has been the focus of extensive theoretical and empirical research (e.g., Polachek 1980; Grieco 1988, 1990; Russett et al. 1998; Morrow 1999; Barbieri/Schneider 1999). Ironically, Barbieri (1996) observes that theoretical arguments have been advanced for all possible positions in the debate: trade either leads to less conflict, or to more conflict, or has no effect on the likelihood of conflict at all. Empirical findings have hardly been more conclusive. It is clearly unsatisfactory that our knowledge remains so incomplete. I argue that a reconsideration of some basic premises is called for. Models of trade and conflict and thus empirical research based on these models often share two basic assumptions: (i) a two-country perspective suffices to study the essential features of trade and conflict, and (ii) (in)security is a function of relative gains.[1] Although several scholars, e.g., Powell (1991, 1999) and Snidal (1991a, 1991b), have criticized the relative-gains literature on these points, it is still insufficiently recognized how closely both assumptions are related.

Trade affects conflict for basically two reasons. First, the threat to interrupt trade may be a credible deterrent depending on the size and distribution of gains from trade. Clearly, an interruption of trade makes conflict more costly. However, the signaling effect of trade is indeterminate, because the fear of losing trade should war break out affects not only the decision to initiate a conflict but also the resolve to resist such an attack (Wittman 1979, Wagner 1994). Morrow (1999, 486) notices an important exception, namely "(i)f one state valued the trade more than its trading partner, its resolve would be reduced more than the latter's resolve." If so, the state whose resolve is reduced least finds the initiation of conflict more attractive than for cases in

---

[1]   Models that share these assumptions are analyzed, for example, in Grieco (1988, 1990), Powell (1991), Snidal (1991a), Gowa/Mansfield (1993), Gowa (1994), and Morrow (1997).

which the two had no trade at all. Second, asymmetric gains from trade may affect the distribution of power directly. Dependency theories emphasize that countries suffer unequally from trade interruption. The relative-gains literature emphasizes asymmetric gains from existing trade caused by optimal tariffs, strategic trade, or only rarely mentioned the relative size of the trade partners. The asymmetric distribution of gains or losses from trade affects the expected outcome of military conflict and thus the incentives to use force. Recognize that in both arguments asymmetric gains (or losses) are crucial, and that they are defined as *relative* between *two* countries.

Whenever trade affects conflict because of asymmetric gains, one should expect countries to shape their trade relations with a concern for security implications. From the perspective of a situation with only two countries it follows almost directly that a country avoids trade with asymmetric gains. However, multi-country models force us to reconsider the meaning of asymmetry in gains from trade and security. Snidal (1991a, 1991b) correctly comments that the gains from trade between any country and the rest of world are nearly always asymmetric. The relevance of relative gains thus diminishes rapidly in multi-country models. In order to obtain economic power, countries generally have to join a coalition. However, a concern with the distribution of gains from trade among members of a trade coalition is absent in current relative-gains models. A second issue is the relationship between the distribution of gains from trade (i.e., wealth or resources) and security (i.e., the likelihood and expected outcome of military conflict). Political scientists have argued that this issue requires an explicit model of conflict (most forcefully Powell 1991, 1994). Relative gains from trade will only lead to security concerns if the distribution of gains has a decisive impact on the decision to use force. This argument is even stronger when we consider the impact of alliances on the outcome of military conflict. Balance-of-power models demonstrate that it is necessary to be explicit about the conditions under which relative gains matter, they also suggest radically different hypotheses about the relationship between wealth and the use of force. For example, Powell (1999) uses a multi-country model to draw attention to alignment decisions and alliance stability (see also Niou/Ordeshook 1990, 1991; Wagner 1986, 1994; Dorussen 1996, 1999).

Multi-country models that analyze the relationship between trade and conflict are still rare. Gowa (1994) and Gowa/Mansfield (1993) claim that cooperation on security issues and trade go together; in other words, allies trade more than adversaries do. I will argue that they basically use a two-country model and thus are incapable of considering the crucial issues of alliance formation and stability. It should come as no surprise that Morrow et al's (1998) empirical result is that the effect of alliances on trade flows is uncertain. Snidal's (1991a, 1991b) suggests a true multi-country model but he maintains the assumption that all countries have equal resources. Consequently, his model is unable to analyze relative gains of members of a trade

155

coalition. Work by Skaperdas (1992) and Skaperdas/Syropoulos (1996) demonstrates that the incentives to use resources for armament change given many instead of two countries. Their approach differs, however, from the argument elaborated in this article. I assume that countries can discriminate in their trade relations as well as their alignment decisions. Dorussen (1996, 1999), Papayoanou (1997), Niou/Ordeshook (1994), and Polachek et al. (1999) all analyze trade given an exogenously determined alliance structure. In the model presented in this article, the behavioral predictions depend on alignment decisions and alliance stability. In particular, the model analyzes *excluding trade*, which I define as a situation where countries agree to increase trade with allies and, at the same time, to limit trade with a common adversary. The latter distinguishes excluding trade from preferential trade. It will be shown that allies need sufficiently efficient trade to guarantee their security. Another result is that smaller allies suffer most of the security costs resulting from inefficient trade or subversion of the embargo on trade with the adversary. A final contribution of the model is a clarification of the distinction between economic conflict (trade wars) and economic warfare.

2.   A Multi-Country Model of Trade and Conflict

The setup of the multi-country model is still elementary, namely: two countries face a common adversary. Each country controls resources, which stand for economic productivity, i.e. wealth, but also for military strength. The distribution of resources is also referred to as the balance of power. Since resources are „economic", referring to factories and industrial potential, the model implies a structural definition of balance of power. In the next section, I trace the effect of the openness to international trade on the relative position of the three countries. Subsequently, the model is used to study the effect of two independent variables, alignment decisions and alliance stability, on the relation between trade and security.

We denote the three countries by S_1, S_2, and S_A, where S_A is originally perceived as the common adversary. Moreover, the existence of an alliance between S_1 and S_2 is given exogenously. Note, however, that the stability of the alliance may vary. The initial distribution of resources is denoted as $r = \{r_1, r_2, r_A\}$, where $r_i \geq 1$. Countries can accumulate resources by applying their existing stock of resources in production and trade. A *production and trade function* (PTF) models the accumulation of resources.[2] Countries choose a strat-

---

[2]   Snidal (1991a, 1991b) has originally suggested the PTF used in this article. Grossman/Kim (1996), Hirschleifer (1996), and Skaperdas/Syropoulos (1996) use alternative production functions to model the allocation of resources between an economic and military sector.

egy determining the efficiency of trade and the distribution of its gains. The set of parameters $t = \{t_{12}, t_{1A}, t_{2A}\}$ indicates the efficiency of bilateral trade depending on the level at which countries have set barriers to trade. The PTF determines the gains from production and trade on the basis of resource units that can be paired. For each country, total gains can be separated between gains derived from interaction between pairs of domestic resources (i.e., production or P) and gains derived from interaction between domestic and foreign resources (i.e., trade or T). Since a country obtains all gains from domestic production, these gains equal

$$2\binom{r_i}{2} = r_i(r_i - 1).$$

In contrast, the gains from trade are shared between the two countries, where the total amount of resources controlled by both countries determines the maximal gains from trade.[3] The gains from production and trade become:

$$P_1 + T_1 = r_1(r_1 - 1) + t_{12}r_1r_2 + t_{1A}r_1r_A \tag{1.1}$$

$$P_2 + T_2 = r_2(r_2 - 1) + t_{12}r_1r_2 + t_{2A}r_2r_A \tag{1.2}$$

$$P_A + T_A = r_A(r_A - 1) + t_{1A}r_1r_A + t_{2A}r_2r_A \tag{1.3}$$

Throughout the article, the total gains from *fully efficient* trade between two resource units located in different countries equals the gains from production based on two domestic units. The trade gains of two resource units thus vary between zero and one, or $0 \leq t_{12}, t_{1A}, t_{2A} \leq 1$. In other words, any difference between domestic production and foreign trade is caused by restrictions on trade, and these restrictions are always a loss.

The expected benefits from production and trade depend, moreover, on the number of resources of a country and its trading partner. Note that a country does not necessarily use the same barriers to trade with respect to all trading partners. For example, if country S_1 discriminates in trade between allies and adversaries, $t_{12} > t_{1A}$. Whenever the same condition applies to S2 as well (or $t_{12} > t_{1A}$ and $t_{12} > t_{2A}$), we say that S_1 and S_2 have joined an *excluding trade coalition*. Since the model assumes that barriers to trade are always costly, they do not enable countries to gain directly in relative terms. In absolute terms, trade restrictions impose the same costs on the restricting country and

---

3   Observe that, in absolute terms, both countries gain equally from trade. It follows directly that if we compare the gains from trade with the gains from production, trade is more important for smaller countries. This setup equals assuming constant returns to scale.

target. Any relative gains from trade barriers occur because either a country has more resources than its trading partner has (i.e., it depends less on trade), or it varies in its openness to trade across trading partners (i.e., it distinguishes between allies and adversaries). Finally, I assume that the country that is least open to trade determines the (in)efficiency of trade.

This still extremely parsimonious framework already allows for a bewildering array of possible distributions of resources as well as security and trade relations. In order to focus the analysis, I make two additional assumptions. The first assumption is that the adversary has more resources than either of the two allies, but fewer resources than the alliance combined possesses. It is without consequence that I also assume that country S_1 has fewer resources than S_2. The second assumption is that trade between allies is not more restricted than between allies and the adversary.

Assumption 1: $r_1 \leq r_2 \leq r_A \leq R_{12}$.

Assumption 2: $t_{12} \geq t_{1A}$, and $t_{12} \geq t_{2A}$.

The total amount of resources in the international system equals simply the sum of resources belonging to each country, or $R_{12A} = \sum_{i=1,2,A} r_i$. Similarly, the amount of resources of a trade coalition is the sum of resources of its members; for example, we denote the total amount of resources of a coalition between S_1 and S_2 with $R_{12} = \sum_{i=1,2} r_i$. Resources increase with the sum of domestic production and international trade gains; total gain is expressed as $G_{12A} = \sum_{i=1,2,A}(P_i + T_i)$ and the gain of a trade coalition as $G_{12} = \sum_{i=1,2}(P_i + T_i)$. Consequently, after one period, $R_{12A}^1 = R_{12A} + G_{12A}$. As an indication of wealth, the amount of resources a country controls is valuable in and by itself. However, from a security perspective, the relative position of a country is essential. In a multi-country model, we need to carefully identify the reference value in defining relative positions. For a particular country, say S_1, the amount of resources matters relative to both other countries separately, S_2 or S_A, and together, S_2 and S_A. These relative positions are expressed as follows: $\rho_{1.2} \equiv r_1/R_{12}$, $\rho_{1.A} \equiv r_1/R_{1A}$, and $\rho_{1.2A} \equiv r_1/R_{12A}$. Finally, as member of an alliance, a country also needs to worry about the relative strength of the alliances: $\rho_{12.A} \equiv R_{12}/R_{12A}$, and possibly even $\rho_{1A.2} \equiv R_{1A}/R_{12A}$, in case the country would decide to switch alliance. Relative gains and effect on relative position are defined accordingly by including the gains from production and trade.

The model explicitly allows for the possibility that states are concerned with their position relative to specific countries. One country is initially characterized as the adversary and the other as the ally. The degree to which the adversary is considered as a threat or the ally as reliable may however vary. Such assessment in part depends on the distribution of resources, but other factors matter as well, for example, strategic location, geographic distance, and regime characteristics. Moreover, a country also weighs relative positions depending on its own alignment decision. A country's distribution of concerns for relative positions is expressed in a vector of weights; for example in case of country S_I, $\mathbf{w}_1 = \begin{bmatrix} w_{12.A} & w_{1.A} & w_{2.A} & w_{1A.2} & w_{1.2} & w_{1.2A} \end{bmatrix}$. A similar vector can be defined for the other two countries.[4] Assume further that all weights are larger than or equal to zero, and that the elements of a specific vector of weights sum to one.

Assumption 3: For all $w_{i.j} \in \mathbf{w}_i$, $w_{i.j} \geq 0$ and $\sum w_{i.j} = 1$,

where i,j can be countries or alliances.

The objective function that a country is concerned about is the inner product of the weights and the various relative positions.

$$O_1 = w_{12.A}\rho_{12.A} + w_{1.A}\rho_{1.A} + w_{2.A}\rho_{2.A} + w_{1A.2}\rho_{1A.2} + w_{1.2}\rho_{1.2} + w_{1.2A}\rho_{1.2A} \quad (2.1)$$

$$O_2 = w_{12.A}\rho_{12.A} + w_{2.A}\rho_{2.A} + w_{1.A}\rho_{1.A} + w_{2A.1}\rho_{2A.1} + w_{2.1}\rho_{2.1} + w_{2.1A}\rho_{2.1A} \quad (2.2)$$

$$O_A = w_{A.12}\rho_{A.12} + w_{A.2}\rho_{A.2} + w_{A.1}\rho_{A.1} + w_{1.2}\rho_{1.2} + w_{A2.1}\rho_{A2.1} + w_{A1.2}\rho_{A1.2} \quad (2.3)$$

The objective function is entirely based on security concerns. In particular, a country is concerned about how trade changes its security, i.e., the value of the objective function. I do not want to claim that countries only view trade from a security perspective with complete disregard for any other values. The model may either be seen as providing a baseline for predicting trade if security were the only objective, or as modeling the motivations of political actors predominantly concerned with national security, like the military. An advantage of this approach is that we do not have to make assumptions about the trade-off between concerns about absolute and relative gains.

In the remainder of the article, I will comment more extensively on the way the multi-country model as defined above avoids the inappropriate exten-

---

4   Given three countries, there exist twelve relative positions if we allow for alliances. However, several of these relative positions are redundant, e.g. $w_{12.A}$ and $w_{A.12}$, or $w_{2.A}$ and $w_{A.2}$. Initially, the vector is reduced in two ways: (a) if a country is part of the alignment, it is only listed before the period, and (b) otherwise, the smaller country or alliance is listed before the period. These choices reflect that countries are primarily concerned about their own relative position and, next, about the security of the weaker countries/alliances. The vector is reduced further later in the article based on alignment decisions.

sions from bilateral models of trade and conflict. Moreover, the model includes explicitly the possibility that a country can enhance its security by aligning itself with other countries, but it also allows for the uncertainty inherent in such alignment decisions.

3. Barriers to Trade and Relative Gains

The central conclusions of the theory of international economics apply to trade between two and more than two countries alike. Most importantly, only general free trade is efficient. Multi-country models, moreover, demonstrate that the gains from trade cannot simply explain preferential trade between any subset of two countries within a large system of at least three. Instead, economic models of international trade provide strong arguments for the general inclusiveness of free trade (Kemp/Wan 1976). The economic problem of preferential trade is the distribution of the gains from trade. I examine the political implications of these distributive effects in terms of a country's security position.

The parameter of interest is t_{ij} which together with the original distribution of resources determines the gains from international trade. Models of bilateral trade focus on the ability of countries to influence the terms of trade by means of tariffs or other trade restrictions. Tariffs are efforts to influence the terms of trade; in effect, taxing foreigners.[5] It is commonly accepted that tariffs and other restrictions on trade lead to efficiency losses (Johnson 1953). Consequently, most research emphasizes the deterrence of unilaterally optimal, but still inefficient, trade restrictions. However, in multi-country models of trade and security, the losses in efficiency because of trade restrictions are most interesting. The gains from trade relative to gains from domestic production matter especially. The first issue is the effect of inefficiency of trade (the size of $1 - t_{ij}$), and the second issue is the effect of discrimination in trade (e.g., the difference between t_{12} and t_{1A}).

Since restrictions on trade reduce the gains from trade relative to domestic production, it is easy to see that smaller countries, i.e., with less resources, are more dependent on international trade. In this respect, our „simple" model of trade and production agrees with the findings of more general models of

---

5   Tariffs are, of course, also a tax on domestic consumers. To the extent that tariffs represent redistribution from consumers to producers, they are inconsequential to my argument. I model resulting losses in efficiency directly. Restrictions on trade are of special interest in models of trade and conflict. Generally the question is whether to trade with „the enemy" or not at all. The issue is hardly ever optimal trade. Trade restrictions also matter as elements of retaliation (or „trigger"-) strategies. I focus on the distributive effect of concerted efforts to limit trade as well.

international trade. In relative terms, trade barriers hurt countries with originally fewer resources and they benefit countries with a resource advantage. In terms of the parameters of the model presented above: if $\rho_{i.j} < \rho_{j.i}$ and $t_{ij} < 1$, then $\rho_{i.j}^1 < \rho_{i.j}$ and $\rho_{j.i}^1 > \rho_{j.i}$.[6] Moreover, the gain in relative position gets larger whenever trade is more restricted. Of course, both countries fail to achieve the maximally possible gains.[7]

The multi-country situation is more complex. Suppose that the allies (S_1 and S_2) have formed a trade coalition. To properly assess the effect of trade restrictions, we need to make a distinction between the barriers to trade between allies on the one hand, and between S_1 and S_2 versus S_A on the other. In other words, we need to distinguish t_{12} from t_{1A} and t_{2A}. To simplify the problem somewhat, I first assume that the allies have agreed to embargo trade with the adversary, or $t_{1A} = t_{2A} = 0$. In other words, S_1 and S_2 have formed an *excluding* trade coalition. The gains from coalition trade are now completely determined by the parameter $0 < t_{12} < 1$, where $(1 - t_{12})$ indicates the size of barriers to coalition trade. The standardization allows me to focus on the effect of just one parameter, t_{12}, representing the difference between production, trade between allies, and trade with the adversary.

Equations (1.1) to (1.3) determine the gains from trade and, indirectly, the effect of trade on relative strength, depending on original distribution of resources and relative efficiency of the trade coalition. Even though the analytical expressions are relatively straightforward, they fail to simplify in a nice way. Consequently, I rely mainly on simulations (using Maple V, version 5) to demonstrate the main results. First, I consider the position of the alliance versus the adversary. It is tempting to assume that this situation is similar to the two-country situation described above. Indeed, any increase in relative power of the coalition, $\rho_{12.A}$ increases if the coalition trades more efficiently; that is t_{12} is closer to 1. However, as shown in Figure 1.1., whenever the coalition trades relatively inefficient, and the allies are about equally sized, the relative power of the alliance combined may actually decrease. This can happen even when $R_{12} > r_A$, and there is absolutely no trade with the adversary.

The gains from coalition trade, if any, are not neutral with respect to the original distribution of resources within the coalition either. The smaller country in the coalition may lose relative to its ally as well as the adversary.

---

6   This finding follows in a trivial way. In the model, the absolute gains from trade between two countries are equal. However, the gains from production increase with number of resources. Since relative position combines gains from trade and production, smaller countries do worse if trade is inefficient.

7   The observations depend on the assumption of constant returns to scale. Diminishing returns to scale lower the advantage of larger countries, while increasing returns to scale enlarge their advantage.

Figure 1.1 Change in Relative Position of Alliance versus Adversary Depending on Distribution of Allied Resources

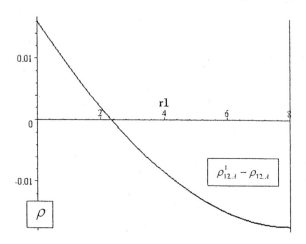

Note: numbers on the x-axis indicate resources of S_1 and, implicitly, resources of S_2, because $r_2 = 16 - r_1$. Resources for S_A are set equal to $r_A = 16$. $t_{1A} = t_{2A} = 0$. $t_{12} = 0.25$.

Figure 1.2 Change in Relative Position of Each Ally Separately versus Adversary Depending on Distribution of Allied Resources

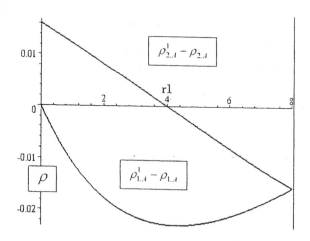

Note: numbers on the x-axis indicate resources of S_1 and, implicitly, resources of S_2, because $r_2 = 16 - r_1$. Resources for S_A are set equal to $r_A = 16$. $t_{1A} = t_{2A} = 0$. $t_{12} = 0.25$.

Figure 1.3 Change in Relative Position of Each Country Separately versus Adversary and Ally,
Depending on Distribution of Allied Resources

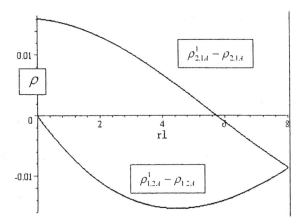

Note: numbers on the x-axis indicate resources of S_1 and, implicitly, resources of S_2, because $r_2 = 16 - r_1$. Resources for S_A are set equal to $r_A = 16$. $t_{1A} = t_{2A} = 0$. $t_{12} = 0.25$.

The central parameters are the original distribution of resources and the relative efficiency of coalition trade. Figures 1.2 and 1.3 outline the relationship between relative gains (and losses) with these parameters. The x-axis describes the original distribution of resources between the members of the coalition, S_1 and S_2. The y-axis indicates the change in the various measures of relative strength; in Figure 1.1, $\rho_{12.A}^1 - \rho_{12.A}$, in Figure 1.2, $\rho_{1.A}^1 - \rho_{1.A}$ and $\rho_{2.A}^1 - \rho_{2.A}$, and in Figure 1.3, $\rho_{1.2A}^1 - \rho_{1.2A}$ and $\rho_{2.1A}^1 - \rho_{2.1A}$.

The effects on relative strength are generally non-linear, but we can summarize the main findings for the multi-country model as follows:

1. The smaller (larger) ally always loses (wins) relative to the larger (smaller) ally.
2. The fewer resources an alliance controls relative to the adversary, the more likely the allies are to lose relative to the adversary.
3. The less efficient the allies trade, the more likely they are to lose relative to the adversary.
4. If the allies are more equally sized, they need more efficient trade to gain relative to the adversary.
5. The larger ally relies less on efficient coalition trade to gain relative to the adversary.
6. Alliance trade is most likely to let the smaller country gain relative to the adversary, when it is either very small or as big as its ally. Given a distribu-

163

tion in between, the smaller ally is most prone to lose relative to the adversary.

Figure 2 Change of Relative Position of Smaller Ally when Reneging on Terms of Excluding Trade Coalition

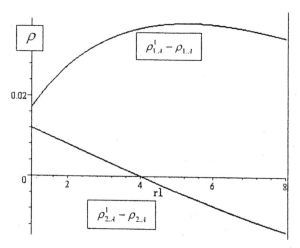

Note: numbers on the x-axis indicate resources of S_1 and, implicitly, resources of S_2, because $r_2 = 16 - r_1$. Resources for S_A are set equal to $r_A = 16$. $t_{1A} = 0.25$, $t_{2A} = 0$, and $t_{12} = 1$.

What happens if one of the allies reneges on the agreement to embargo the adversary? To reduce this problem to the effect of one parameter, I assume that the allies trade is fully efficient, $t_{12} = 1$, and that only one country reneges, either $t_{1A} = 0$ or $t_{2A} = 0$. It is important to distinguish between the larger and smaller ally. The smaller country S_1 can improve its relative position versus the adversary by way of opening trade with this country. Figure 2 also shows that the smaller the difference between the two allies, the more likely the larger ally, S_2, is to lose relative to the adversary. However, even if the smaller ally reneges on the embargo on trade with the adversary, the larger ally may still gain from highly efficient trade within the coalition and the (unilateral) embargo on trade with the adversary. If the larger ally S_2 defects from excluding trade, and thus opens trade with the adversary, it also gains relative to the adversary. Figure 3 shows, however, that in this case the smaller ally *always* loses relative to the adversary. Smaller countries in an excluding trade coalition should thus fear the security implications of allies defecting from the terms of coalition trade. The trade coalition of S_1 and S_2

faces the most severe problems of defection when both allies are about equally sized. Above, I already demonstrated that such an alliance also relies most on efficient trade.

Figure 3 Change of Relative Position of Larger Ally when Reneging on Terms of Excluding Trade Coalition

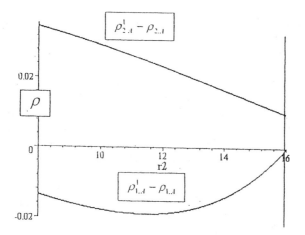

Note: numbers on the x-axis indicate resources of S_2 and, implicitly, resources of S_1, because $r_1 = 16 - r_2$. Resources for S_A are set equal to $r_A=16$. $t_{1A}= 0$, $t_{2A}= 0.25$, and $t_{12}= 1$.

Trade restrictions, custom unions, and preferential trade coalitions have in common that they are inefficient relative to free trade and that they have re-distributive effects. As long as members of a trade coalition are not equally sized, the costs of trade barriers are not distributed equally between them either. With respect to relative position, coalition trade needs to be suffi-ciently efficient to make the embargo on trade with the adversary pay. How-ever, the latter is not independent from the original distribution of resources either. The coalition members face different incentives with respect to trade with the adversary. These incentives leave the smaller country in the trade coalition in a more vulnerable position.

The main point of the argument so far is that it is important to specify clearly one's point of reference in discussions of relative gains. „Relative to whom" is far from inconsequential. These are not only theoretical issues. To explain the behavior of the United States during the Cold War, it obviously mattered whether one believed that the United States tried to maximize its relative position versus the Soviet Union, or the position of NATO versus the

Soviet Union (or even Warsaw Pact). Moreover, recurring conflict between European countries and the United States over restrictions on East-West trade during that period reflect differing security interests of these allies.

4. Trade, Relative Gains, and the Balance of Power

Relative gain only matters if it influences the likely outcome of international conflict (Powell, 1991). In multi-country models, moreover, the only way to evaluate the effects of relative gains (and losses) is to explicitly consider alignment decisions and stability of alliances. Balance-of-power theories aim at analyzing security given more than two countries and thus provide an appropriate point of departure. The basic assumption is that the distribution of power underlies countries' alignment decisions. Of course, the distribution of power between any two countries may matter, but the true value of arguments about balance of power pertain to the effects of changes in the power base of *third* countries. Although a two-country model suffices to study conflict, multi-country models are needed to study alliances.

In balance-of-power theories it is common to distinguish stability from peacefulness.[8] A system in which all countries can guarantee their survival is *stable*, while a system without redistribution of resources is called *resource stable* or *peaceful*. To guarantee their survival or to „freeze" the system, countries enter into alliances that either deter other countries from attacking, or that aim at establishing a new distribution of power (possibly by eliminating a country). The first strategy is called a balancing strategy, while the latter strategy is often referred to as bandwagoning (Walt 1987, Powell 1999).[9] The assumption is that countries are forward looking. Consequently, they will only pursue a balancing or bandwagoning strategy when thus they increase their security. They will definitely not leave another country in the position to threaten their survival (Wagner 1986).

---

8 Balance of power is perhaps the most used (and abused) concept in the theory of international relations, see for example Kaplan (1957), Claude (1962), and Waltz (1979). However, there is little agreement on its meaning or implications. I rely mainly on recent formalizations of the concept, in particular studies by Wagner (1986, 1994), Niou/Ordeshook (1990, 1991), and Powell (1999). Even though these studies present significant progress on previous analyses, they are not conclusive either.

9 The analytical distinction between balancing and bandwagoning is not always very clear. It is commonly assumed that joining the weaker side equals a balancing strategy while joining the stronger side equals bandwagoning. This distinction, however, ignores what countries are actually posing a threat. Walt (1987), therefore, proposes a balancing of threat theory. Further, in itself, a balancing strategy does not exclude the redistribution of resources. Fortunately, in our model, the exogenously given alliance structure simplifies the conceptual problems considerably. Balancing is staying with the original alliance partner, while bandwagoning implies joining the adversary.

A country's preference for a balancing or bandwagoning strategy is based in part on observable factors, like capabilities and existing alliance structure; to be precise, the value of the alliance in terms of providing security and economic benefits. Inevitably unobservable factors matter as well. Countries form beliefs about the actual threat an adversary poses, but also their confidence in the alliance holding together when tested. However, each country tries to keep private its intentions to actually live up to the terms of the alliance or not. There is significant analytical (Powell 1999) as well as empirical (Smith 1995) evidence that, instead of balancing or bandwagoning, countries often pursue a third option, namely to wait.

The weights given to the various relative positions (that is, the elements of the vector $\mathbf{w}_i$) depend first of all on a country's alignment decision. Beliefs about the reliability of the chosen ally also matter. Whenever a country (say S_I) decides to balance and it puts great trust in the ally (S_2), the relative strength of the alliance versus the adversary S_A ($\rho_{12.A}$) is crucial. However, if it believes that the ally might wait, its own relative position versus the adversary becomes most important ($\rho_{1.A}$). Finally, if it fears that the ally S_2 might decide to bandwagon with the adversary, the relative position versus a possible alliance of S_2 and S_A ($\rho_{1.2A}$) should be its main concern.

Whenever a country has reached—in private—the decision to wait, it should also be concerned about the relative position of the other countries. If it is attacked directly, it is not given the opportunity to wait and the security concerns are the same as before. But if the other country is attacked first, some other distributions become relevant as well. For example, country S_I should worry then about the balance of power between S_2 and S_A ($\rho_{2.A}$). It should also anticipate the distribution of power after the conflict between S_2 and S_A has ended. Assuming that the victorious country appropriates the resources of the defeated state, a country needs to consider its relative position versus the two other countries combined as well, for example S_I should also consider $\rho_{1.2A}$.

If the country has decided to bandwagon with the adversary (S_A), it is concerned about the relative strength of this latent alliance versus the former ally. Thus, S_I's main concern is with $\rho_{1A.2}$. Countries are, however, not myopic and also consider what happens if the former ally is eliminated. I follow Powell (1999) in assuming that the original distribution of power between the two attacking states will be maintained. Consequently, S_I's second concern is with the distribution between itself and S_A. Moreover, it needs to consider whether the former adversary is a trustworthy ally. From the perspective of country S_I, if it fears that S_A might not join it in the attack on S_2, the distribution $\rho_{1.2}$ becomes most important. Next, assuming that the victor appropriates the resources of the defeated state, S_I should worry about $\rho_{12.A}$. The final possibility is that S_A forms an alliance with S_2 to attack S_I. S_I's concern in that case is $\rho_{1.2A}$.[10]

In Table 1, I list the relative positions that have a positive weight depending on a country's alignment decision and trust in its ally. Clearly, the objective functions given in equations (2.1) and (2.2) simplify considerably, because they are reduced to at most three elements. But we are left with having to make additional assumptions about weights in case countries worry about more than one relative position. I simply assume that all position mentioned are weighed equally.[11]

Table 1 Alignment Decision, Alliance Stability, and Relative Concerns

Alignment Decision	Alliance Stability	Relative Concerns S_I	Relative Concerns S_2
Balance	Trust	$\rho_{12.A}$	$\rho_{12.A}$
	Doubt	$\rho_{1.A}$	$\rho_{2.A}$
	Mistrust	$\rho_{1.2A}$	$\rho_{2.1A}$
Wait	Trust	$\rho_{12.A}, \rho_{2.A}, \rho_{1.2A}$	$\rho_{12.A}, \rho_{1.A}, \rho_{2.1A}$
	Doubt	$\rho_{1.A}, \rho_{2.A}, \rho_{1.2A}$	$\rho_{2.A}, \rho_{1.A}, \rho_{2.1A}$
	Mistrust	$\rho_{1.2A}, \rho_{2.A}, \rho_{1.2A}$	$\rho_{2.1A}, \rho_{1.A}, \rho_{2.1A}$
Bandwagon	Trust	$\rho_{1A.2}, \rho_{1.A}$	$\rho_{2A.1}, \rho_{2.A}$
	Doubt	$\rho_{1.2}, \rho_{12.A}$	$\rho_{2.1}, \rho_{12.A}$
	Mistrust	$\rho_{1.2A}$	$\rho_{2.1A}$

A list of factors thus influences the security of countries: (i) the amount of resources a country controls relative to allies and the adversaries, (ii) the gains from trade and their distribution, (iii) the alignment decisions, and (iv) trust in the stability of alliances. First, I analyze the payoff of various alignment decisions as a function of the efficiency of coalition trade. Second, I analyze the objective function depending on the completeness of the embargo by the coalition partner. In both cases, I consider the effect of decreasing levels of trust in alliance stability.

---

10   The adversary has somewhat different concerns depending on the balancing or bandwagoning behavior of the two other states. However, this need not concern us here, because we analyze only S_I and S_2's trade policies.

11   The assignment is now unambiguous in all but one instance. In case a country has decided to wait and distrust its ally, one relative position is mentioned twice in Figure 4. I assign the weight 2/3 to this relative position and 1/3 to the remaining one.

In the first analysis, I contrast the situation of the smaller (S_1) with the larger (S_2) ally. Figures 4.1 to 4.3 illustrate the main findings for the smaller

Figure 4.1 Change in Security of Smaller Ally Depending on Efficiency of Coalition Trade and Alignment Decision. Assumption i: Trust in Alliance Stability

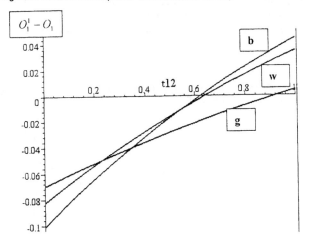

Note: Excluding coalition trade: $t_{1A} = t_{2A} = 0$. Resources: $r_1 = 6$, $r_2 = 12$, $r_A = 15$. Alignment decision: „b" = balancing, „w" = waiting, and „g" = bandwagoning.

Figure 4.2 Change in Security of Smaller Ally Depending on Efficiency of Coalition Trade and Alignment Decision. Assumption ii. Doubt in Alliance Stability

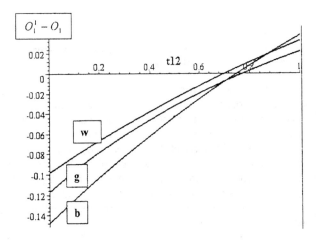

Note: Excluding coalition trade. $t_{1A} = t_{2A} = 0$. Resources: $r_1 = 6$, $r_2 = 12$, $r_A = 15$. Alignment decision: „b" = balancing, „w" = waiting, and „g" = bandwagoning.

country (S_1). The figures give the increase of its objective function depending on the efficiency of coalition trade (t_{12}). Each figure distinguishes the increase given a balance, waiting, or bandwagoning strategy. In Figure 4.1, the underlying assumption is that alliances are stable. In other words, S_1 trusts S_2 in case of balancing, and S_A under bandwagoning. Figure 4.2 presents increase of payoffs of balancing, waiting, and bandwagoning if S_1 is in doubt of S_2 and S_A's alliance commitment. Finally, in Figure 4.3, alliances are assumed to be unstable, or S_1 distrusts S_2 and S_A.

Figure 4.3 Change in Security of Smaller Ally Depending on Efficiency of Coalition Trade and Alignment Decision. Assumption ii: Distrust in Alliance Stability

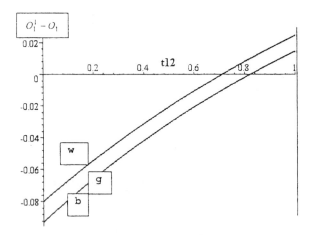

Note: Excluding coalition trade: $t_{1A} = t_{2A} = 0$. Resources: $r_1 = 6$, $r_2 = 12$, $r_A = 15$. Alignment decision: „b" = balancing, „w" = waiting, and „g" = bandwagoning.

The first important observation is that the smaller ally is always better off given more efficient coalition trade. Inefficient trade *reduces* the security of the smaller ally regardless of alignment decision and alliance stability. Second, trade has the largest effect on the smaller ally's objective function of balancing if it trusts the alliance and if coalition trade is sufficiently efficient. Given inefficient coalition trade or distrust, the effects of trade and production are most conducive for a waiting strategy. Moreover, it is possible to show that balancing as well as bandwagoning strategies become more attractive if the members of the trade coalition (S_1 and S_2) are more equal in size; in other words, S_1 gets larger relative to S_2.

Figure 5.1 Change in Security of Larger Ally Depending on Efficiency of Coalition Trade and Align
ment Decision. Assumption i: Trust in Alliance Stability

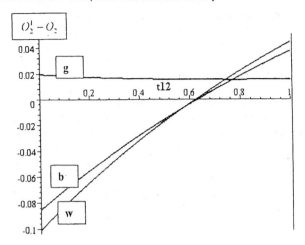

Note: Excluding coalition trade: $t_{1A} = t_{2A} = 0$. Resources: $r_1 = 6$, $r_2 = 12$, $r_A = 15$. Alignment decision: „b"
= balancing, „w" = waiting, and „g" = bandwagoning.

Figure 5.2 Change in Security of Larger Ally Depending on Efficiency of Coalition Trade and Align
ment Decision. Assumption ii: Doubt in Alliance Stability

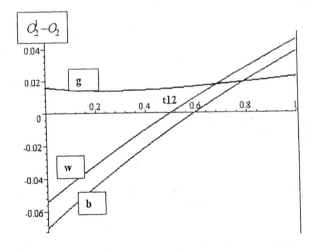

Note: Excluding coalition trade: $t_{1A} = t_{2A} = 0$. Resources: $r_1 = 6$, $r_2 = 12$, $r_A = 15$. Alignment decision:
„b" = balancing, „w" = waiting, and „g" = bandwagoning.

In Figure 5.1 to 5.3, we repeat the analysis for the larger ally (S_2). Efficient coalition trade no longer maximizes the objective function of the larger country in case it chooses a bandwagoning strategy. Inefficient coalition trade mainly supports a bandwagoning strategy. Inefficient trade may still improve the objective function of the larger ally given sufficient trust in the stability of the alliance. Efficient coalition trade has the strongest effect on S_2's objective function in case it chooses to balance. For the larger ally, the effect of stability (or trust) is counterintuitive: a balancing strategy and efficient trade have a larger effect on the objective function when the reliability of the ally is in doubt. The reason is that inefficient coalition trade hurts the relative strength of the alliance (S_1, S_2) more than the relative position of the larger ally (S_2). The balancing strategy thus poses less of a risk for the larger country. Finally, it is also possible to show that if the coalition becomes less equal, S_2 becomes more interested in either bandwagoning (given inefficient trade) or balancing (given sufficiently efficient trade).

Figure 5.3 Change in Security of Larger Ally Depending on Efficiency of Coalition Trade and Alignment Decision. Assumption ii: Distrust in Alliance Stability

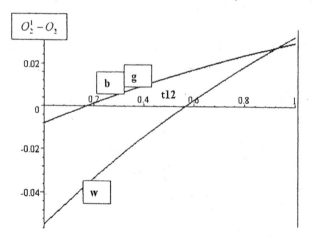

Note: Excluding coalition trade: $t_{IA} = t_{2A} = 0$. Resources: $r_I = 6$, $r_2 = 12$, $r_A = 15$. Alignment decision: „b" = balancing, „w" = waiting, and „g" = bandwagoning.

The members of a trade coalition are not only interested in the effects of the 822efficiency of coalition trade on their security. They also need to worry about their coalition partner opening up trade with the adversary. Figure 6.1 to 6.3 illustrate the effect of defection on the objective functions given balanc-

172

ing, waiting, and bandwagoning.[12] Clearly, if the a country defects on the terms of the coalition, it reduces the security gains for the other country. However, as long as the allies trust each other, the coalition may still provide some security gains to both of them. All allies benefit from the relative gain of a specific ally as long as the alliance is stable. Moreover, even if trust is lacking, defection may still increase the objective function given a waiting strategy. In this case, a country benefits indirectly from the other country being better able to take care of its own business. Defection has the largest negative effect in case a country has chosen to bandwagon. Finally, considering the effect of size, larger countries are less effected by defection if they choose a waiting strategy. The gains from trade on security diminish more rapidly for larger countries that have chosen to balance.

Figure 6.1 Change in Security of Allies Depending on Defection on Coalition Trade and Alignment Decision. Assumption i: Trust in Alliance Stability

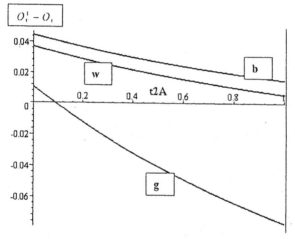

Note: Defection from excluding coalition trade: $t_{12} = 1$, $t_{1A} = 0$. Resources: $r_1 = r_2 = 9$, $r_A = 15$. Alignment decision: „b" = balancing, „w" = waiting, and „g" = bandwagoning.

In summary, allies can use coalition trade that excludes a common adversary to increase their security. It is, however, overly simplifying to argue that allies thus trade more than adversaries do. First of all, the efficiency of coalition trade as well as the completeness of the embargo of the common adversary matters. Moreover, we need to evaluate the impact of trade on security in light of a country's alignment decision and its perception of the stability of the alliance structure.

---

12 Since the effect of size is relatively straightforward, I present only the analyses given coalition members of equal size.

Figure 6.2 Change in Security of Allies Depending on Defection on Coalition Trade and Alignment Decision. Assumption ii: Doubt in Alliance Stability

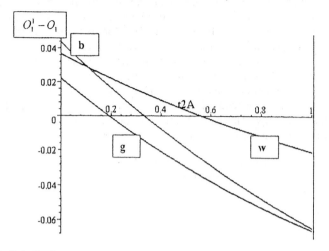

Note: Defection from excluding coalition trade: $t_{i2} = 1$, $t_{iA} = 0$. Resources: $r_1 = r_2 = 9$, $r_A = 15$. Alignment decision: „b" = balancing, „w" = waiting, and „g" = bandwagoning.

Figure 6.3 Change in Security of Allies Depending on Defection on Coalition Trade and Alignment Decision. Assumption ii: Distrust in Alliance Stability

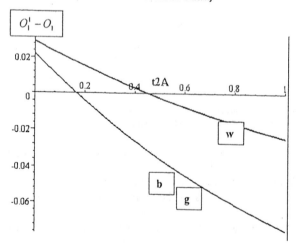

Note: Defection from excluding coalition trade: $t_{i2} = 1$, $t_{iA} = 0$. Resources: $r_1 = r_2 = 9$, $r_A = 15$. Alignment decision: „b" = balancing, „w" = waiting, and „g" = bandwagoning.

174

The Cold War is commonly referred to as a period in which security interest clearly determined international trade flows. Trade between East and West was very limited, while Europe and the US mainly pursued free trade strategies. The model reflects some of the explanations other scholars have suggested. As argued by Wagner (1993) and Gowa (1994) among others, the Cold War period was unique in that the United States and Western Europe had to rely on each other for their security. As we have demonstrated, coalition trade is particularly important if countries pursue a balancing strategy and they are confident in the stability of the alliance. The model, however, also suggests points that are less obvious. First of all, efficient coalition trade becomes more important when a alliance is more fragmented. Thus, the reliance of free trade can in part be explained by the fact that the alliance of the United States and the various West European was economically fragmented. In the period following the First World War, moreover, trade between western countries had become increasingly inefficient. To limit trade with the Soviet Bloc was thus only feasible given sufficiently efficient trade among the West European countries and between them and the United States. Secondly, it explains why the United States (as the larger ally) was relatively permissive of trade between Western Europe and the former Soviet Union. In light of the model, it makes also sense why the European countries (as smaller allies) were extremely critical of United States' insistence on an East-West trade embargo, when they believed the United States not to adhere to such an embargo; for example, in the early eighties, when the United States at the same time tried to stop West European countries from importing natural gas from the Soviet Union while it continued to sell grain to the Soviet Union.

5.   Discussion

I have outlined and analyzed international trade between allies and adversaries from an explicit multi-country model. This is a radical departure from the previous work on relative gains, like Snidal (1991a, 1991b), Gowa (1994), and Gowa/Mansfield (1993). In these studies, the multi-country model is a combination of several two-country models. For example, Gowa (1994) contrasts trade between two allies with trade between two adversaries. I have already shown that a multi-country model is capable of generating new and unexpected conclusions. I want to conclude by arguing that multi-country models provide a more convincing explanation for why and when relative gains matter.

The central motivation behind models of relative gains can be formulated as follows: trade allows states to realize higher economic productivity that may underlie increased military strength. International conflict, regardless whether it concerns economic or political disagreement, has the potential to disrupt trade, the gains in economic productivity, and ultimately a country's security. However, the precise relationship between the distribution of gains from trade, the costs of disruption of trade, and balance of power differs in two-country models from multi-country models. In the respect, it becomes relevant to distinguish between economic and military power as well as trade wars and economic warfare. Economic power is the ability to influence the terms of trade. In most balance-of-power theories, distribution of power is defined as relative military strength. Although they are related, economic power and military power are clearly not the same. Similarly, trade wars (economic *conflicts*) have primarily economic objectives. The goals of economic *warfare* are mainly military. Both distinctions tend to blur in the literature on relative gains. I argue that this is because the reasoning relies on two-country models.

It has become common in the relative-gains literature to model trade in the presence of economic power as a (two-country) prisoner's dilemma. With the use of optimal tariffs or strategic trade, a country can improve its terms of trade relative to a country that does not employ such strategy. However, if both countries try to affect their terms of the trade, neither of them gains but both suffer from the costly barriers to trade. In other words, the gains from trade are asymmetric when one (and only one) country uses its economic power. The gains from trade are symmetric when either both countries use their economic power or none does. The sensitivity to gaps in payoff may be represented with a parameter k, which reflects the concern for relative gains or losses.[13] Given only two countries, it makes little sense to treat the other country as an ally. Either the relative gains are inconsequential ($k = 0$), or they endanger one's security ($k > 0$).[14] However, it makes only sense to distinguish between allies and adversaries given more than two countries. The strength of an ally contributes to the common defense only in this case. So far, this would seem to support Gowa's approach: allies' payoffs contribute to one's own utility ($k < 0$). But this claim glosses over two important insights from balance of power theories. First, the relative distribution of power between allies can affect the stability of the alliance. Thus even between allies k can be larger, smaller, or equal to zero. Second, it is problematic to consider relative gains

---

13 Grieco (1988, 41) introduces this sensitivity to relative gains and losses; he argues that k will always be larger than zero. Gowa (1994, 47-9) uses k (where $0<k_{ij}\leq1$, if S_i and S_j are adversaries, and $-1\leq k_{ij}\leq0$, if S_i and S_j are allies) as a measure of security externalities. Keohane (1993, 276 and 279) concurs with Gowa's approach.

14 Powell's (1991) important contribution has been to define a security model specifying conditions for k to be larger than zero. Powell (1994, 337) argues that the preference for an explicit security model over a reduced form approach cannot be made a priori. I contend that in two-state models the difference between the two approaches is of little consequence.

of an ally as a contribution to combined strength of the alliance while neglecting completely the effects of absolute losses. In international trade, however, relative gains from the unilateral use of economic power come with the price of (absolute) losses in efficiency.

Trade between allies requires a multi-country model as well as an explicit representation of the constraints that lead to concerns about the use of tariffs between allies. For allies these concerns encompass the distributive effects of trade barriers, but also losses because of diminished efficiency of alliance trade. Reciprocity and retaliation exacerbate already existing losses. Gowa's model of relative gains between allies and the model presented here can be contrasted clearly in this respect. It follows from Gowa's model that allies are willing to permit the use of inefficient, redistributive barriers to trade. The logic of the model presented in this article suggests that allies should insist on efficient free trade and use direct redistribution to address concerns about asymmetric gains from trade. A balance-of-power model makes security concerns explicit. In the article I have shown that efficient trade allows allies to overcome their disadvantage in economic productivity because of diseconomies of scale. Even when an alliance has more resources than a common adversary, the resources of the alliance are distributed over several countries. It is extremely relevant that a balancing alliance remains a collection of independent countries, each of which is small relative to the common adversary.

Optimal-tariff or strategic-trade arguments are inappropriate starting points to model trade and conflict, because they apply to economic conflict. The relationship between trade and conflict concerns mainly economic warfare. The difference goes unnoticed in two-country models, because another country's loss implies a relative gain. In multi-country models the gains and losses relative to third countries are important as well.

The objective of economic conflict is not necessarily to hurt the opponent, but to affect distribution of potential gains from trade. Any losses in efficiency are unwanted by-products of the tug over the potential gains. Moreover, consider the following critique of Keohane (1993, 279): „(o)nce it is clear what type of agreement will maximize the joint gains to be reaped by the parties, the effects of one party maximizing its own net benefits will be the same as if it were seeking to minimize the gains of its partners." Tough bargaining along the contract curve becomes indistinguishable from failing to obtain the full benefits from cooperation. When considering two countries only, it is inconsequential whether we use economic power based on optimal tariffs or strategic trade—as is common in the relative-gains literature—or economic power based on size as I have done in this article following Snidal (1991b). Yet, the former presents mainly a model of economic *conflict*, while the latter models economic *warfare*.

Smaller *size* is a disadvantage in a two-country model of economic warfare, because relative losses from trade restrictions undermine the position of a state vis-à-vis its opponent. In a multi-country model, the effects are less straightforward. If the combined size of an alliance exceeds the size of the opponent, the alliance can still increase its relative strength by restricting trade. But the effect on the relative strength of each ally is undetermined: it may increase but also decrease. Whereas economic warfare demonstrates the relative ability to inflict damage, economic conflict demonstrates the ability to obtain a larger share of the results from cooperation. The danger is cooperation falling victim to the struggle over distribution of gains. These ostensibly clear distinctions disappear in a two-country model.

The distinction between economic conflict and warfare can be made in a clear-cut way in a multi-country model. Allies may still bargain vigorously over the distribution of gains from trade; a state's share of the gains from trade is valuable in its own right and possibly important for its security. However, allies have to consider carefully the security implications of any loss because of economic conflict. Absolute losses, but also alignment decision and alliance stability are all important. The effects of absolute losses on security, caused by economic conflict, may easily outweigh the value of the relative gains from remaining trade. Between adversaries only relative gains and losses matter for security, but for allies absolute as well as relative gains and losses affect security. Multi-country models show that trade between allies and adversaries is fundamentally different.

References

Baldwin, David A. (Hrsg.), 1993: Neorealism and Neoliberalism: The Contemporary Debate. New York: Columbia University Press.

Barbieri, Katherine, 1996: Economic Interdependence: A Path to Peace or a Source of Interstate Conflict? In: Journal of Peace Research, 33(1), 29-49.

Barbieri, Katherine and Gerald Schneider, 1999: Globalization and Peace: Assessing New Directions in the Study of Trade and Conflict. In: Journal of Peace Research, 36 (4), 387-404.

Claude, Inis L., 1962: Power and International Relations. New York: Random House.

Dorussen, Han, 1996: Excluding Trade Agreements: Balance of Power and the Governance of Trade. Dissertation. University of Texas at Austin, August 1996.

Dorussen, Han, 1999: Balance of Power Revisited: A Multi-Country Model of Trade and Conflict. In: Journal of Peace Research, 36 (4), 443-462.

Gowa, Joanne, 1994: Allies, Adversaries, and International Trade. Princeton: Princeton University Press.

Gowa, Joanne and Edward D. Mansfield, 1993: Power Politics and International Trade. In: American Political Science Review, 87(2), 408-420.

Grieco, Joseph M., 1988: Anarchy and the Limits of Cooperation: A Realist Critique of the Newest Liberal Institutionalism. In: International Organization, 42 (Summer 1988), 485-529.

Grieco, Joseph M., 1990: Cooperation among Nations. Europe, America, and Non-tariff Barriers to Trade. Ithaca: Cornell University Press.

Grossman, Herschel I. and *Minseong Kim*, 1996: Predation and Production. S. 57-72 in Michelle R. Garfinkel and Sergios Skaperdas (Hrsg.): The Political Economy of Conflict and Appropriation. Cambridge: Cambridge University Press.

Hirschleifer, Jack, 1996: Anarchy and its Breakdown. S. 15-40 in Michelle R. Garfinkel and Sergios Skaperdas (Hrsg.): The Political Economy of Conflict and Appropriation. Cambridge: Cambridge University Press.

Johnson, Harry G., 1953: Optimum Tariffs and Retaliation. In: Review of Economic Studies, 21, 142-153.

Kaplan, Morton A., 1957: System and Process in International Politics. New York: John Wiley & Sons.

Kemp, Murray C., and *Henry V. Wan*, 1976: An elementary proposition concerning the formation of customs unions. In: Journal of International Economics, 6, 96-97.

Keohane, Robert O., 1993: Institutional Theory and the Realist Challenge After the Cold War. S. 269-300 in: David A. Baldwin (Hrsg.): Neorealism and Neoliberalism: The Contemporary Debate. New York: Columbia University Press.

Morrow, James D., 1997: When Do „Relative Gains" Impede Trade. In: Journal of Conflict Resolution, 41, 1, 12-37.

Morrow, James D., 1999: How Could Trade Affect Conflict? In: Journal of Peace Research, 36 (4), 481-489.

Morrow, James D., Randolph M. Siverson and *Tressa E. Taberes*, 1998: The Political Determinants of International Trade: The Major Powers, 1907-90. In: American Political Science Review, 92(3), 649-662.

Niou, Emerson M.S. and *Peter Ordeshook*, 1990: Stability in Anarchic International Systems. In: American Political Science Review, 84 (4), 1207-1234.

Niou, Emerson M.S. and *Peter Ordeshook*, 1991: Realism versus Neoliberalism: A Formulation. In: American Journal of Political Science, 35 (2), 481-511.

Niou, Emerson M.S. and *Peter Ordeshook*, 1994: Alliances versus Federations: An Analysis with Military and Economic Capabilities Distinguished. Social Science Working Paper 894. Pasadena: California Institute of Technology.

Papayoanou, Paul A., 1997: Economic Interdependence and the Balance of Power. In: International Studies Quarterly, 41, 113-140.

Polachek, Solomon W., 1980: Conflict and Trade. In: Journal of Conflict Resolution, 24(1), 55-78.

Polachek, Solomon W., John Robst and *Yuan-Ching Chang*, 1999: Liberalism and Interdependence: Extending the Trade-Conflict-Model. In: Journal of Peace Research, 36 (4), 405-422.

Powell, Robert, 1991: Absolute and Relative Gains in International Relations Theory. In: American Political Science Review, 85 (4), 1303-1320.

Powell, Robert, 1994: Anarchy in international relations theory: the neorealist-neoliberal debate. In: International Organization, 48 (2), 313-344.

Powell, Robert, 1999: In the Shadow of Power. States and Strategies in International Politics. Princeton: Princeton University Press.

Russett, Bruce, John R. Oneal, and *David R. Davis*, 1998: The Third Leg of the Kantian Tripod for Peace: International Organizations and Militarized Disputes, 1950-1985. In: International Organization, 52 (3), 441-467.

Skaperdas, Sergios, 1992. Cooperation, Conflict, and Power in the Absence of Property Rights. In: American Economic Review, 82 (4), 720-739.

Skaperdas, Sergios and *Constantinos Syropoulos*, 1996: Competitive Trade with Conflict. S. 73-96 in Michelle R. Garfinkel and Sergios Skaperdas (Hrsg.): The Political Economy of Conflict and Appropriation. Cambridge: Cambridge University Press.

Smith, Alastair, 1995: Alliance Formation and War. In: International Studies Quarterly, 39 (4), 405-426.

Snidal, Duncan, 1991a: Relative Gains and the Pattern of International Cooperation. In: American Political Science Review, 85 (3), 701-726.

Snidal, Duncan, 1991b: International Cooperation Among Relative Gains Maximizers. In: International Studies Quarterly, 35 (4), 387-402.

Wagner, R. Harrison, 1986: The Theory of Games and the Balance of Power. In: World Politics, 38 (4), 546-576.

Wagner, R. Harrison, 1993: What was bipolarity. In: International Organization, 47 (1), 76-106.

Wagner, R. Harrison, 1994: Peace, War, and the Balance of Power. In: American Political Science Review, 88 (3), 593-607.

Walt, Stephen M., 1987: The Origins of Alliances. Ithaca and London: Cornell University Press.

Waltz, Kenneth N., 1979: Theory of International Politics. New York: McGraw-Hill.

Wittman, D., 1979: How a War Ends: A Rational Model Approach. In: Journal of Conflict Resolution, 23 (4), 741-761.

Theorien der Verteilungsgerechtigkeit

Lucian Kern

Zusammenfassung

Es wird ein Literaturüberblick über die wichtigsten Beiträge der letzten Jahrzehnte zur Theorie der Verteilungsgerechtigkeit gegeben. Anschließend an eine Einbettung des Problems der Verteilungsgerechtigkeit in die Logik kollektiver Entscheidungen werden nacheinander das Utilitaristische Prinzip, das Differenzprinzip von Rawls, die Anspruchstheorie der Gerechtigkeit von Nozick, die Vorstellung von Gerechtigkeit als Lösung eines Verhandlungsspiels von Gauthier, die Konzeption von Gerechtigkeit als Gleichheit der Ressourcen von Dworkin sowie als Gleichheit der Möglichkeit zu Wohlfahrt von Arneson und Cohen erörtert.

1. Einleitung

In den letzten drei Jahrzehnten ist eine umfangreiche Literatur entstanden, die Prinzipien der Verteilungsgerechtigkeit zu entwickeln versucht, also gesellschaftlich relevante ethische Grundprinzipien formuliert. Man kann die Beiträge dazu als Bausteine einer normativen Soziologie verstehen, wenn man sich darauf einläßt, daß die Soziologie auch Aussagen darüber macht, wie gesellschaftliches Zusammenleben und Zusammenwirken beschaffen sein *soll*, und nicht nur erklärt, wie Gesellschaft beschaffen *ist*. Nach Edna Ullmann-Margalit (1977) und Andrew Schotter (1981) lassen sich drei Grundkategorien gesellschaftlicher Probleme unterscheiden, für die nach normativen

Lösungen zu suchen ist: Koordinationsprobleme, Kooperationsprobleme und Probleme der Ungleichheit. Theorien der Verteilungsgerechtigkeit thematisieren offenkundig die letzteren Probleme, d.h. sie versuchen sozial-ethische Prinzipien zu entwickeln, die die Kluft zwischen Oben und Unten oder Reich und Arm überbrücken helfen sollen.

Nachfolgend wird ein Überblick über die wichtigsten Beiträge zu dieser Frage gegeben. Damit diese Literaturübersicht nicht als bloße Aufzählung theoretischer Ansätze erscheint, wird im 2. Abschnitt versucht, die Theorien in die Logik kollektiver Entscheidungen einzubetten. Es läßt sich zeigen, daß ein Teil der Theorien Gerechtigkeits- oder Wohlfahrtsprinzipien formuliert, die das Arrowsche Unmöglichkeitstheorem überwinden – so das Utilitaristische Prinzip (3. Abschnitt) und das Differenzprinzip von Rawls (4. Abschnitt, A.). Entsprechend entwickelt der 2. Abschnitt ein Gerüst an Begriffen, mit dem in den nachfolgenden Abschnitten argumentiert werden kann.

Ein anderer Teil der Verteilungsprinzipien ist einer spieltheoretischen Formulierung zugänglich, da die Prinzipien als Lösung eines Verhandlungsspiels – wie bei Gauthier (6. Abschnitt) und Nozick (5. Abschnitt) bzw. als Gleichgewicht einer Folge Kooperativer Spiele (Rawls: 4. Abschnitt, B.) oder eines Auktionsspiels (Dworkin: 7. Abschnitt) konzipiert werden können. Faßt man Spieltheorie als Teil einer umfassenderen Theorie kollektiver Entscheidungen auf, so ist damit ein einigermaßen einheitlicher Rahmen der Theorien der Verteilungsgerechtigkeit gegeben. In Ergänzung dazu hat Roemer (1996) einen sogenannten EOW-Mechanismus entworfen, d.h. die Vorstellung der *equality of opportunity to welfare* von Cohen (1986) und Arneson (1990) formalisiert, der im 7. Abschnitt vorgestellt wird.

Drei weitere Ansätze, die ebenfalls Interesse beanspruchen könnten, werden nicht behandelt, weil sie entweder ihr Ziel nicht erreichen oder über das Ziel hinausschießen. Die Diskursethik von Jürgen Habermas kann nur zeigen, daß es ein Gerechtigkeitsprinzip gibt, bleibt aber in seiner Formulierung völlig unbestimmt, wie Kern (1986) zeigt. Hingegen mündet das spieltheoretisch formulierte sozialistische Gerechtigkeitsprinzip von Roemer (1982) in einen prinzipiell nicht realisierbaren und insofern utopischen gesellschaftlichen Zustand. Das gilt auch für die Fairness-Prinzipien, die Varian (1975) entwirft, wobei deren ‚nicht-utopische‘ Teile in die Gleichgewichtslösung des Auktionsspiels bei Dworkin eingehen.

2. Arrows Aggregationsproblem

Kenneth Arrow (1951) hat die Frage, ob es ein widerspruchsfreies Verfahren der Aggregation individueller Präferenzen zu einer kollektiven Präferenz geben kann, negativ beantwortet. Das ist für das Problem der Verteilungsgerechtigkeit deshalb wichtig, weil *ein* Weg, zu einer gemeinsamen Vorstellung von Verteilungsgerechtigkeit zu gelangen, darin bestehen kann, die diesbezüglichen individuellen Präferenzen zu aggregieren. Sei mit X die Menge der Alternativen $\{x, y, ...\}$ gegeben und mit K die Menge der beteiligten Personen $i = 1, ..., n$. Eine Alternative wird als Sozialzustand (*social state*) im Sinne Arrows aufgefaßt, d.h. als eine vollständige Beschreibung des sozialen, ökonomischen und politischen Zustands einer Gesellschaft, die sich in *einem* Punkt von einer anderen Beschreibung unterscheidet. Alternativen werden durch Präferenzrelationen miteinander verknüpft. Die Relation der strikten Präferenz P und der Indifferenz I wird aus der Relation der schwachen Präferenz R abgeleitet: xPy genau dann, wenn xRy und nicht yRx, sowie: xIy genau dann, wenn xRy und yRx. Sind die Präferenzrelationen vollständig und transitiv, werden sie als Präferenzordnungen (oder kurz: Ordnungen) bezeichnet.

Zur Beantwortung der Frage hatte Arrow das Aggregationsverfahren als Kollektive Wohlfahrtsfunktion (KWF) definiert und an diese einige Bedingungen gestellt. Eine KWF ist eine Funktion f, die die Menge der Strukturen individueller Präferenzen S in die Menge der kollektiven Präferenzen R abbildet, so daß jede Präferenzstruktur s aus S eine kollektive Präferenz R aus R zugeordnet erhält: $R = f(s)$. Individuelle wie kollektive Präferenzen sollen Ordnungen sein. Die Bedingungen Arrows waren: Bedingung U (Unbeschränkter Definitionsbereich von f), Bedingung D (Ausschluß der Diktatur: Es darf keine Person i geben, deren strikte Ordnung stets zur kollektiven strikten Ordnung wird), Bedingung P (Pareto-Prinzip: Aus xP_iy für alle i muß xPy in der kollektiven Ordnung folgen) und Bedingung I (Unabhängigkeit von irrelevanten Alternativen: Die kollektive Ordnung für eine Menge von Alternativen, bspw. für ein Paar, darf nur von den individuellen Ordnungen *dieses* Paares abhängen, nicht aber von Änderungen der Stellung dritter, irrelevanter Alternativen in den Strukturen).

Bedingung I verhindert, was bei Anwendung von Punktbewertungsregeln eintreten kann: Daß sich durch Hinzutreten weiterer Alternativen die kollektive Präferenz für ein Alternativenpaar verändert. Gleichzeitig wird damit eine einschneidende Informationsbeschränkung eingeführt, weil dann nicht die *Präferenzintensitäten* berücksichtigt werden können. Das schließt zugleich die Möglichkeit aus, daß einzelne Beteiligte durch verfälschte Angabe von Präferenzen eine ihnen genehme kollektive Präferenz herbeiführen können.

Seit dem Gibbard-Satterthwaite-Resultat (1973, 1975) ist bekannt, daß ein direkter Zusammenhang zwischen der Verletzung der Bedingung I und derartigen Verfälschungsmöglichkeiten besteht. Insgesamt gesehen sind die Bedingungen von Arrow eher schwach als zu stark. Das sieht man schon daran, daß die Mehrheitsregel sehr viel stärkere Bedingungen erfüllt und nur scheitert, weil sich bei manchen Präferenzstrukturen keine kollektiven Ordnungen ergeben. Zwei der Bedingungen (D und P) sind gänzlich unverzichtbar und auch die zwei weiteren (U und I) würde man nur unter erheblichen Bedenken aufgeben wollen. Umso mehr erstaunt das Resultat, zu dem Arrow gelangt war – für eine Korrektur des ursprünglichen Beweises vgl. Kern und Nida-Rümelin (1994, Abschn. 3.4):

Es gibt keine KWF, *die den Bedingungen* U, D, P *und* I *genügt.*

Diesem Theorem zufolge ist es nicht möglich, eine Aggregation individueller Präferenzen hinsichtlich einer gerechten Allokation von Ressourcen unter den Personen zu einer diesbezüglichen kollektiven Präferenz durchzuführen, denn es kann eine solche Aggregation in Gestalt einer KWF unter bestimmten, relativ schwachen Bedingungen (U, D, P und I) nicht geben, ohne daß Widersprüche auftreten.

Die Frage ist, ob es der Arrowsche Begriffsrahmen überhaupt ermöglicht, eine Aggregation individueller Präferenzen bezüglich einer gerechten Allokation darzustellen. Das muß bezweifelt werden, denn eine entscheidende Voraussetzung dafür wäre die Möglichkeit, individuelle Präferenzen zueinander in Beziehung zu setzen, so daß verglichen werden kann, wer sich in welcher Allokation besser oder schlechter stellt. In der Präferenzstruktur s sind die individuellen Präferenzen jedoch nur beziehungslos nebeneinander gestellt.

Dieser Begriffsrahmen kann nun dadurch erweitert werden, daß die individuellen Präferenzen durch individuelle Bewertungsfunktionen ersetzt werden. Eine individuelle Bewertungsfunktion ist eine Funktion u_i, die für die Person i die Menge der Alternativen X in die Menge der reellen Zahlen $\Re$ abbildet, so daß jede Alternative eine reelle Zahl zugeordnet erhält. Diese Funktion *repräsentiert* die Ordnung R_i auf X genau dann, wenn $xR_iy \Leftrightarrow u_i(x) \geq u_i(y)$, was im übrigen impliziert, daß $xP_iy \Leftrightarrow u_i(x) > u_i(y)$ und $xI_iy \Leftrightarrow u_i(x) = u_i(y)$.

In der Literatur wird die Funktion u_i als *Nutzenfunktion* bezeichnet – mit der Vorstellung, daß die Individuen durch u_i den Alternativen einen bestimmten Nutzen zuweisen. Wir wollen hier jedoch allgemeiner von individuellen *Bewertungen* der Alternativen sprechen. Von Neumann und Morgenstern (1944) konnten nicht nur zeigen, daß es eine solche Funktion gibt, wenn die individuellen Präferenzen bestimmte Eigenschaften haben, sondern daß diese auch bis auf positiv-lineare Transformationen eindeutig bestimmt ist. Durch die Bewertungsfunktion u_i werden die individuellen Präferenzen hinsichtlich der Alternativen mithin kardinal repräsentiert.

Die Struktur u der Bewertungsfunktionen wird nun in eine kollektive Ordnung R überführt. Sei g eine Kollektive Bewertungsfunktion (KBF), die die Menge der Bewertungsstrukturen U in die Menge der kollektiven Präferenzen R abbildet, so daß jedes u eine kollektive Ordnung R zugeordnet erhält: $R = g(u)$, dann können die Bedingungen Arrows für die KBF umformuliert werden, wobei individuelle Präferenzen durch individuelle Bewertungen ersetzt werden. Bezeichnen wir die umformulierten Bedingungen mit U*, D*, P* und I*, dann läßt sich das Arrowsche Theorem direkt auf Kollektive Bewertungsfunktionen übertragen – Sen (1970: 129):

Es gibt keine KBF, die den Bedingungen U*, D*, P* und I* genügt.

Das Ergebnis erstaunt zunächst, denn wegen der Kardinalisierung individueller Präferenzen könnte man meinen, daß in ausreichendem Maße Informationen bereitstünden, um eine widerspruchsfreie Aggregation der Bewertungen zu erlauben. Das ist aber nicht der Fall, denn die Informationsgrundlage einer KBF ist dieselbe wie die einer KWF, nur daß sie bei ersterer in kardinalisierter Form vorliegt. Der Punkt ist, daß auch die Bewertungen der Personen unabhängig voneinander gebildet werden, so daß sie interpersonell nicht vergleichbar sind.

Der entscheidende Schritt über Arrow hinaus ist die Annahme der *interpersonellen Vergleichbarkeit* der Bewertungen u_i. Nehmen wir zunächst den Fall der *ordinalen Vergleichbarkeit*: Das bedeutet, daß nicht nur die Bewertungen der Alternativen durch *eine* Person ordinal verglichen werden können – bspw. $u_i(x) > u_i(y)$ – sondern diese sich auch zu den Bewertungen *anderer* Personen in Beziehung setzen lassen – bspw. $u_i(x) > u_j(x)$ oder $u_j(z) > u_i(y)$. Die getrennten Bewertungen von i und j würden sich demnach bei ordinaler Vergleichbarkeit sozusagen ineinander schieben lassen und könnten das folgende gemeinsame Profil u *aller* Bewertungen ergeben: $u_i(x) > u_j(y) > u_i(y) > u_j(x)$. Sei f eine Funktion, die die Menge U der interpersonell vergleichbaren Profile in die Menge der kollektiven Ordnungen R abbildet, so daß jedes u eine kollektive Ordnung R zugeordnet erhält: $R = f(u)$, dann soll f als Kollektives Wohlfahrtsprinzip (KWP) bezeichnet werden. Ordinale Vergleichbarkeit liegt vor, wenn es für u und u' eine positiv-monotone Transformation τ gibt, so daß für alle x gilt: Aus $\tau u(x) = u'(x)$ folgt $f(u) = f(u')$. Damit läßt sich feststellen, ob eine individuelle Bewertung höher ist als eine andere, nicht aber um wieviel höher.

Das leistet erst die kardinale Vergleichbarkeit, bei der zwischen einheitenbezogen kardinaler und vollständiger kardinaler Vergleichbarkeit unterschieden wird. Erstere ist gegeben, wenn es für u und u' die reellen Zahlen a_i und b aus $\mathfrak{R}$ gibt, so daß für alle x gilt: Aus $b \cdot u_i(x) + a_i = u_i'(x)$ folgt $f(u) = f(u')$. Da dann die Maßeinheiten der Bewertungen interpersonell übereinstimmen, lassen sich Bewertungsdifferenzen vergleichen, also Aussagen der Form $[u_i(x) - u_i(y)] > [u_j(x) - u_j(y)]$ treffen. Bei vollständiger kardinaler Vergleichbarkeit kommt hinzu, daß auch der Nullpunkt interpersonell überein-stimmt, von dem aus gemessen wird. Sie ist gegeben, wenn es für u und u' eine positiv-lineare Transformation τ^* gibt, so daß für alle x gilt: Aus $\tau^*u(x) = u'(x)$ folgt $f(u) = f(u')$. Mit diesen Vergleichbarkeitsannahmen ist die Infor-mationsbasis eines KWP in entscheidender Weise über die einer KWF oder KBF hinaus erweitert, so daß sich damit die Unmmöglichkeit der Ar-row'schen Art umgehen läßt. Tatsächlich gibt es Kollektive Wohlfahrtsprin-zipien, die neben den entsprechend umformulierten Bedingungen von Arrow sogar noch allgemeinere Bedingungen erfüllen.

Es gibt Kollektive Wohlfahrtsprinzipien, darunter das Lexikographische Maximin-Prinzip und das Utilitaristische Prinzip, die die Bedingungen U, A, SP und N erfüllen, sofern für sie mindestens eine der oben eingeführten Annahmen der interpersonellen Vergleichbarkeit individueller Bewertun-gen gelten.

Das Theorem ist eine Zusammenfassung der Ergebnisse aus Roemer (1996: 26-38). Zu den genannten Bedingungen: U ist die für ein KWP angepaßte Bedingung U von Arrow. Bedingung A der Anonymität verstärkt die Bedin-gung D von Arrow und heißt, daß die kollektive Ordnung erhalten bleiben muß, wenn die Personen i, j etc. hinsichtlich ihrer Bewertungen u_i, u_j etc. permutiert werden. Es ist eine Bedingung der Nicht-Diskriminierung von Personen. Die Bedingung SP (Striktes Pareto-Prinzip) verstärkt die Bedin-gung P von Arrow dahingehend, daß sie nicht nur übereinstimmende Höher-bewertungen im Profil u in eine entsprechende kollektive Ordnung zu über-tragen gestattet, sondern auch eine Gleichheit der individuellen Bewertungen in eine kollektive Indifferenz übersetzt und darüber hinaus eine kollektive Bevorzugung einer Alternative vor einer anderen fordert, wenn die Alternati-ve von mindestens einer Person höher bewertet wird und alle anderen indiffe-rent sind.

Bedingung N verallgemeinert Arrows Bedingung I. Sie übersetzt eine Gleichbewertung von Alternativen in zwei ansonsten unterschiedlichen Profi-len u und u' in eine Gleichbehandlung dieser Alternativen in den kollektiven Präferenzen R und R'. Das erscheint auf den ersten Blick plausibel, erweist sich aber als starke Forderung. Stellen wir uns zwei Entscheidungssituationen vor, bei denen es einmal um eine Umverteilung von Gütern geht und zum anderen um eine freiheitsbeschränkende Maßnahme, wobei jeweils eine schlechter gestellte Person von der Umverteilung wie von der Freiheitsbe-schränkung profitiert. Würde im ersten Fall eine Umverteilung befürwortet, zwingt uns Bedingung N im zweiten Fall, die freiheitsbeschränkende Maß-nahme zu bevorzugen. Da die Prinzipien sich allein auf die Information aus den individuellen Bewertungen stützen, muß nach Bedingung N das kollekti-ve Resultat des einen Falles auf den anderen Fall übertragen werden, auch wenn es gute Gründe gibt, den zweiten Fall nach anderen Kriterien zu beurteilen. Bedingung **N** liegt der Gedanke zugrunde, für die verschiedenen Anwendungsfälle einen einheitlichen Beurteilungsmaßstab bereitzustellen (ethische Verallgemeinerbarkeit).

Die Bewertungsorientierung Kollektiver Wohlfahrtsprinzipien wird in der Literatur – so bei Sen (1977, 1986) und Roemer (1996) – als *Welfarismus* kritisiert, weil die Prinzipien damit für alle Entscheidungsfälle einen einzigen, auf individuellen Bewertungen fußenden Beurteilungsmaßstab zugrunde legen. Das wirft ein schwieriges Problem auf. Einerseits ist damit garantiert, daß ethische Urteile verallgemeinert werden können, daß also der seit Kant erhobenen Forderung nach ethischer Universalisierbarkeit Rechnung getragen wird, andererseits aber macht das Beispiel deutlich, daß es Situationen geben kann, in denen Differenzierungen nötig sind, die eine getrennte Beurteilung der Fälle nach unterschiedlichen Kriterien erlauben.

Auch die kardinale Vergleichbarkeit individueller Bewertungen ist eine so starke Forderung, daß zu fragen ist, ob ein Bewertungsmaß in diesem Sinne postuliert werden kann. Nun hat, wie Kern und Nida-Rümelin (1994, Abschn. 8.4) erläutern, die Annahme vollständiger kardinaler Vergleichbarkeit eine wesentliche Stütze in der Vermutung, daß sich die subjektiven Bewertungen rationaler Personen durch *beschränkte Bewertungsintervalle* darstellen lassen. Tatsächlich gibt es dafür intuitiv überzeugende Argumente, denn wäre der Bewertungsbereich einer Person nach oben und unten unbeschränkt, ergäben sich gewisse paradoxe Konsequenzen, die nur zu vermeiden sind, wenn man für den Bewertungsbereich eine obere und untere Schranke einführt. Werden die so beschränkten individuellen Bewertungsfunktionen u_i dann auf ein bestimmtes Intervall – etwa [0, 1] – normiert, dann wäre die Existenz eines Bewertungsmaßes im Sinne vollständiger kardinaler Vergleichbarkeit gesichert, allerdings ohne daß etwas über dessen Meßbarkeit ausgesagt wäre.

3. Das Utilitaristische Prinzip

Mit dem Utilitaristischen Wohlfahrtsprinzip (UWP) werden Alternativen kollektiv danach geordnet, ob sie für die Individuen insgesamt eine größere oder geringere Summe individueller Bewertungen ergeben – oder in utilitaristischer Lesart eine größere oder geringere Summe individueller Nutzen. Individueller Nutzen wird in diesem Zusammenhang zwar etwas anders interpretiert, aber genauso hergeleitet wie die Bewertungsfunktion u_i – als kardinale Repräsentation individueller Präferenzen. Die Formulierung lautet:

$$xRy \Leftrightarrow \sum_{i=1}^{n} u_i(x) \geq \sum_{i=1}^{n} u_i(y) \, .$$

Es sollte deutlich sein, daß dies weniger ein Prinzip der Verteilungsgerechtigkeit als eines der Verteilungseffizienz ist. Seine Schwäche besteht darin, daß es zur Verteilung der Nutzen über die Individuen gar nichts sagen kann, sondern die kollektive Bevorzugung einer Alternative vor einer anderen gänzlich von der *Nutzensumme* abhängig macht. Tatsächlich ist der aus ethischer Sicht stärkste Kritikpunkt, daß das UWP völlig unsensibel gegenüber ungleichen Nutzenverteilungen ist und bspw. zwischen zwei Verteilungen der Nutzen der Personen i und j von 1:99 und 50:50 Einheiten indifferent wäre, da beide die gleiche Nutzensumme haben.

Wir werden im folgenden zwei Charakterisierungen des UWP vorstellen, von denen die erste auf das obige Theorem über die Existenz Kollektiver Wohlfahrtsprinzipien zurückgreift. Das entsprechende Charakterisierungstheorem lautet:

Ein KWP f ist genau dann das Utilitaristische Wohlfahrtsprinzip (UWP), *wenn es* einheitenbezogen kardinaler Vergleichbarkeit *gehorcht und die Bedingungen* **U, A, SP** *und* **I** *erfüllt.*

In dieser Charakterisierung – für den Beweis vgl. D'Aspremont und Gevers (1977) – ist nicht die oben diskutierte Bedingung **N** aufgeführt, sondern die für Kollektive Wohlfahrtsprinzipien umformulierte Bedingung **I** von Arrow. Das hat seinen Grund darin, daß einem Theorem von Sen (1977*) zufolge ein KWP die Bedingung **N** erfüllt, wenn es den Bedingungen **SP** und **I** gehorcht. Mithin ist die Bedingung **N** in der Charakterisierung nicht erforderlich, da sie unmittelbar aus der Erfüllung von **SP** und **I** folgt. Sie setzt jedoch das UWP als *welfaristisches Prinzip* allen Einwänden aus, die oben im Zusammenhang der Bedingung **N** erörtert wurden. Insbesondere gestattet sie die Anwendung des UWP in Entscheidungssituationen, in denen es eigentlich nicht benutzt werden dürfte, weil es um Fragen, wie die Verletzung von Rechten der Individuen geht, die in Informationen über individuelle Nutzen nicht enthalten sind, so daß die Anwendung des UWP zu moralisch nicht vertretbaren Resultaten führen kann.

Es gibt einen interessanten Ansatz, diesem Problem beizukommen, den *Regelutilitarismus* von John Harsanyi (1977). Dabei wird die Menge der Alternativen auf die handlungsleitenden Regeln eingeschränkt. Ansonsten wird das Regelutilitaristische Wohlfahrtsprinzip (RUWP) genauso formuliert wie das UWP. Die Einschränkung verhindert, daß individuelle Handlungsmöglichkeiten wie Vertrauensbruch oder Betrug eine *aktutilitaristische* Rechtfertigung erhalten, wenn sich zeigen läßt, daß der Nutzengewinn der Schädiger den Nutzenverlust der Geschädigten übersteigt. Da weiterhin zugunsten der höheren Nutzensumme entschieden wird, bevorzugt das RUWP stets die Regel, die, wenn sie von allen befolgt wird, die höhere Nutzensumme erzeugt. Da bspw. eine Regel wie ‚Nicht Betrügen' einer Gesellschaft zweifelsohne einen höheren Gesamtnutzen bringt wie die Regel ‚Betrügen', ist mit dem RUWP die aktutilitaristisch denkbare Rechtfertigung von Betrug ausgeschlossen. Der Regelutilitarismus stellt gegenüber dem Aktutilitarismus zweifelsohne einen großen Fortschritt dar, aber auch er kann nicht alle Probleme lösen, die dem UWP aufgrund seines konsequentialistischen Charakters anhaften. Dieser ergibt sich daraus, daß das UWP die Alternativen allein danach beurteilt, welche *Konsequenzen* sie im Sinne der Erzeugung einer Nutzensumme haben. Das UWP und das RUWP könnte daher bspw. Einschränkungen von Freiheiten zugunsten von Nutzenverbesserungen rechtfertigen.

Ein weiterer kritischer Punkt ist die Festlegung auf die einheitenbezogen kardinale Vergleichbarkeit. Einige Autoren – so Schmidt (1991) – bezweifeln grundsätzlich, daß das Charakterisierungstheorem mit dieser Forderung überhaupt eine normative Begründung des UWP liefert, denn die Art der Vergleichbarkeit ist ein empirisches Faktum. Wenn aber in das Theorem nichtnormative Elemente eingehen, kann es nicht als normative Fundierung des UWP gelten. Die Festlegung ist auch deshalb problematisch, weil sie nur die individuellen *Nutzendifferenzen* $[u_i(x) - u_i(y)]$ und $[u_j(x) - u_j(y)]$ kardinal zu erfassen erlaubt, so daß hinsichtlich der oben angeführten Nutzenverteilungen von 1:99 und 50:50 Einheiten für i und j nur bekannt wäre, daß die Nutzendifferenz der Individuen übereinstimmend 49 Einheiten beträgt. Wir wüßten damit weder, welche der Personen die schlechter gestellte ist, noch in welchem Maße sie schlechter gestellt ist. Diese Informationen wären aber erforderlich, wollte man das Potential des UWP im Blick auf eine Besserstellung schlechter gestellter Personen ausloten.

Wir stellen daher eine zweite Charakterisierung des UWP vor, die von der Voraussetzung vollständiger kardinaler Vergleichbarkeit ausgeht. Dazu werden zwei weitere Bedingungen benötigt – und zwar die Bedingung **E** der Eliminierung indifferenter Personen, die besagt, daß Personen, die unterschiedliche Alternativen gleich gut bewerten, eliminiert werden können, da sie offenbar am Aggregationsresultat nichts ändern, sowie die Bedingung **S** der Stetigkeit, die fordert, daß zwei Alternativen, x und y, die von allen Personen als annähernd gleich gut bewertet werden, im Verhältnis zu allen anderen Alternativen z ebenfalls annähernd gleich zu bewerten sind. Das Charakterisierungstheorem von Maskin (1978) lautet dann:

> *Ein* KWP f *ist genau dann das* UWP, *wenn es* vollständiger kardinaler Vergleichbarkeit *gehorcht und die Bedingungen* **U**, **A**, **SP**, **I**, **E** *und* **S** *erfüllt.*

Roemer (1996: 137) hält das Theorem für das ‚stärkste Argument zugunsten des Utilitaristischen Prinzips als Lösung des Verteilungsproblems' – und ein Teil seiner Stärke liegt sicher darin, daß mit vollständiger kardinaler Vergleichbarkeit alle Informationen bereitstehen, um zu verteilungsgerechten Resultaten zu gelangen. Ein anderer Teil seiner Stärke resultiert jedoch daraus, daß mit Bedingung **S** alle nicht-stetigen Wohlfahrtsprinzipien ausgeschlossen werden, also auch das im nächsten Abschnitt zu erörternde Maximin-Prinzip. Weiter ist zu fragen, wie das UWP angesichts der eingangs zitierten Kritik an seiner Insensibilität gegenüber ungleichen Nutzenverteilungen überhaupt verteilungsgerechte Resultate generieren können soll.

Das kann dennoch der Fall sein. Zum einen gibt es die Möglichkeit, den Grad zu berücksichtigen, zu dem die Individuen die jeweilige Alternative – bspw. eine Allokation von Gütern – zu nutzen in der Lage sind. Ist dieser individuelle Nutzungsgrad für alle Personen gleich, dann läßt sich zeigen, daß das UWP zur Gleichverteilung der Nutzensumme tendiert. Aber auch bei großen Unterschieden in den individuellen Nutzungsgraden kann durch das UWP eine Besserstellung schlechter gestellter Personen erreicht werden, wenn man unterstellen darf, daß schlechter gestellte Personen regelmäßig einen höheren Nutzungsgrad aufweisen als besser gestellte Personen, denn das UWP verteilt bei Unterschieden im individuellen Nutzungsgrad zugunsten von Personen mit einem höheren Nutzungsgrad.

Auf eine andere Möglichkeit hat Yaari (1981) aufmerksam gemacht. In die Nutzensummenformel des UWP geht offensichtlich jede Person mit gleichem Gewicht ein. Würde man nun Gewichtungen, die eine Besser- oder Schlechterstellung von Personen reflektieren, in die Formulierung des UWP einbauen, könnte man hoffen, wirklich verteilungsgerechte Resultate zu erhalten (Trapp 1988). Allerdings wäre das mit einem Nachteil erkauft: Solange durch die Art der Gewichtung nicht verhindert wird, daß einzelne Personen ein Übergewicht erhalten (bspw. Gewichtung 1 für eine Person und 0 für alle anderen), wäre der Weg zu diktatorischen Prinzipien eröffnet, die durch Bedingung **A** eigentlich ausgeschlossen sind. Aber auch wenn man eine Form der Gewichtung finden könnte, die dieses Problem vermeidet, wäre weiterhin nicht die grundlegende Schwäche des Utilitaristischen Prinzips behoben, daß es nämlich die Einschränkung von Rechten der Individuen zugunsten von Nutzenverbesserungen erlauben kann.

4. Das Differenzprinzip

Mit seinen Prinzipien hat John Rawls (1971) eine umfassende Konzeption von Gerechtigkeit entworfen, die sich der Intention nach als Alternative zum Utilitarismus versteht. Dabei wird in einem ersten Grundsatz, der Vorrang hat, jedem ein gleiches Recht auf das umfangreichste System von gleichen Grundfreiheiten zugesprochen, das für alle möglich ist. Das nachgeordnete Differenzprinzip im engeren Sinne umfaßt zum einen den zweiten Grundsatz, wonach die besseren Aussichten der Begünstigten in der Gesellschaft nur dann gerecht sind, wenn sie zur Verbesserung der Lage der am wenigsten begünstigten Mitglieder beitragen, und zum anderen ein Prinzip der fairen Chancengleichheit.

A. Das Maximin-Prinzip

Das Maximin-Prinzip (MP) ordnet die Alternativen nach dem Grundgedanken der Besserstellung sozial Benachteiligter des zweiten Grundsatzes in der kollektiven Präferenz danach, ob die am schlechtesten gestellte Person damit besser gestellt wird. Im Profil u': $u_i(x) > u_i(y) > u_j(y) > u_j(x)$ ist bspw. j die Person, die schlechter gestellt ist, da sie *beide* Alternativen geringer bewertet als i. Die Anwendung des MP führt demnach zur kollektiven Präferenz yPx. Das MP wird wie folgt formuliert:

$$xRy \Leftrightarrow min_i u_i(x) \geq min_i u_i(y).$$

Allerdings ist das MP in den meisten Charakterisierungen nicht in dieser Form, sondern in einer lexikographischen Erweiterung als LMP (Lexikographisches Maximin-Prinzip) vertreten, da das MP die Bedingung **SP** verletzen kann, wenn die schlechter gestellte Person durch zwei Alternativen gleich schlecht gestellt wird und demnach das MP zu kollektiver Indifferenz zwischen den Alternativen führen müßte, hingegen nach Bedingung **SP** eine kollektive Bevorzugung einer Alternative zu resultieren hätte, wenn diese die besser gestellte Person besser stellt als die andere Alternative. Die lexikographische Erweiterung wird so gehandhabt, daß das LMP (bei zwei Personen wie in u') auf die besser gestellte Person übergeht, wenn die schlechter gestellte Person zwei Alternativen gleich bewertet. Damit wird der Konflikt mit Bedingung **SP** vermieden und dennoch nicht gegen die Interessen sozial Benachteiligter verstoßen, da es für schlechter gestellte Personen unerheblich ist, welche von zwei Alternativen kollektiv bevorzugt werden, zwischen denen sie indifferent sind.

Das obige Beispiel lädt zu einigen kritischen Fragen an das LMP ein. Offensichtlich zieht die Besserstellung der Person j durch die kollektive Bevorzugung von y eine Schlechterstellung der Person i nach sich. Ist das gerechtfertigt? Im Sinne des LMP durchaus, denn i ist auch nach der Realisierung von y aufgrund der kollektiven Präferenz yPx die besser gestellte Person und hat im Sinne des zweiten Grundsatzes ihren Beitrag zur Besserstellung von j geleistet, die in Zwei-Personen-Verteilungskonflikten nicht anders als durch Umverteilung erreichbar ist.

Auch wird argumentiert, daß Fälle auftreten können, in denen ein großer Beitrag der besser gestellten Person nur zu geringer Besserung der schlechter gestellten Person führt (bspw. wenn Behinderte teure Geräte benötigen, ohne daß sich ihre Lage wesentlich bessert). Nun kann man mit den Informationen, die die Profile u oder u' bieten und die nur ordinale Niveauvergleiche erlauben, gar nicht feststellen, wieweit sich i und j besser oder schlechter stellen. Der Einwand ist also gegenüber Profilen mit ordinaler Vergleichbarkeit der Bewertungen nicht einmal formulierbar. Dennoch ist durch das LMP gesichert, daß die besser gestellte Person auch bei einem großen Beitrag nicht unter das Niveau der schlechter gestellten Person fällt.

Ein weiterer Einwand ist, daß das LMP ungleichere Verteilungen gegenüber weniger ungleichen vorziehen würde, wenn erstere nur eine geringfügige Verbesserung der Lage der am schlechtesten gestellten Person bieten, da das LMP sich auf die Lage dieser Personen konzentriert. Nun gilt auch für diesen Einwand, daß bei ordinaler Vergleichbarkeit nicht feststellbar ist, wie gleich oder ungleich eine Verteilung ist. Rawls führt außerdem gegen den Einwand das Argument der *Verkettung* an. Danach wird unter gewöhnlichen Bedingungen eine Verbesserung der Lage schlechter gestellter Personen auch die Lage besser gestellter Personen verbessern. Unter dieser Annahme kann der mit dem Einwand geschilderte Fall tatsächlich nicht eintreten. Die Einwände zeigen, daß die Informationsgrundlage der ordinalen Vergleichbarkeit von zentraler Bedeutung ist. Jedenfalls ließen sich die erwähnten Einwände nur mit Verweis auf diese Informationsgrundlage abwehren. Auch die folgende erste Charakterisierung des LMP baut auf dieser Informationsgrundlage auf (für den Beweis vgl. Kern und Nida-Rümelin 1994, Abschn. 9.3):

Ein KWP f *ist genau dann das* Lexikographische Maximin-Prinzip (LMP), *wenn es* ordinaler Vergleichbarkeit *gehorcht und die Bedingungen* **U, A, SP, I, E** *und* **MG** *erfüllt.*

Die Festlegung auf ordinale Vergleichbarkeit in dieser Charakterisierung schließt die Möglichkeit der Formulierung eines Utilitaristischen Prinzips, das mindestens einheitenbezogen kardinale Vergleichbarkeit erfordert, von vornherein aus, was in ethischer bzw. normativer Sicht problematisch ist. Wir werden aber zeigen, daß es eine alternative Charakterisierung des LMP gibt, die nicht diesem Vorwurf ausgesetzt ist. Mit den Bedingungen **U, A, SP** und **I** (sowie **E** bezüglich der zweiten Charakterisierung des UWP) gehorcht das LMP den gleichen Bedingungen wie das UWP. Mit dieser Charakterisierung muß das LMP als *welfaristisches Prinzip* interpretiert werden und ist damit allen Einwänden ausgesetzt, die die Erfüllung der Bedingung **N** nach sich ziehen. Das erstaunt zunächst, weil man aufgrund der anti-utilitaristischen Intention des Entwurfs von Rawls vermuten würde, daß seine Prinzipien gerade nicht welfaristisch aufzufassen sind. Tatsächlich ist mit dem Begriff der sozialen Grundgüter (*social primary goods*) bei Rawls eine Konzeption eingeführt, die den Nutzenbegriff ersetzen soll, die aber zu einem Problem führt.

Soziale Grundgüter sind Güter allgemeinerer Art, durch die es den Individuen ermöglicht wird, ihre Vorstellungen von Lebensführung zu verwirklichen und ihre Lebenspläne zu erfüllen, so daß sie von ihnen stets mehr statt weniger werden haben wollen. Zu diesen Grundgütern zählen: Freiheiten und Rechte, Einkommen und Vermögen, Positionen und Ämter sowie die sozialen Grundlagen der Selbstachtung. Zur Anwendung des Differenzprinzips im engeren Sinne schlägt Rawls vor, einen Grundgüterindex zu konstruieren, der die individuellen Ausstattungen mit den unterschiedlichen Grundgütern vergleichbar macht, so daß festgestellt werden kann, welches Individuum diesbezüglich in der schlechtesten Position ist, also im Sinne des LMP einer Verbesserung bedarf. Die Alternativen x und y in den Bewertungen u_i wären demnach nicht Sozialzustände im Sinne Arrows, sondern die mit dem Index ermittelten Grundgüterverteilungen über den Individuen.

So attraktiv sich diese Idee auch ausnimmt, weil sie das Problem des *Welfarismus* zu umgehen scheint: Sie ist praktisch nicht zu realisieren. Tatsächlich ist bislang keine überzeugende Konstruktion eines Grundgüterindexes vorgelegt worden. Der Grund liegt in der Heterogenität der sozialen Grundgüter. Selbst wenn man die erste Kategorie von Grundgütern (Freiheiten und Rechte) aus der Indexbildung herausnimmt, weil sie im Grunde einen gesonderten Entscheidungsbereich bildet, und auch das Grundgut der sozialen Grundlagen der Selbstachtung unbeachtet läßt, verbleibt dennoch die kaum lösbare Aufgabe, die Kategorien Einkommen und Vermögen sowie Positionen und Ämter, die in unterschiedlicher Weise mit Macht und Prestige ausgestattet sind, durch Indexbildung zueinander in Beziehung zu setzen.

Angesichts dessen bleiben nur zwei Möglichkeiten: Entweder man gibt den Begriff des sozialen Grundgutes auf, muß dann aber in Kauf nehmen, daß das Differenzprinzip – wie in der obigen Formulierung und Charakterisierung des LMP – auf ein welfaristisches Prinzip reduziert wird, oder aber man führt die Unterscheidung nach Kategorien von Grundgütern konsequent fort und formuliert sie in eine Trennung von Entscheidungsbereichen um, für die unterschiedliche Prinzipien gelten. Danach wäre die erste Kategorie von Grundgütern (Freiheiten und Rechte) einem Entscheidungsbereich zuzuordnen, für den das Prinzip der Gleichverteilung gilt. Ein davon getrennter, weiterer Entscheidungsbereich würde die zweite Kategorie von Grundgütern (Einkommen und Vermögen) behandeln und darauf das Differenzprinzip in der Formulierung des LWP anwenden. Daß das LWP welfaristischer Natur ist, wäre in dem Fall kein Problem, denn zum einen würde es in einem Bereich angewandt, in dem Welfarismus nicht unangemessen ist, und zum anderen wäre durch die Trennung der Entscheidungsbereiche gesichert, daß Entscheidungen auf welfaristischer Grundlage nicht auf die anderen Bereiche übertragen werden. Was damit allerdings aufgegeben würde, ist der universalistische Anspruch der Gerechtigkeitstheorie von Rawls. Das aber scheint unvermeidlich zu sein, wenn man Wohlfahrtsprinzipien in einer Weise anwenden will, die nicht von vornherein wegen der Neutralitätsbedingung zu problematischen Ergebnissen führt.

Die beiden ersten Entscheidungsbereiche könnten um einen dritten Bereich ergänzt werden, in dem über die dritte Kategorie von Grundgütern (Positionen und Ämter) entschieden wird. Dabei hätte das Prinzip der fairen Chancengleichheit zu gelten. Es ist zuzugeben, daß das der Schwachpunkt dieser Konstruktion ist, denn es gibt zwar gewisse intuitive Vorstellungen, wie ein solches Prinzip aussehen könnte (Verbot von Diskriminierungen aller Art, Leistungsgerechtigkeit), aber keine auch nur einigermaßen hinreichende formale Präzisierung – Roemer (1996: 166 ff.).

Wenn man sich darauf einläßt, daß die Anwendung des LMP auf den zweiten Entscheidungsbereich beschränkt bleibt, ist die obige Charakterisierung des LMP angemessen. Es gibt aber noch eine andere Charakterisierung, die deshalb attraktiv ist, weil sie dem Vorwurf vorbeugt, durch eine bestimmte Vergleichbarkeitsannahme andere Wohlfahrtsprinzipien, z.B. das UWP, auszuschalten. Sie kann darüber hinaus sogar um eine Charakterisierung des Utilitaristischen Prinzips erweitert werden, so daß damit eine gemeinsame Charakterisierung der Prinzipien vorliegt.

Voraussetzung ist eine übereinstimmende Informationsgrundlage, die hier die vollständige kardinale Vergleichbarkeit bilden soll. Weiterhin sind zwei Kriterien erforderlich, die die Lösung eines Zwei-Personen-Verteilungskonflikts angeben, wie sie ein Utilitaristisches Prinzip bzw. ein Maximin-Prinzip vorschlagen würde. Angenommen alle anderen Personen außer i und j bewerten die Alternativen x und y genau gleich gut und für i und j gelte das Bewertungsprofil u', dann folgt daraus aufgrund des Gerechten Kriteriums (**GK**), daß in der kollektiven Präferenz yPx ist. Gilt unter der gleichen Voraussetzung, daß für i und j in einem Bewertungsprofil $u_i(x) + u_j(x) > u_i(y) + u_j(y)$ ist, dann folgt daraus aufgrund des Utilitaristischen Kriteriums (**UK**), daß in der kollektiven Präferenz xPy sein muß. Dann ist die gemeinsame Charakterisierung wie folgt zu formulieren – für den Beweis s. Deschamps und Gevers (1978):

Ein KWP f, das vollständiger kardinaler Vergleichbarkeit *gehorcht und die Bedingungen* U, A, SP, I *und* MG *erfüllt, ist genau dann das* LMP, *wenn es zugleich dem* **GK** *genügt, und genau dann das* UWP, *wenn es zugleich dem* **UK** *genügt.*

In die Charakterisierung geht eine zusätzliche Bedingung ein, die auch in der obigen Charakterisierung des LMP auftrat, die Bedingung **MG** der Minimalen Gerechtigkeit. Betrachten wir noch einmal das Bewertungsprofil u': Ein KWP f, das ordinaler Vergleichbarkeit gehorcht, kann aufgrund der anderen Bedingungen nur zu dem Schluß kommen, daß für die kollektive Präferenz entweder yPx oder xPy gilt. Das Resultat yPx etabliert das LMP, das Resultat xPy hingegen würde das genau entgegengesetzte Prinzip der Besserstellung bereits besser gestellter Personen generieren. Bedingung **MG** ist so formuliert, daß diese Möglichkeit ausgeschaltet wird. Sie ist daher auch für die gemeinsame Charakterisierung nötig. Weiter fällt auf, daß die gemeinsame Charakterisierung nicht mehr die Bedingung E enthält, die noch in den Charakterisierungen des UWP und des LMP figurierte. Der Grund dafür ist, daß die Gerechtigkeitskriterien **GK** und **UK** aufgrund ihrer Formulierung diese Bedingung implizieren, denn sie schließen alle Personen aus, die sich mit den Alternativen genau gleich gut stellen.

Die Kriterien haben noch eine andere problematische Implikation. Zwar setzt die Charakterisierung vollständige kardinale Vergleichbarkeit voraus, die Kriterien nutzen diese Informationsgrundlage jedoch in höchst unterschiedlicher Weise. Bezüglich des **GK** wird sie vom LMP nur so genutzt, als läge ausschließlich ordinale Vergleichbarkeit vor, und das **UK** nutzt sie für das UWP nur so, als wäre nur einheitenbezogen kardinale Vergleichbarkeit gegeben. Das aber bedeutet, daß die gemeinsame Charakterisierung das LMP und das UWP indirekt wieder auf die unterschiedliche Informationsbasis der Prinzipien zurückführt.

Johannes Schmidt (1991) hat darauf aufmerksam gemacht, daß die gemeinsame Charakterisierung mit den Kriterien **GK** und **UK** die Lösung des (Zwei-Personen-) Verteilungskonflikts durch das jeweilige Prinzip auf direktem Wege einführt, was eigentlich erst zu begründen wäre. Der Grund dafür ist natürlich, daß wegen der vorgegebenen einheitlichen Informationsgrundlage nicht auf die Unterschiede der Prinzipien hinsichtlich der Vergleichbarkeitsannahmen rekurriert werden kann. Die gemeinsame Charakterisierung zeigt mithin, daß sich das LMP und das UWP darüber hinaus nur durch die Art und Weise unterscheiden, wie sie einen Zwei-Personen-Verteilungskonflikt lösen.

B. Faire Kooperative Spiele

Die Gerechtigkeitsprinzipien von Rawls sind ihrer Konstruktion nach Ergebnis einer Entscheidung der Beteiligten im ursprünglichen Zustand. Entsprechend wurden in den Charakterisierungen des LMP die Prämissen und Voraussetzungen des urspünglichen Zustands als Bedingungen an die Überfüh rung eines Bewertungsprofils u in eine kollektive Präferenz R formuliert. Damit aber ist die Ableitung der Prinzipien auf eine *einmalige* Entscheidung konzentriert, die nicht der Bestandsproblematik gerecht werden konnte, also der Frage, ob die Prinzipien auch in einer realen Gesellschaft Bestand haben würden, ohne daß eine Abweichung von ihnen erfolgt. Deren Beantwortung würde mindestens eine weitere Entscheidung erfordern.

Die spieltheoretische Rekonstruktion der Prinzipien von Rawls durch Anthony Laden (1991) beansprucht, diese Schwäche zu vermeiden, indem sie die Entscheidung im ursprünglichen Zustand als eine Folge Kooperativer Spiele darstellt, bei der der Ausgang (*outcome*) jedes einzelnen Spiels wiederum ein Kooperatives Spiel bildet. Danach wird das Rawlssche *Ursprungsspiel* Γ_0 in zwei Spiele aufgeteilt: $\Gamma_{0(1)}$, das ‚Spiel um die Prinzipien‘, und $\Gamma_{0(2)}$, das ‚Spiel um deren Bestand‘. Im Spiel $\Gamma_{0(1)}$ geht es darum, das jeweilige Prinzip aus einer Reihe alternativer Prinzipien hinter dem Schleier des Nicht-Wissens (*veil of ignorance*) auszuwählen, und im Spiel $\Gamma_{0(2)}$ darum, ob die gewählten Prinzipien auch Bestand haben. Mit seiner Konstruktion nimmt Laden zudem die Rawls'sche Idee der *Gerechtigkeit als Fairness* auf und setzt sie spieltheoretisch um, wobei die Spiele als ein *Verfahren* aufgefaßt werden, zu gerechten Verteilungen zu gelangen.

Kooperative Spiele werden durch eine *Charakteristische Funktion* $v(S)$ beschrieben und durch einen *Auszahlungsvektor* $x = \langle x_1, \ldots, x_n \rangle$, der die Auszahlungen angibt, die jeder Spieler i erhält. Wichtig sind *koalitionsrationale* Auszahlungsvektoren, die vorliegen, wenn für alle Teilmengen S aus K gilt, daß $\sum_{i \in S} x_i \geq v(S)$ ist, also jede Koalition S wenigstens soviel erhält wie ihr die Charakteristische Funktion garantiert, denn das bedeutet, daß eine gegebene Struktur von Koalitionen stabil ist, weil sich durch deren Veränderung keine Verbesserung des Wertes des Spiels für die Koalitionen erreichen läßt. Koalitionsrationale Auszahlungsvektoren bilden den *Kern* eines Kooperativen Spiels. Damit wird die Idee der *Fairness* in einem schwachen Sinne aufgenommen, denn es ist dann nicht möglich, daß eine der Koalitionen sich *auf Kosten* einer anderen besser stellt. Auszahlungsvektoren, die *nicht* im Kern Kooperativer Spiele liegen, sind demnach offensichtlich *unfair*. Der Umkehrschluß, daß alle Auszahlungsvektoren im Kern *fair* sein müssen, ist jedoch falsch.

Ist der Kern eines Kooperativen Spiels leer, dann ist es möglich, daß eine Koalition auf Kosten einer anderen gewinnt. Solche Spiele sind von vornherein unfair. Es kann aber auch sein, daß es im Kern mehrere Auszahlungsvektoren gibt, womit zwischen mehr oder weniger fairen Auszahlungsvektoren zu unterscheiden ist. Nun können Koalitionen mehr erlangt haben, als ihnen die Charakteristische Funktion sichert. Das ist der Mehrbetrag. Die Auszahlungsvektoren können dann nach aufsteigendem Mehrbetrag angeordnet werden. Der Kern eines Kooperativen Spiels enthält *alle* koalitionsrationalen Auszahlungsvektoren. Schließen wir Auszahlungsvektoren mit geringerem Mehrbetrag aus, erhalten wir *kleinere Kerne* mit höherem Mehrbetrag. Verringern wir den Kern soweit, daß er nur den Auszahlungsvektor mit dem höchsten Mehrbetrag enthält, haben wir den *kleinsten Kern*. Man kann demnach sagen, daß die Fairness Kooperativer Spiele in gradueller Betrachtung vom kleinsten über den kleineren Kern bis zum Kern abnimmt.

Ein Spiel, dessen Kern einen einzigen Auszahlungsvektor enthält, ist erst dann fair, wenn auch das vorausgehende bzw. nachfolgende Spiel fair ist. Die genaue Definition ist die folgende: Ein Kooperatives Spiel Γ ist genau dann fair, wenn es eine Folge Kooperativer Spiele $\Gamma_1, \ldots, \Gamma_m$ gibt, so daß jedes von ihnen einen nicht-leeren Kern hat; Γ_1 – das Ausgangsspiel – muß unbezweifelbar fair sein, jedes Γ_h im kleinsten Kern von Γ_{h-1} liegen und Γ im kleinsten Kern von Γ_m. Dann läßt sich beweisen, daß faire Spiele stets einen Kern haben (Laden 1991). Damit sind drei Forderungen verbunden: Das Ausgangsspiel Γ_1 muß unbezweifelbar fair sein. Alle Spiele in der Folge müssen im Kern des vorausgegangenen Spiels liegen und alle Spiele in der Folge müssen auch im kleinsten Kern des vorausgegangenen Spiels liegen.

Um die Frage nach dem Bestand der Prinzipien im Spiel $\Gamma_{0(2)}$ beantworten zu können, benötigen wir ein Kriterium, das die Frage entscheidet. Thomas Scanlon (1982) hat argumentiert, daß ein aus der ursprünglichen Situation resultierendes Prinzip dann Bestand hat, wenn es sich von jedem gegenüber jedem anderen in vernünftiger Weise rechtfertigen läßt. Das ist der Fall, wenn es kein Argument gibt, mit dem es *verworfen* werden kann. Ein Prinzip ist verwerfbar (*rejectable*), wenn (a) die generelle Einhaltung des Prinzips eine Person in ernste Not bringt *und* wenn es (b) alternative Prinzipien gibt, deren Einhaltung keine vergleichbare Belastung für irgendjemand mit sich bringt. Laden (1991) beweist, daß dieses Kriterium dem oben entwickelten Begriff von Fairness logisch äquivalent ist, so daß im Spiel $\Gamma_{0(2)}$ tatsächlich faire Prinzipien auf Bestand überprüft werden.

Weiterhin soll eine Bedingung der Allgemeingültigkeit (*generality*) gelten, die besagt, daß ein Prinzip (oder ein Spiel) für *alle* unfair ist, wenn es für *eine* Gruppe oder *eine* Person unfair ist, eine Bedingung der Öffentlichkeit (*publicity*), die fordert, daß die Beteiligten im Ursprungsspiel bei ihrer Entscheidung die sozialen Folgen einer öffentlichen Anerkennung der Prinzipien und ihrer Umsetzung berücksichtigen, sowie als Maßeinheit das *ordinale Maß* einer Allzweck-Ressource, da für die Feststellung von Benachteiligungen kein kardinales Maß erforderlich ist.

Betrachten wir das Spiel $\Gamma_{0(1)}$ und die Wahl eines Prinzips für das soziale Grundgut 'Freiheiten und Rechte'. Nehmen wir als alternative Prinzipien zum einen ein System größtmöglicher Freiheiten für jedermann an und zum anderen eine Art Apartheidsystem, also Einschränkungen der Freiheiten bestimmter Gruppen. Letzteres liegt nicht im Kern, denn bestimmte Gruppen erhalten weniger Freiheiten als sie erhalten könnten. Sie haben aber bei einem System größtmöglicher Freiheiten soviel, wie sie erlangen können. Dieses Prinzip liegt im Kern und im kleinsten Kern. Aus dem Spiel $\Gamma_{0(1)}$ ergibt sich also zwanglos das Prinzip größtmöglicher Freiheiten, das auch den Bestandstest des Spiels $\Gamma_{0(2)}$ besteht: Es ist nicht verwerfbar, denn es bringt bezüglich der Freiheiten niemanden in ernste Not. Andererseits kann eine Ungleichverteilung von Freiheiten einzelne Personen in Not bringen.

Gehen wir zum sozialen Grundgut ‚Einkommen und Vermögen‘ über und stellen drei Prinzipien zur Auswahl: das Differenzprinzip, das Utilitaristische Prinzip und das Utilitaristische Prinzip verbunden mit einem Sozialen Minimum. Das Utilitaristische Prinzip liegt nicht im Kern von $\Gamma_{0(1)}$, denn Erhöhungen der Nutzensumme könnten ausschließlich bestimmten Gruppen zugute kommen, womit andere Gruppen weniger erhalten als sie nach der Charakteristischen Funktion erlangen könnten. Anders verhält es sich mit dem Utilitaristischen Prinzip verbunden mit einem Sozialen Minimum. Es ist im Kern, wenn das Soziale Minimum so definiert ist, daß es ausreichend über dem Existenzminimum liegt, so daß auch schlechter gestellte Gruppen erhalten, was sie erlangen können. Es könnte sogar in einem kleineren Kern liegen. Es liegt aber nicht im kleinsten Kern, denn Verbesserungen über das Soziale Minimum hinaus sind für die schlechtest gestellte Gruppe nicht möglich.

Das Differenzprinzip ist im Kern, denn es ist explizit auf die Besserstellung schlecht gestellter Gruppen ausgerichtet, vermeidet also, daß solche Gruppen weniger bekommen als sie erlangen könnten. Es liegt auch im kleinsten Kern, denn es ermöglicht weitergehende Verbesserungen für schlecht gestellte Gruppen. Könnte die weitergehende Verbesserung im kleinsten Kern nicht auch der besser gestellten Gruppe zugute kommen? Das läuft auf die Frage hinaus, ob Umverteilungen von Unten nach Oben gerechtfertigt sind. Das ist nicht der Fall, weil eine Umverteilung von Oben nach Unten eine natürliche Schranke hat: Die besser gestellte Gruppe darf nicht unter das Niveau der am schlechtesten gestellten Gruppe fallen. Eine vergleichbare Schranke kann aber für ein Prinzip der Umverteilung von Unten nach Oben in einem ordinalen Rahmen nicht formuliert werden, so daß Auszahlungsvektoren möglich werden, die nicht mehr im kleinsten Kern liegen. Der Kern läßt Umverteilungen von Unten nach Oben zu, solange die schlechtest gestellte Gruppe erhält, was ihr die Charakteristische Funktion garantiert. Der kleinste Kern läßt darüber hinaus nur Umverteilungen von Oben nach Unten zu.

Warum sollen besser gestellte Gruppen akzeptieren, daß sie an schlechter gestellte Gruppen abgeben? Die Frage müßte der Bestandstest des Spiels $\Gamma_{0(2)}$ beantworten. Danach ist das Differenzprinzip nicht verwerfbar, denn es bringt keine Person in ernste Not und es ist auch kein anderes Prinzip erkennbar, dessen generelle Einhaltung geringere Belastungen für irgendjemand mit sich bringt. Das daraus resultierende Argument für die besser gestellte Gruppe wäre also, daß sie mit der Abgabe an die schlechter gestellte Gruppe garantiert, daß sie nicht in die Situation der schlechter gestellten Gruppe kommt. Hinzu kommt der Verweis auf die Bedingung der Öffentlichkeit und der Gegenseitigkeit in der Gesellschaft. Soweit es dabei um das Verhältnis der Bürger zueinander geht, läuft das Argument darauf hinaus, daß mit dem Differenzprinzip Gegenseitigkeit im Sinne einer *wohlgeordneten* Gesellschaft bei Rawls befördert wird, nicht jedoch mit den anderen Prinzipien, die im Gegenteil eine Gesellschaft spalten können. Rawls verknüpft damit erkennbar die Frage der Verteilungsgerechtigkeit mit dem Problem der sozialen Integration. Die spieltheoretische Rekonstruktion der Prinzipien von Rawls löst ein Problem, das die obigen Charakterisierungen des LMP nicht einmal formulieren konnten, nämlich ob die Prinzipien in einer realen Gesellschaft Bestand haben würden. Auch ist deutlich, daß die Prinzipien damit sehr viel klarer fundiert sind, indem erkennbar wird, was für die letztliche Begründung relevant ist: Liegt ein Prinzip im Kern und im kleinsten Kern eines Kooperativen Spiels? Damit sind Abstufungen formuliert, die klären, welcher Anspruch an die Prinzipien gestellt wird.

Jedoch hat auch diese Rekonstruktion Schwächen. So beruht sie offensichtlich auf der Informationsgrundlage der ordinalen Vergleichbarkeit, womit Prinzipien ausgeschlossen werden, die eine weitergehende Informationsgrundlage benötigen. Es verwundert daher nicht, daß das Utilitaristische Prinzip verworfen wird. Auch fehlt in der Rekonstruktion – bislang jedenfalls – ein Argument für das Prinzip der fairen Chancengleichheit bezüglich des sozialen Grundgutes ,Positionen und Ämter', das sich aber möglicherweise noch einbringen läßt.

5. Gerechte Ansprüche auf Besitz

Die Anspruchstheorie der Gerechtigkeit von Robert Nozick (1974) verwirft die bislang diskutierten Prinzipien radikal, denn diese würden als *ahistorische Endzustandsgrundsätze* nur danach urteilen, wie Güter in einem bestimmten Zeitquerschnitt unter den Personen verteilt sind, also nur die Verteilung als solche betrachten, nicht aber die Frage, ob jemand seinen Anteil auch verdient. *Strukturelle Grundsätze* seien ebenfalls ahistorisch, da sie forderten, daß Verteilungen einer natürlichen Dimension entsprechen sollen – etwa dem moralischen Verdienst oder der gesellschaftlichen Nützlichkeit. Damit aber werde Produktion von Verteilung abgekoppelt, während gerade der individuelle Beitrag zur Produktion einen Anspruch auf einen Anteil an der Verteilung begründe. Zudem kann eine bestimmte Verteilungsstruktur leicht durch freiwillige Transaktionen (wie Vererbung) in eine ganz andere Struktur überführt werden, so daß man alle freiwilligen Transaktionen verbieten müßte, wollte man eine bestimmte Verteilungsstruktur erhalten.

Nozick stellt dem seine *historischen* Grundsätze einer gerechten Verteilung gegenüber. Danach entstehen Ansprüche auf Besitz (*entitlements*) nur durch wiederholte Anwendung des *Grundsatzes der gerechten Aneignung* und des *Grundsatzes der gerechten Übertragung*. Der letztere Grundsatz gestattet nur *freiwillige* Transaktionen und schließt Transaktionen unter Zwang oder Gewalt aus. Er zeigt, worauf es Nozick bei der Frage nach der Verteilungsgerechtigkeit ankommt: Ausschließlich auf das *Zustandekommen* der Verteilungen. Zwei genau gleiche Verteilungen können gerecht oder ungerecht sein. Das entscheidet sich erst, wenn wir prüfen, wie sie zustande gekommen sind – durch freiwillige oder erzwungene Transaktionen.

Das erscheint zunächst als überzeugend einfache, *prozedurale* Definition von Verteilungsgerechtigkeit. Man muß nur die Aufeinanderfolge der Verteilungen beobachten und sich fragen, ob die eine aus der anderen auf freiwilliger Grundlage entstanden ist. Bei näherer Betrachtung ergeben sich jedoch zwei Probleme. Angenommen wir stoßen bei der Rückverfolgung der Verteilungen auf eine, die offensichtlich durch Anwendung von Gewalt zustande gekommen ist. Sie kann also nicht gerecht sein. Sind dann auch alle nachfolgenden Verteilungen ungerecht? Nozick ist an diesem Punkt gezwungen, seine Grundsätze um einen weiteren zu ergänzen, den *Berichtigungsgrundsatz*, der vergangenes Unrecht korrigieren soll (etwa durch Kompensationszahlungen). Er wirkt *ad hoc* und wird auch nicht weiter spezifiziert.

Bei der Rückverfolgung der Verteilungen werden wir irgendwann auf eine Anfangsverteilung stoßen. Wie steht es um deren Gerechtigkeit? Wir können sie nicht aus einer vorangehenden Verteilung ableiten, denn die gibt es nicht. Hier greift Nozicks Grundsatz der gerechten Aneignung, der zwar von *Lockes Proviso* ausgeht, dieses jedoch in entscheidender Weise abschwächt. Danach ist eine Aneignung, die zu einem Eigentumsrecht an einer bislang herrenlosen Sache führt, dann zulässig – also gerecht, wenn sie die Lage anderer Personen nicht dadurch verschlechtert, daß sie diese Sache nicht mehr frei nutzen können. Bei Locke hingegen ist die Aneignung nur dann gestattet, wenn von der Sache 'genug und gleich Gutes' für die anderen übrig bleibt. Danach wäre die private Aneignung knapper natürlicher Ressourcen ausgeschlossen (was nicht heißt, daß sie herrenlos bleiben – es kann eine gemeinsame Nutzung geben), bei Nozick hingegen ist sie möglich. Nehmen wir als Beispiel einen See, der von einigen Fischern frei genutzt wird. Nach Nozick könnte sich jemand den ganzen See aneignen und die Fischer als Angestellte beschäftigen, solange diese dabei nicht weniger verdienen als mit ihrem bisherigen Fischfang.

Da freie Märkte ebenso wie Tausch, Schenkung und Vererbung als freiwillige Transaktionen erlaubt sind, kann man sich vorstellen, daß durch eine Reihe von *Nozick-gerechten* Schritten Verteilungen von Einkommen oder Wohlfahrt entstehen, die extrem ungleich, dennoch aber gerechtfertigt sind. Nozick erscheint hier als Verfechter eines radikalen Kapitalismus, der nicht einmal die für uns selbstverständlichen Beschränkungen kennt: Monopole wären nicht gegen das Gesetz, eine umverteilende Besteuerung wäre nur möglich, wenn alle ihr zustimmen, und nicht einmal Diskriminierungen auf dem Arbeitsmarkt wären verboten. Die minimale, protektive Rolle des Staates bei Nozick ergibt sich aus dem Postulat, daß jede unfreiwillige Aneignung eines Besitzes durch andere ungerecht ist. Also kann man nicht gezwungen werden, Steuern zu bezahlen, um damit Umverteilungen und öffentliche Güter zu finanzieren. Der Staat wird so aus seiner produktiven Rolle gedrängt und auf den reinen Nachtwächter-Staat verkürzt.

Nach Cohen (1986) ist diese Rechtfertigung eines radikalen Kapitalismus auf das Postulat des *Selbst-Besitzes* bei Nozick zurückzuführen. Danach hat jeder das moralische Recht, uneingeschränkt über sich selbst verfügen zu können, also seine Fähigkeiten so einzusetzen, wie es ihm nützt – solange dadurch kein Schaden für andere entsteht. Dieses Postulat ist anzuzweifeln – und zwar soweit sich zeigen läßt, daß individuelle Fähigkeiten nicht eigenem Verdienst, sondern glücklichen Umständen oder genetischen Zufällen entspringen. Die ausschließliche Nutzung solcher Fähigkeiten zu eigenen Zwecken wäre dann – moralisch gesehen – willkürlich. Rawls (1971) vertritt die Auffassung, daß es kein moralisches Recht auf die *ausschließliche* Verfügung über die eigenen Fähigkeiten gibt, wenn diese Resultat einer genetischen Lotterie sind, verwirft also das Postulat des Selbst-Besitzes. Allerdings hat auch die Verfügung *anderer* über Fähigkeiten, die sich Glück oder Zufall verdanken, eine Schranke im Recht auf körperliche Unversehrtheit.

Gibbard (1976) hat Nozicks Vorstellung der privaten Appropriation herrenloser Sachen gegen Kompensation – also *Nozicks proviso* – entgegengehalten, daß dabei *Rechte anderer* mißachtet werden. Die Aneignung eines Stücks herrenlosen Bodens ändert die Rechte anderer, denn diese haben nun nicht mehr das Recht, die angeeignete Sache zu nutzen. Eine Aneignung ist nur dann moralisch erlaubt, wenn die anderen explizit ihr Recht aufgeben. Hat jeder ein Recht, sich herrenlosen Boden anzueignen, dann folgt daraus, daß niemand ein Recht hat, sich ihn ohne die *Zustimmung* der anderen anzueignen. Diese Überlegung führt, richtig verstanden, zur Vorstellung von einem *gemeinsamen* Besitz herrenloser Sachen.

Die Postulierung eines gemeinsamen Besitzes herrenloser Sachen – bzw. externer Ressourcen, die zur Produktion von Gütern erforderlich sind, die aber niemand besitzt – hat weitreichende Konsequenzen. Damit wird das Verteilungsproblem zu einem Verhandlungsproblem, für das die Nash-Lösung eines Verhandlungsspiels eingesetzt werden kann (siehe Abschnitt 6). In einer Modellwelt mit zwei Personen, die als Produzenten die externe Ressource durch Arbeit in ein Konsumgut umwandeln, aus dem sie als Konsumenten Nutzen ziehen, und von denen die eine weniger fähig ist als die andere, kann es bei Verwendung der Nash-Lösung nach Roemer (1996, Abschn. 6.3) unter Voraussetzung des gemeinsamen Besitzes externer Ressourcen Konstellationen geben (und zwar wenn die Unterschiede in den Fähigkeiten groß genug sind), in denen die weniger fähige Person nicht arbeitet, dennoch aber den gleichen Nutzen hat wie die fähige Person. Damit hat das Postulat des Selbst-Besitzes für eine Person keine Geltung.

Sollen Selbst-Besitz der eigenen Fähigkeiten und gemeinsamer Besitz externer Ressourcen zugleich gelten, konnten Moulin und Roemer (1989) zeigen, daß es nur *einen* Verteilungsmodus gibt, der Ressourcen und Arbeitsleistung in Allokationen von Arbeit und Konsumgut überführt – und der ist strikt egalitär, d.h. es resultiert bezüglich der Individuen eine genaue Gleichverteilung der Bündel, die sich aus der individuellen Arbeitsleistung und dem Umfang, in dem das Konsumgut genutzt wird, zusammensetzen. Das widerspricht den Intentionen Nozicks, für den sich aus Selbst-Besitz und unterschiedlichen Fähigkeiten der Personen niemals eine Gleichverteilung ergeben kann, ist aber die Konsequenz, wenn Privatbesitz externer Ressourcen durch gemeinsamen Besitz ersetzt wird.

6. Gerechte Verhandlungslösungen

Der kanadische Philosoph David Gauthier (1986) begreift Verteilungsgerechtigkeit als Lösung eines Verhandlungsproblems. Er zieht dazu die Theorie der Verhandlungsspiele heran, die davon ausgeht, daß ein Problem der Aufteilung eines festen Betrags oder einer Gütermenge zwischen mehreren Personen (im einfachsten Fall die Aufteilung eines Kuchens zwischen den Personen i und j) durch Verhandlungen gelöst wird. Die möglichen Aufteilungen sind die Punkte x in einem festgelegten Bereich eines zweidimensionalen Koordinatensystems (*Verhandlungsraum X*, d.h. die grau ausgelegte Fläche in Abb. 1), wobei auf der Abzisse abgetragen wird, was die eine Person, und auf der Ordinate, was die andere maximal erhalten kann.

Eine *Verhandlungslösung VL* kann jeder Punkt x im Verhandlungsraum X sein, liegt aber in der Regel auf einem Bogenstück zwischen den Endpunkten der Abzisse und der Ordinate (Punkte x_i und x_j in Abb. 1), da nur dadurch die Möglichkeiten ausgeschöpft werden, also Pareto-Effizienz gesichert ist. Im Kuchenteilungsbeispiel würden die Verhandlungslösungen auf einer Geraden zwischen den Punkten x_i und x_j liegen. Daß sie im allgemeinen Fall auf dem Bogenstück liegen, gibt die Annahme wieder, daß sich bei erfolgreicher Einigung die Menge des aufzuteilenden Gutes erhöhen kann (*Kooperativer Mehrwert* nach Gauthier). Im Verhandlungsraum gibt es einen Punkt $x°$, der *Status-Quo-Punkt* genannt wird, weil er den Status quo ante wiedergibt, wenn die Verhandlungen scheitern. Im Kuchenteilungsbeispiel wäre es der Punkt (0, 0), bei dem keiner etwas erhält. Dann ist eine *VL* eine Funktion, die jedem Verhandlungsproblem, das durch einen Punkt x im Verhandlungsraum und den Punkt $x°$ gekennzeichnet ist, eine Lösung zuordnet, d.h. einen Punkt auf dem Bogenstück. Nun kann man auch an diese Funktion Bedingungen stellen. John Nash (1950) konnte zeigen, daß bestimmte Bedingungen (Axiome) eine von ihm favorisierte Lösung etablieren, die Nash-Lösung.

202

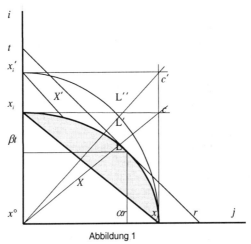

Abbildung 1
Die Verhandlungslösungen von Nash und Gauthier

Vorausgesetzt wird dabei ein Axiom U° des Unbeschränkten Definitionsbereichs, das Arrows Bedingung U für die Funktion *VL* übernimmt, ein Axiom P° der Pareto-Effizienz, das Arrows Bedingung P für die *VL* formuliert, sowie zwei weitere Axiome, die kein Gegenstück im Arrowschen Zusammenhang haben: ein Axiom SI der Skalen-Invarianz, das garantiert, daß die resultierende Verhandlungslösung invariant gegenüber Änderungen in den Maßeinheiten und Nullpunkten der individuellen Nutzenfunktionen ist, und ein Axiom K der Konsistenz bei Mengenverringerung, das besagt, daß ein Punkt, der bester in einer größeren Menge von Lösungen ist, auch in einer verkleinerten Menge bester sein muß. Bei Sen (1970, Abschn. 1*6) figuriert das Axiom als Eigenschaft α von Auswahlfunktionen und ist nicht zu verwechseln mit der Bedingung I von Arrow. Ergänzt man diese Axiome noch um ein Axiom S° der Symmetrie, das bedeutet, daß die Beteiligten in symmetrischen Situationen gleiche Beträge oder Auszahlungen erhalten, dann ergibt sich mit dem folgenden Theorem die *spezielle Nash-Lösung* – für den Beweis s. Roemer (1996, Abschn. 2.2):

Eine Verhandlungslösung VL ist genau dann die spezielle Nash-Lösung, die das Produkt $[u_i(x) - u_i(x°)]$ $[u_j(x) - u_j(x°)]$ *maximiert, wenn sie den Axiomen U°, P°, SI, K und S° genügt.*

Graphisch gesehen heißt diese Verhandlungslösung, daß in Abb. 1 die Fläche des Vierecks mit den Eckpunkten $x°$, $αr$, L und $βt$ maximiert wird. Im symmetrischen Fall (den Abb. 1 *nicht* darstellt) wäre $x°$ im Ursprung des Koordi-

203

natenkreuzes, also der Punkt (0, 0), und die Abstände zwischen x° und x_i bzw. x_j genau gleich. In dem Fall, auf den das obige Theorem aufgrund von Axiom S° zutrifft, ist die spezielle Nash-Lösung der Schnittpunkt der 45°-Diagonalen durch x° mit dem (symmetrischen) Bogenstück. Dieser Punkt bedeutet als Verhandlungslösung, daß i und j einen genau gleichen Anteil an dem aufzuteilenden Gut erhalten. Man sieht leicht, daß die – moralisch gesehen – sympathische Tendenz der speziellen Nash-Lösung zu egalitären Aufteilungen ganz von der Symmetrie-Annahme abhängt.

Wenn S° nicht zutrifft, kann es ungleiche Aufteilungen geben. Man ist dann gezwungen, etwas einzuführen, was die Symmetrie-Annahme ersetzt. Dazu werden die unterschiedlichen *Verhandlungsstärken* der Personen herangezogen. Nehmen wir an, den Personen i und j können die Verhandlungsstärken α und β zugeordnet werden, so daß $\alpha \neq \beta$ und $\alpha + \beta = 1$. Dann ist in Abb. 1 eine Tangente an das Bogenstück zwischen x_i und x_j so zu legen, daß der Berührungspunkt L – die *allgemeine Nash-Lösung* – relativ zum Punkt x° die Koordinaten αr und βt hat. Damit erhalten die Personen entsprechend ihrer unterschiedlichen Verhandlungsstärken *ungleiche* Anteile, d.h. sie werden aufgrund eines empirischen Faktums ungleich behandelt, was Zweifel am moralischen Status der allgemeinen Nash-Lösung weckt. Erst die Symmetrie-Annahme, die die Verhandlungsstärken gleichsetzt, schaltet dieses empirische Faktum aus und macht die allgemeine zur speziellen Nash-Lösung.

Das Konsistenz-Axiom kann ein Problem aufwerfen, weil es Verhandlungssituationen gibt, in denen eine der beiden Personen benachteiligt wäre, wenn nach Verringerung der Lösungsmenge wegen Axiom K ein Verhandlungsresultat aufrechterhalten bleiben müßte, das diese Person schlechter stellt als mit dem Resultat aus der ursprünglichen, größeren Lösungsmenge. Man hat daher nach Wegen gesucht, dieses Axiom zu ersetzen. Kalai und Smorodinsky (1975) haben eine Verhandlungslösung vorgeschlagen, die stattdessen auf dem Axiom IM der Individuellen Monotonizität beruht. Das Axiom vermeidet den geschilderten Fall, indem es fordert, daß die Personen mit dem Verhandlungsresultat aus der kleineren Lösungsmenge nicht schlechter gestellt sein dürfen als mit dem Resultat aus der größeren Lösungsmenge. Wie das folgende Theorem von Roemer (1996: 86, mit Beweis) zeigt, etabliert dieses Axiom zusammen mit den anderen die von Kalai und Smorodinsky vorschlagene *VL*, die wir hier als Gauthier-Lösung bezeichnen wollen, weil Gauthier sie in das Zentrum seiner Überlegungen zu gerechten Verhandlungslösungen gestellt hat.

Eine Verhandlungslösung VL ist genau dann die Gauthier-Lösung, wenn sie den Axiomen U°, P°, SI, IM und S° genügt.

Der Grundgedanke der Gauthier-Lösung ist, daß Personen in Verhandlungen, da sie nicht ihre Maximalforderungen durchsetzen können, Konzessionen machen. Um diese zu vergleichen, wird nicht auf die *absoluten Konzessionen* zurückgegriffen, sondern auf die *relativen Konzessionen*. Diese ergeben sich wie folgt: Die Maximalforderungen von i und j im Verhandlungsspiel von Abb. 1 sind $x_i - x°$ und $x_j - x°$. Konzessionspunkte der beiden können zwischen $x°$ und x_i bzw. x_j auf der Abszisse oder Ordinate liegen, wir bezeichnen sie mit x_i' bzw. x_j', was heißt, daß i und j mit diesen Konzessionspunkten auf die Differenzbeträge $x_i - x_i'$ und $x_j - x_j'$ verzichten. Die relative Konzession setzt diesen Verzicht in Beziehung zur Maximalforderung, so daß die relative Höhe der Konzession bspw. von i: $(x_i - x_i') / (x_i - x°)$ wäre.

Das Argument ist, daß rationale Spieler so lange verhandeln bis das Maximum ihrer relativen Konzessionen minimal wird. Gauthier nennt dies das *Minimax-Prinzip der relativen Konzessionen*: Die Beteiligten werden sich in ihren relativen Konzessionen immer weiter annähern, so daß diese im letztlichen Verhandlungsergebnis gleich sind, weil keiner bereit ist, ein Resultat hinzunehmen, bei dem seine relative Konzession höher ist als die des anderen. Das Ergebnis ist demnach ein Punkt $(x_i{*}, x_j{*})$ im Verhandlungsraum, für den gilt: $(x_i - x_i{*}) / (x_i - x°) = (x_j - x_j{*}) / (x_j - x°)$.

Geometrisch ergibt sich die Gauthier-Lösung in Abb. 1 dadurch, daß im Punkt x_i und x_j auf der Abszisse bzw. der Ordinate Lotrechte errichtet werden, die sich im Punkt c schneiden. Die Gerade $x°c$ wiederum schneidet sich im Punkt L' mit dem Bogenstück von x_i zu x_j. Das ist die Verhandlungslösung von Gauthier. Wie in Abb. 1 zu sehen ist, verteilt die Gauthier-Lösung mit L' die Anteile etwas weniger ungleich als die allgemeine Nash-Lösung mit L; dies deshalb, weil Bezugspunkt der Nash-Lösung die Verhandlungsstärken sind, Bezugspunkt der Gauthier-Lösung hingegen die Konzessionsbereitschaft der Beteiligten. Aus Abb. 1 ist auch ersichtlich, daß die Gauthier-Lösung 'gleicher' aufteilt, sobald die Verhandlungssituation 'symmetrischer' wird – und zwar wenn man die Lage der Punkte L' und L'' vergleicht (L'' ist die Gauthier-Lösung bezüglich des vergrößerten, fast symmetrischen Verhandlungsraums X' auf dem gestrichelten Bogenstück in Abb. 1).

Bei beiden Lösungen spielt ein empirisches Faktum (Verhandlungsstärke, Konzessionsbereitschaft) eine Rolle, das in normativ argumentierenden Zusammenhängen eigentlich nicht relevant sein sollte. Damit ist ein Grundproblem jeder Theorie von Verteilungsgerechtigkeit aufgeworfen: Sie muß aufgrund ihres ethischen Anspruchs Personen prinzipiell als Gleiche behandeln, kommt aber nicht umhin, in bestimmten verteilungsrelevanten Situationen – wie Verhandlungssituationen – anzuerkennen, daß Unterschiede im individuellen Verhalten eine Rolle spielen. Rawls hatte in diesem Zusammenhang radikal, aber konsequent *alle* persönlichen Merkmale hinter dem Schleier des Nicht-Wissens verborgen. Verhandlungslösungen wie die von Nash und Gauthier sind offenkundig nicht so radikal und lassen bestimmte Unterschiede in persönlichen Merkmalen zu, müssen dann aber in Kauf nehmen, daß die normative Begründung ihrer Lösungen problematisch wird. Letztlich ist Gauthiers normatives Argument für seine Verhandlungslösung, daß sie in symmetrischen Situationen, also wenn individuelle Unterschiede keine Rolle spielen, mit der speziellen Nash-Lösung zusammenfällt. Das reicht aber als Begründung nicht hin, wenn man weiß, zu welch ungerechten Ergebnissen es in nicht-symmetrischen Situationen mit seiner Lösung kommen kann (Koller 1994).

Unterschiede zwischen den Personen gehen aber auch dadurch in die Verhandlungslösungen von Nash und Gauthier ein, weil ihr Ergebnis, wie die obigen Formulierungen zeigen, in entscheidender Weise vom Status-Quo-Punkt $x°$ abhängt. Das ist aus moralischer Sicht unproblematisch, wenn angenommen werden kann, daß der Punkt $x°$ im Ursprung des Koordinatensystems liegt oder auf einer 45°-Diagonalen durch den Nullpunkt des Koordinatensystems, denn dann wird keine Person bevorzugt oder benachteiligt. Ist das nicht der Fall, können einzelne Personen, die der Status Quo besser stellt als andere, immer mit dem Scheitern der Verhandlungen drohen, weil dann bestehende Benachteiligungen von Beteiligten aufrechterhalten bleiben würden. Es leuchtet unmittelbar ein, daß das moralisch anfechtbar ist.

Jedoch ist auch die unter diesem Gesichtspunkt unanfechtbare spezielle Nash-Lösung einem Problem ausgesetzt: Sie erfüllt nicht die für Verhandlungslösungen angepaßte Bedingung der Unabhängigkeit von irrelevaten Alternativen (Axiom I°). Sen (1970) hat das mit dem folgenden Unmöglichkeitsresultat formuliert:

Es gibt keine Verhandlungslösung VL, die den Axiomen U°, P°, S°, SI, K (oder IM) und I° genügt.

Natürlich kann man fragen, ob ein Axiom I° für Verhandlungslösungen gefordert werden muß. Das Gibbard-Satterthwaite-Resultat, das zeigt, daß Verhandlungslösungen ohne das Axiom nicht verfälschungssicher wären, ist jedenfalls ein starkes Argument für Axiom I°. Hält man demgemäß die im Theorem genannten Axiome für unabdingbar, wird man darauf verzichten müssen, die Frage nach der Verteilungsgerechtigkeit mit Hilfe von Verhandlungslösungen zu beantworten.

7.   Gleichheit der Ressourcen

In den bislang erörterten Konzeptionen von Verteilungsgerechtigkeit geht es um die Wohlfahrt von Personen mit dem Ziel, sie anzugleichen (*Gleichheit der Wohlfahrt*). Dworkin (1981) führt überzeugende Argumente dafür an, daß dieses Ziel für das Problem der Verteilungsgerechtigkeit grundsätzlich verfehlt ist. Stattdessen käme es darauf an, die Ausstattung der Individuen mit den Ressourcen zu egalisieren, die ihnen eine angemessene Lebensführung und die Realisierung ihrer Lebenspläne erlauben (*Gleichheit der Ressourcen*).

Diese Überlegung gewinnt neuerdings auch in der deutschen Diskussion an Prominenz – siehe z.B. Chwaszcza (2000), Kersting (2000, Kap. IV) und Steinvorth (1999, 2. Teil/4. Abschn.).

Nun hatte Rawls sein Konzept der sozialen Grundgüter damit begründet, daß diese es den Individuen ermöglichen, ihre Lebenspläne zu verwirklichen. Allerdings gibt es zwei prinzipiell verschiedene Weisen, wie Lebenspläne realisiert werden: Man kann seinen Plan an den Beschränkungen der Umstände und einer nüchternen Einschätzung der eigenen Fähigkeiten ausrichten, also nach ‚relativem Erfolg' streben – oder aber man strebt nach dem Gesamterfolg, d.h. danach, das eigene Leben insgesamt zu einem Erfolg zu machen. Ein Beispiel klärt den Unterschied: Jemand würde gerne Konzertpianist sein, beschließt aber, Musiklehrer zu werden, weil er während des Studiums merkt, daß er nicht das Zeug zum Spitzenpianisten hat. Er ist ein sehr erfolgreicher Musiklehrer mit begeisterten und dankbaren Schülern. Mithin hat er großen relativen Erfolg, aber geringen Gesamterfolg. Zählte allein der relative Erfolg für den Wohlfahrtsausgleich, dann würden in den Ausgleich Beschränkungen der Lebenssituation eingehen, für die die Personen nicht verantwortlich sind.

Ebensowenig kann man mit den bisher vorgeschlagenen Wohlfahrtsmaßen unterscheiden, wieweit die Personen selbst für ihre Ansprüche Verantwortung tragen oder nicht – ob sie diese frei und wohlüberlegt formulieren oder ob sie ihnen unfreiwillig durch Umstände diktiert werden, die sie nicht zu vertreten haben. Es ist für Dworkin klar, daß nur letztere bei einem Wohlfahrtsausgleich zählen, denn Gerechtigkeit erfordert, daß Personen für die Aspekte ihrer Situation kompensiert werden, für die sie nichts können, und die sie hindern, ihre Ziele zu erreichen.

Unterscheidet man nicht zwischen freiwilligen und unfreiwilligen Ansprüchen oder Bewertungen, kann es mit den üblichen Wohlfahrtsmaßen geschehen, daß in einer Modellgesellschaft, bestehend aus einem Playboy, der sich seine exzentrischen Wünsche erfüllen will, und einem armen Poeten mit bescheidenen Ansprüchen, bei angestrebter Gleichheit der Wohlfahrt beider am Ende der arme Poet den Playboy unterstützen muß. Das wäre anders, wenn die Ansprüche des Playboys als freiwillige ausgeschlossen werden. Es gibt jedoch auch ein Problem für den armen Poeten – und zwar, wenn seine bescheidenen Ansprüche durch eine ärmliche Lebenssituation erzwungen wurden und er unter normalen Umständen nicht so bescheiden wäre. Gleichheit der Wohlfahrt würde ihm ein geringeres Wohlfahrtsniveau zusprechen als er haben könnte. Die Wohlfahrtsprinzipien können weder das Problem des ‚teuren Geschmacks' lösen, das bei freiwilligen Ansprüchen entsteht, noch das Problem der ‚bescheidenen Ansprüche', wenn diese unfreiwillig sind.

Wie aber kann der Gesamterfolg im Wohlfahrtsausgleich berücksichtigt werden? Dworkin schlägt das folgende Kriterium vor: Jemand glaubt zu Recht, daß sein Leben weniger erfolgreich ist als ein anderes genau dann, wenn er einen stärkeren Grund hat, seine Situation zu bedauern als der andere. Ob es einen solchen Grund gibt, hängt von einem Vergleich der eigenen Situation mit der der anderen ab. Es kann keiner einen Grund anführen, sollte sich zeigen, daß die Verteilung von Wohlfahrt fair gewesen ist. Das bedeutet, daß bereits eine Vorstellung von Wohlfahrtsverteilung oder -ausgleich vorliegen muß, ehe man Gründe für das Bedauern der eigenen Situation formulieren und damit feststellen kann, ob der Wohlfahrtsausgleich geholfen hat, die eigenen Lebenspläne zu realisieren. Damit befinden wir uns in einem zirkulären Argument: Jede Vorstellung der Gleichheit von Wohlfahrt muß schon voraussetzen, was eigentlich erst zu begründen wäre. Dworkin ist der Auffassung, daß sich welfaristische Prinzipien grundsätzlich nicht aus diesem argumentativen Zirkel lösen können und verwirft sie daher. Was aber ist die Alternative?

Nach Dworkin (1981) die Egalisierung der Ressourcen, die den Individuen helfen, ihre Lebensziele zu erreichen. Dabei muß, um die Unterscheidung von freiwilligen und unfreiwilligen Ansprüchen zu berücksichtigen, sorgfältig zwischen den Umständen unterschieden werden, unter denen Personen leben und handeln – und ihren Wünschen und Vorlieben. Die Umstände haben die Personen in der Regel nicht zu verantworten, wohl aber ihre Wünsche und Vorlieben. Letztere haben demnach keinen Einfluß auf den Ressourcenausgleich. Nun wäre es einfach, eine Egalisierung der Ressourcen herbeizuführen, wenn die Personen identisch wären: Jeder erhielte ein genau gleiches Bündel materieller Ressourcen. Personen sind aber in ihren Befähigungen und Behinderungen, die Teil ihrer Ressourcenausstattung und nicht transferierbar sind, höchst verschieden. Wie können diese Unterschiede in einem Ausgleich transferierbarer, materieller Ressourcen berücksichtigt werden?

Ökonomen verweisen in diesem Zusammenhang gern auf das ausgleichende Moment des Marktes. Tatsächlich kann man zeigen, daß in einer Tauschökonomie mit gleicher Anfangsausstattung für jeden durch das Marktgleichgewicht individuelle Güterausstattungen erreicht werden, die in dem Sinne fair sind, daß niemand einen Anlaß hat, jemand anderen um dessen Ausstattung zu beneiden, so Varian (1975). Einmal abgesehen davon, daß neuzeitliche Ökonomien keine Tauschökonomien mehr sind, schafft das Marktgleichgewicht unter diesen Voraussetzungen nur einen Ausgleich für das, was nach Dworkin eigentlich nicht ausgeglichen werden muß – für die individuellen Unterschiede in den Wünschen und Vorlieben. Dennoch macht er dieses Gleichgewicht in Gestalt der Gleichgewichtslösung eines Auktionsspiels, die einem Walras'schen Marktgleichgewicht äquivalent ist – dazu Kersting (2000: 193 ff.) und Roemer (1996, Kap. 7) – zum Ausgangspunkt seiner Konstruktion von Ressourcengleichheit.

Man kann diesen Markt aber um einen hypothetischen Versicherungsmarkt ergänzen. Die Marktteilnehmer könnten sich dann mit einem Teil ihrer Anfangsausstattung gegen Behinderungen versichern, wobei die Annahme ist, daß ihnen hinter einem ,dünnen' Schleier des Nicht-Wissens nicht bekannt ist, ob sie behindert sein werden. Auch in diesem ergänzten Markt wird ein

Marktgleichgewicht erreicht, das im obigen Sinne faire Güterausstattungen für die Marktteilnehmer garantiert, zusätzlich aber eine Kompensation in materiellen Gütern bei Behinderungen. Dieser Markt bietet zwar einen Ausgleich bei Behinderungen, jedoch keinen Ausgleich der individuellen Unterschiede in den Befähigungen, es sei denn, man richtet noch einen weiteren Markt ein, auf dem Eigentumsrechte an den Fähigkeiten und Talenten anderer erworben werden können (genauer: an einem Teil des Einkommens, das andere durch ihr Talent verdienen), so daß jeder über einen gleichen Anteil an den Talenten aller verfügt. Das wäre äquivalent zu einer Gleichverteilung der Talente in den Anfangsausstattungen.

Roemer (1996: 250 ff.) argumentiert nun, daß beide Märkte *nicht* Ressourcengleichheit herbeiführen. Der Grund ist, daß der Versicherungsmarkt zwei Personen mit annahmegemäß gleichen Ansprüchen, die sich auch beide versichern, dann ungleich behandelt, wenn sich nach Aufhebung des Schleiers des Nicht-Wissens herausstellt, daß einer von ihnen behindert ist und der andere nicht: Der Behinderte erhält eine Kompensationszahlung, d.h. eine Nettoauszahlung über seine Anfangsausstattung hinaus, der Nicht-Behinderte hingegen hatte eine um die Versicherungsprämie verkürzte Anfangsausstattung. Roemer kann weiter zeigen, daß – abhängig von der Erwartung, ob und wie sehr man behindert sein wird – die Kompensation für den Behinderten so gering ausfallen kann, daß er sich faktisch schlechter stellt wie in der Anfangsausstattung. Der Talentmarkt behandelt eine talentierte und eine untalentierte Person mit genau gleichen Ansprüchen an Gütern und Freizeit deshalb ungleich, weil die Freizeit für die talentierte Person teurer ist, wenn man annimmt, daß die talentierte Person mit ihrer Arbeit mehr verdient wie die untalentierte. Dabei ist noch nicht berücksichtigt, daß ein ‚Pooling' von Talenten diese zerstören kann. Der Vorschlag Dworkins (und seine Ergänzungen) versagt demnach in zentralen Punkten bei der Aufgabe, einen gerechten Ressourcenausgleich zu schaffen.

Arneson (1990) und Cohen (1989) schlagen daher vor, nicht Ressourcen zu egalisieren, sondern das, was man die Möglichkeit nennen kann, zu Wohlfahrt zu gelangen (*equality of opportunity for welfare*, EOW), d.h. die Bedingungen anzugleichen, unter denen Personen ihre Lebensziele verwirklichen und für die sie nicht verantwortlich sind. Roemer (1996, 8. Kap.) hat auf der Grundlage ihrer Überlegungen einen EOW-Mechanismus entworfen, der tatsächlich wichtige Aspekte der Umstände erfaßt, unter denen Personen über ihre Ansprüche entscheiden.

Die Grundidee ist, den Grad an Verantwortlichkeit zu operationalisieren, den Personen bei ihren freiwilligen Entscheidungen eingehen. Das geschieht in zwei Schritten. Zunächst werden die Umstände, über die die Personen keine Kontrolle haben, dadurch ausgeblendet, daß die Gesellschaft in Gruppen von Personen aufgeteilt wird, die in vorher festgelegten Merkmalen gleich oder annähernd gleich sind. Solche Merkmale können sein: Ausbildung, Berufsgruppe, Einkommen, ethnische Zugehörigkeit, kultureller Hintergrund, Gesundheitszustand, Intellligenzgrad etc. Dann kann in einem nächsten Schritt festgestellt werden, wieweit den Personen die unterschiedlichen Optionen zugänglich waren, indem untersucht wird, wie die empirische Verteilung der tatsächlich gewählten Optionen in jeder Gruppe aussieht.

Ein Beispiel wäre das Problem einer Kompensation für Lungenkrebs, verursacht durch Rauchen. Die individuelle Entscheidung, zu rauchen oder nicht zu rauchen, ist zum Teil eine freie Entscheidung (wofür es keine Kompensation gibt) und zum Teil Resultat von Umständen, die die Person nicht kontrollieren kann (wofür sie kompensiert wird). Angenommen es läßt sich mit hinlänglicher Sicherheit feststellen, welche Umstände das sind, und weiter (fiktiv) angenommen, dies seien die Merkmale Geschlecht, Alter und Beruf. Dann können die Gruppen nach diesen Merkmalen gebildet werden. Sei eine Beispielgruppe 60-jährige Hausfrauen und eine andere 60-jährige männliche Stahlarbeiter. Sei weiterhin bekannt, daß die Wahrscheinlichkeit, an Lungenkrebs zu erkranken, mit den Jahren anwächst, in denen eine Person raucht. Nun gibt es in jeder Gruppe eine Verteilung der Anzahl der Jahre, in denen geraucht wurde, die charakteristisch für die Gruppe ist, nicht für ein Individuum. Diese Verteilung sagt uns, in welchem Maße die Individuen sich frei entscheiden konnten. Würde sich (in einem Extremfall) herausstellen, daß *alle* 60-jährigen Stahlarbeiter 30 Jahre lang geraucht haben, dann wäre für Stahlarbeiter in diesem Zeitraum keine freie Entscheidung möglich, nicht zu rauchen. Bei Auftreten von Lungenkrebs müßte die Person voll kompensiert werden, bei anderen Verteilungen hingegen nur in dem Maße, in dem ihr Verhalten mit dem übereinstimmt, das für die Gruppe charakteristisch ist.

Die Überlegungen von Roemer ergeben trotz ihrer Komplexität ein überzeugendes und im Prinzip auch empirisch handhabbares Instrument zur Trennung freiwilliger von unfreiwilligen Ansprüchen und einem daraus begründeten Umfang an Kompensationen, das in der Literatur sogar schon weiter entwickelt wurde, so von Bossert (1995) und Fleurbaey (1995). Löst es aber auch das Problem des ,teuren Geschmacks' und der ,bescheidenen Ansprüche'? Das scheint für den ,teuren Geschmack' zuzutreffen, denn der Playboy liegt mit seinen exzentrischen Wünschen außerhalb der Ansprüche der Vergleichsgruppe, so daß er für seine Wünsche sicher nicht kompensiert wird. Anders verhält es sich mit den ,bescheidenen Ansprüchen', denn diese bewegen sich *unterhalb* dessen, was für eine Vergleichsgruppe üblich ist. Eine Person mit ,bescheidenen Ansprüchen' würde also weniger an Kompensation erhalten als sie unter normalen Umständen erhalten könnte. Roemer selbst merkt dazu an, daß er mit seiner empirischen Rekonstruktion der Trennung freiwilliger von unfreiwilligen Ansprüchen sicher nicht die tiefere philosophische Frage beantworten kann, wie sich ein objektives Maß von Benachteiligung finden läßt, und insbesondere, wie sich die Umstände, unter denen eine Person handelt, von ihren *Willensentscheidungen* trennen lassen, so daß auch das Problem der ,bescheidenen Ansprüche' gelöst ist.

Literaturverzeichnis

Arneson, Richard, 1990: Liberalism, Distributive Subjectivism, and Equal Opportunity for Welfare. Philosophy and Public Affairs 19: 159-194

Arrow, Kenneth J., 1951: Social Choice and Individual Values. New Haven und London: Yale University Press

Bossert, Werner, 1995: Redistribution Mechanisms Based on Individual Characteristics. Mathematical Social Sciences 29: 1-17

Chwaszcza, Christine, 2000: Vorpolitische Gleichheit? Ronald Dworkins autonomieethische Begründung einer wertneutralen Theorie distributiver Gerechtigkeit. 159-201. In: W. Kersting (Hg.): Politische Philosophie des Sozialstaats. Weilerwist: Velbrück Wissenschaft

Cohen, G. A., 1986: Self-Ownership, World-Ownership and Equality. In: F. Lucash (Hg.): Justice and Equality Here and Now. Ithaca: Cornell University Press

Cohen, G. A., 1989: On the Currency of Egalitarian Justice. Ethics 99: 906-944

D'Aspremont, Claude, und Louis Gevers, 1977: Equity and the Informational Basis of Collective Choice. Review of Economic Studies 44: 199-209

Deschamps, Robert, und Louis Gevers, 1978: Leximin and Utilitarian Rules: A Joint Characterization. Journal of Economic Theory 17: 143-163

Dworkin, Ronald, 1981: What Is Equality? Part 1: Equality of Welfare, Part 2: Equality of Resources. Philosophy and Public Affairs 10: 185-246, 283-385

Fleurbaey, M., 1995: Three Solutions to the Compensation Problem. Journal of Economic Theory 65: 505-521

Gauthier, David, 1986: Morals by Agreement. Oxford: Clarendon Press

Gibbard, Allan, 1973: Manipulation of Voting Schemes: A General Result. Econometrica 41: 587-601

Gibbard, Allan, 1976: Natural Property Rights. No û s 10: 77-86

Harsanyi, John, 1977: Rule Utilitarianism and Decision Theory. Erkenntnis 11: 25-53

Kalai, Elihu und Mark Smorodinsky, 1975: Other Solutions to Nash's Bargaining Problem. Econometrica 43: 513-518

Kern, Lucian, 1986: Von Habermas zu Rawls. 83-95. In: Lucian Kern und Hans-Peter Müller (Hg.): Gerechtigkeit, Diskurs oder Markt? Opladen: Westdeutscher Verlag

Kern, Lucian und Julian Nida-Rümelin, 1994: Logik kollektiver Entscheidungen. München und Wien: R. Oldenbourg

Kersting, Wolfgang, 2000: Theorien der sozialen Gerechtigkeit. Stuttgart und Weimar: J. B. Metzler

Koller, Peter, 1994: Rationales Entscheiden und moralisches Handeln. 281-312. In: Julian Nida-Rümelin (Hg.): Praktische Rationalität. Berlin und New York: Walter de Gruyter

Laden, Anthony, 1991: Games, Fairness, and Rawls' A Theory of Justice. Philosophy and Public Affairs 20: 189-222

Maskin, Eric, 1978: A Theorem on Utilitarianism. Review of Economic Studies 45: 93-96

Moulin, Hervé und John E. Roemer, 1989: Public Ownership of the External World and Private Ownership of the Self. Journal of Political Economy 97: 347-367

Nash, John, 1950: The Bargaining Problem. Econometrica 18: 155-162

Neumann, John von und Oskar Morgenstern, 1944: Theory of Games and Economic Behavior. Princeton, N.J.: Princeton University Press. Dt. unter d. Titel: Spieltheorie und wirtschaftliches Verhalten. Würzburg: Physica 1961

Nozick, Robert, 1974: Anarchy, State, and Utopia. New York: Basic Books

Rawls, John, 1971: A Theory of Justice. Cambridge (Mass.) und London: Harvard University Press. Dt. unter d. Titel: Eine Theorie der Gerechtigkeit. Frankfurt/M.: Suhrkamp 1975

Roemer, John E., 1982: Exploitation, Alternatives, and Socialism. Economic Journal 92: 87-107

Roemer, John E., 1996: Theories of Distributive Justice. Cambridge (Mass.) und London: Harvard University Press

Satterthwaite, Mark Allen, 1975: Strategy-Proofness and Arrow's Conditions: Existence and Correspondence Theorems for Voting Procedures and Social Welfare Functions. Journal of Economic Theory 10: 187-217

Scanlon, Thomas M., 1982: Contractualism and Utilitarianism. 103-128 in: Amartya Sen und Bernard Williams (Hg.): Utilitarianism and Beyond. Cambridge (England): Cambridge University Press

Schmidt, Johannes, 1991: Gerechtigkeit, Wohlfahrt und Rationalität. Freiburg und München: Karl Alber

Schotter, Andrew, 1981: The Economic Theory of Social Institutions. Cambridge (England): Cambridge University Press

Sen, Amartya, 1970: Collective Choice and Social Welfare. San Francisco: Holden-Day, und Edinburgh: Oliver & Boyd

Sen, Amartya, 1977: On Weights and Measures: Informational Constraints in Social Welfare Analysis. Econometrica 45: 1539-1572

Sen, Amartya, 1977*: Social Choice Theory: A Re-Examination. Econometrica 45: 53-87

Sen, Amartya, 1986: Social Choice Theory. 1073-1181. In: Kenneth J. Arrow und Michael D. Intriligator (Hg.): Handbook of Mathematical Economics, Bd. III. Amsterdam: North Holland

Steinvorth, Ulrich, 1999: Gleiche Freiheit. Politische Philosophie und Verteilungsgerechtigkeit. Berlin: Akademie Verlag

Trapp, Rainer W., 1988: 'Nicht-klassischer' Utilitarismus: Eine Theorie der Gerechtigkeit. Frankfurt/M.: Klostermann

Ullmann-Margalit, Edna, 1977: The Emergence of Norms. Oxford: Clarendon Press

Varian, Hal R., 1975: Distributive Justice, Welfare Economics, and the Theory of Fairness. Philosophy and Public Affairs 4: 223-247

Yaari, Menahem E., 1981: Rawls, Edgeworth, Shapley, Nash: Theories of Distributive Justice Re-examined. Journal of Economic Theory 24: 1-39

Verzeichnis der Herausgeber und Autoren

Dr. Joachim Behnke, Lehrstuhl Politikwissenschaft I, Universität Bamberg, Feldkirchenstrasse 2, 96045 Bamberg. E-Mail: joachim.behnke@sowi.uni-bamberg.de

Dr. Thomas Bräuninger, Fachbereich Politik- und Verwaltungswissenschaft, Universität Konstanz, Postfach 5560, 78434 Konstanz. E-Mail: thomas.braeuninger@uni-konstanz.de

Dr. Han Dorussen, Department of Sociology and Political Science, Norwegian University of Science and Technology, N-7491 Trondheim, Norway. E-Mail: han.dorussen@sv.ntnu.no

Prof. Dr. Ulrich Druwe, Institut für Politikwissenschaft, Universität Mainz, Colonel-Kleinmann-Weg 2, 55099 Mainz. E-Mail: druwe@verwaltung.uni-mainz.de

PD Dr. Lucian Kern, Münchnerstrasse 22 B, 82049 Pullach. E-Mail: uf204gv@sunmailhost.lrz-muenchen.de

Prof. Dr. Volker Kunz, Institut für Politikwissenschaft, Universität Mainz, Colonel-Kleinman-Weg 2, 55099 Mainz, E-Mail: kunz@politik.uni-mainz.de

Prof. Dr. Karl-Dieter Opp, Institut für Soziologie, Universität Leipzig, Burgstrasse 21, 04109 Leipzig. E-Mail: opp@sozio.uni-leipzig.de

Dipl.-Soz. Sören Petermann, Institut für Soziologie, Martin-Luther-Universität Halle-Wittenberg, 06099 Halle (Saale). E-Mail: petermann@soziologie.uni-halle.de

Dr. Thomas Plümper, Fakultät für Verwaltungswissenschaft, Universität Konstanz, Postfach 5560, 78434 Konstanz. E-Mail: thomas.pluemper@uni-konstanz.de

Dr. Bernhard Prosch, Lehrstuhl für Soziologie, Universität Erlangen-Nürnberg, Findelgasse 9, 90402 Nürnberg. E-Mail: wssl60@wsfg1.wiso.uni-erlangen.de

Dr. Volker Stocké, Universität Mannheim, Sonderforschungsbereich 504, DFG-Projekt „Die Erklärung sozial erwünschter Antworten in Befragungen", L 13,15, 68131 Mannheim. E-Mail: vstocke@sowi.uni-mannheim.de

Hinweise zur Gestaltung der Manuskripte

Manuskripte können in deutscher oder englischer Sprache jederzeit an einen der Herausgeber geschickt werden (mit Diskette oder per E-Mail). Der Umfang eines Manuskripts soll 75.000 Zeichen nicht überschreiten.

Spätestens nach Annahme eines Manuskriptes durch die Herausgeber sollten die folgenden *Layouthinweise* beachtet werden:

- Bitte schicken Sie Ihr *Manuskript* mit Diskette oder per E-Mail sowie einem authentischen Ausdruck an die jeweils angegebene Redaktionsadresse.

- Bitte verwenden Sie das *Textprogramm* Word für Windows. Bei der Erstellung von druckfähigen Abbildungen und Tabellen verwenden Sie bitte kompatible Graphiksoftware.

- Bitte formatieren Sie die *Seitenränder* des Manuskripts auf folgende Standardgrößen: oben = 6,5 cm, unten = 6 cm, links = 5 cm, rechts = 5 cm, Kopfzeile = 5,8 cm, Fußzeile = 5,3 cm (Bundsteg = 0 cm; Anwendung auf Gesamtdokument). Die *Seitennumierung* erfolgt in der Fußzeile. Bitte führen Sie *keine Silbentrennung* durch.

- *Tabellen* und *Abbildungen* bitte gesondert und jeweils fortlaufend numerieren. Sie enthalten eine Überschrift und sollen in den Text eingebunden sein, wobei die genannten Layoutvorgaben für die Seitenränder des Beitrags zu berücksichtigen sind. Im Zweifelsfall sind die Tabellen und Abbildungen dem Manuskript auf gesonderten Blättern beizulegen. Tabellen enthalten zur Orientierung lediglich waagrechte Linien.

- *Hervorhebungen* im Fließtext bitte nur kursiv kennzeichnen. Fettdruck, Kapitälchen, etc. sollen nicht verwendet werden.

- *Anmerkungen* bitte fortlaufend numerieren sowie sehr sparsam und nur für Kommentare verwenden. Sie sind nicht für bibliographische Angaben vorgesehen. Im Manuskript sollen Anmerkungen durch hochgestellte Ziffern ohne

Klammern gekennzeichnet werden, wobei die Anmerkungsziffer außerhalb des Satzes steht. Fußnoten enthalten den Text der Anmerkungen.

- *Literaturhinweise* bitte in den Text durch Klammerverweise auf das Literaturverzeichnis einfügen. In den Klammerverweisen steht zwischen verschiedenen Autoren ein Semikolon, bei mehrfacher Zitierung desselben Autors ein Komma. Bei mehr als zwei Autoren wird nach dem Erstautor „et al." angeführt (Beispiele: Müller 1990: 5 / Kim; Meier 1991: 7 / Müller et al. 1993: 9). Bei Zitaten bzw. Verweisen auf eine Veröffentlichung über mehrere Seiten ist die Anfangs- und Endseite anzugeben (z.B. Müller 1990: 12-15). Bei mehr als einer Veröffentlichung von demselben Verfasser aus demselben Jahr erfolgt die Numerierung mit a,b,c usw. (z.B. Kim 1990a: 5). Herausgeber sind mit „Hg." abzukürzen (z.B. Meier, Hg. 1999). Auf eine Verwendung von op.cit, ebd. usw. ist zu verzichten.

- Dem Beitrag sollen bitte eine *Gliederung* sowie *Zusammenfassungen* (a) in deutscher und (b) in englischer Sprache vorangestellt werden (jeweils 1/2 bis 3/4 Seite). Der englischen Zusammenfassung ist innerhalb des Absatzes ein englischer Titel voranzustellen.

- Bitte im *Literaturverzeichnis* am Ende des Manuskripts die zitierten Texte mit Vor- und Nachnamen *aller* Autoren aufführen, wobei die Namen kursiv gekennzeichnet sind. Bitte geben Sie dort neben dem Erscheinungsjahr auch Verlag und Erscheinungsort an. Beispiel: *Coleman, James S.* und *Thomas J. Fararo* (Hrsg.), 1992: Rational Choice Theory. Advocacy and Critique. Newbury Park, London, New Dehli: Sage.

  Bei Zeitschriften geben Sie bitte Erscheinungsjahr und Jahrgang an, z.B.: *Lindenberg, Siegwart,* 1990: Homo Socio-Oeconomicus: The Emergence of a General Model of Man in the Social Sciences, Journal of Institutional and Theoretical Economics 146: 727-748.

  Bei Aufsätzen aus Sammelbänden zitieren Sie bitte nach folgendem Beispiel: *Marini, Margaret M.,* 1992: The Role of Models of Purposive Action in Sociology. S. 21-48 in: *James S. Coleman* und *Thomas J. Fararo* (Hg.): Rational Choice Theory. Advocacy and Critique. Newbury Park, London, New Dehli: Sage.

- Bitte stellen Sie zur Information der Leser einige *biographische Angaben* in einer gesonderten Datei als Text (nicht stichwortartig) zur Verfügung (Geburtsjahr, Titel, derzeitige Tätigkeit und Adresse incl. E-mail, Forschungsgebiete, wichtigste Veröffentlichungen).